田东江 著

画入渔樵闲话

报人读史札记二集

中山大学出版社
·广州·

版权所有　翻印必究

图书在版编目（CIP）数据

尽入渔樵闲话：报人读史札记二集／田东江著.—广州：中山大学出版社，2019.4

ISBN 978-7-306-06604-6

Ⅰ.①尽⋯　Ⅱ.①田⋯　Ⅲ.①史评—中国—文集　Ⅳ.①K207-53

中国版本图书馆CIP数据核字（2019）第071083号

出 版 人：王天琪
责任编辑：裴大泉
封面设计：林绵华
责任校对：佟　新　赵　婷
责任技编：黄少伟
出版发行：中山大学出版社
电　　话：编辑部 020-84111996，84113349，84111997，84110779
　　　　　发行部 020-84111998，84111981，84111160
地　　址：广州市新港西路135号
邮　　编：510275　　　　传　真：020-84036565
网　　址：http://www.zsup.com.cn　E-mail:zdcbs@mail.sysu.edu.cn
印 刷 者：佛山市浩文彩色印刷有限公司
规　　格：880mm×1240mm　1/32　12印张　310千字
版次印次：2019年4月第1版　2019年4月第1次印刷
定　　价：49.00元

如发现本书因印装质量影响阅读，请与出版社发行部联系调换

序

江艺平

田东江的"报人读史札记"第二集书稿结集出版了。这部名为《历史如此年轻》①的书稿,距第一集《意外或偶然》倏忽又过了四年。而距作者动笔写第一篇读史札记,迄今已是第十一年。

位于广州大道中289号的报社大院,历来是藏龙卧虎之地。集结于"南方"旗下的各路人马中,新闻主力军无疑是那些擅长作调查性报道、敢于拼抢突发新闻的记者们,以及他们身后的编辑。至于评论,从前只在报纸上扮演敲敲边鼓的角色,这些年却异军突起,响鼓重锤,在公众中有了很不俗的反响。而田东江在报社从事的工作,就是评论。

这是一个媒体人都在说职业化的年代。有些人说说而已,有些人坐言起行。至少在南方报业,职业化的记者都是这样做的:他们的足迹,几乎遍及重大新闻的事发现场;他们的目光,总是倾注公众渴望知情的所在;他们的笔触,尽可能去逼近事实还原真相……这些职业化的新闻人,在恪尽职守中,为报社、也为自己成就了新闻的事业。

我见过不少做报纸的人,做着做着,就把职业做成了事业。田东江也是这样的人。惟一不同的是,他的路径显然有别于其

---

① 此系修订前书名。东江注。

他的媒体人，他选择了"报人读史"一途，选择了行走在现实与历史之间。他的选择，给新闻增加了解读和解码的方式，为现实找到了历史的观照。

媒体是社会的瞭望哨。以史为镜，以古鉴今，同样不失为瞭望哨之一种。

作为报人的田东江，在观察纷纭复杂的社会现象时，凭借饱读史籍的底气，怀抱热血书生的正气，读天说地，议古论今，让堂而皇之的货色在历史的显微镜下现出原形，至于那些魑魅魍魉的嘴脸，往往被他几锄头下去，就连根挖出了祖坟。而现实世界轰动一时的一些俗人、俗语、俗相，到了作者笔下，勾连出"古已有之"的趣谈，浮世绘一般的效果，每每令人解颐。

在我们这个古老的国度，太阳每天都是新的，发生在太阳底下的事情，却常常和历史有着惊人的相似。《历史如此年轻》收录的文章，写于 2005 年至 2007 年。其中涉及的许多新闻事件，近一两年屡屡重现，或愈演愈烈，或更趋隐秘，比如高考移民，比如官场恫吓式问责，等等。品读之下，五味杂陈，"历史如此年轻"，端如书名所示。我想，这也是从事新闻行当的田东江，为什么这么多年守着历史这眼古井，一直不离不弃的缘故吧。

同为传媒人，我从"报人读史"中读到了传媒人的职责。是为序。

2010 年 2 月

目　录

笑　1
文人无行　4
柳如是　7
改名（之三）　10
下跪　13
书法　16
谐音　19
迎来送往　22
伪书　25
小偷　28
自知之明　31
睡（续）　34
君子与小人　37
读书无用论　40
卖马粪　43
心态　46
俭　49
名姓文章　53
家书　56
不识字　59
笑（续）　62
以貌取人　65
状元　68
书法（续）　71

后裔　74
寸心端不愧苍苍　77
状元（续）　80
墓志铭　83
宁得罪于上官　86
眼镜　89
妒妇　92
毯　95
男儿当自强　98
一树梨花压海棠　101
高考移民·冒籍　104
自贱　107
蚊子　110
蚊子（续）　113
鼓　116
引咎辞职　119
"举报"　122
"神仙"　125
"×个"论　128
驴　131
也曾学犬吠村庄　134
花市　137
元宵节　140
名片　143
其公廉乎？　146
只如此已为过分　149
神花·祥瑞　152
能吃　155
白字　158
满城尽带黄金甲　161
绿帽子　164
能喝　167
蜀中缘何无大将　170
汉服　173

好嗓子　176
纳小妾·包二奶（续）　179
避暑　182
录取　185
避暑（续）　188
胖子　191
赈灾　194
后裔（续）　197
昭君出塞　200
海归　203
农人不饥而天下肥　206
"节俭"　209
交白卷　212
过生日　215
×奴　218
能喝（续）　221
复建圆明园　224
后堂恐有未眠人　227
改地名　230
济物之心　233
过三峡　236
虽有为霖之志　239
超标·僭越　242
石头标语　245
方言　248
×年谈×　251
政绩工程　254
地域歧视　257
心太猛　260
头衔的长短　263
围棋高手　266
占梦　269
公道世间惟白发　272
药名文章　275

长得像　278
眼镜（续）　281
奉旨　284
当代"孔子"　287
赌博　290
粮神·乡贤祠　293
特产之害　296
不会写字 vs 唯书法是取　299
毛病　302
转折　305
欧公柳 vs "薛公柳"　308
官场生态　312
睡（之三）　315
朝廷雇我作闲人　318
学校　321
开笔礼　324
窥"哭"（续）　327
北阙已成输粟尉　330
白字（续）　333
猫和老鼠　336
圣人　339
宁讪无谄　342
五官争功　345
华南虎　348
斋（堂）号　351
赌博（续）　354
从今纱帽要留神　357
盗墓　360
露布　363
穿得差　366
兰亭会 vs 题壁诗　369
用典　372

后记　375

笑

2004年12月21日,广东省扶贫经济开发总公司原总经理薛长春以贪污、挪用公款和国有公司负责人失职三罪并罚,被判处死刑。宣判后,薛长春大笑了三声。第一笑,发生在法官问他对判决有什么意见时;第二笑,发生在他向法官问一个问题时;第三笑,发生在法官问他是否上诉时。笑,是薛长春的权利,但在这样的场合、这样的前提下,这种大笑显得颇为诡异。

检索《辞源》之"笑",一曰欢笑,二曰讥笑。前者《易经》里就有了,"旅人先笑后号咷";后者则始见于《诗经》,"终风且暴,顾我则笑"。后来,笑又衍生出许多新的义项,但最常用的还是离不开这二者。

先看讥笑。白居易《长恨歌》中有"夕殿萤飞思悄然,孤灯挑尽未成眠",即为宋人邵博指责为"书生之见可笑耳"。他说,哪有可能兴庆宫中"夜不烧蜡油,明皇帝自挑(灯芯)尽者乎?"鸦片战争后宁波成通商口岸,时武官骑马顶戴上街,"人多笑之",因为打仗的时候,他们"遇夷人则弃顶而逃命",现在看见百姓了,"则戴顶以扬威"。段光清《镜湖自撰年谱》云,他在杭州抓赌,"街上观者笑之",因为杭州赌风虽盛,但是人们"年来未闻"有抓的,赌博的人心里有底,"彼(官员)得我规费,何惧惧哉!"所以在段光清上任之前,赌博现象已成了"官不往拿,亦不能拿"的局面,忽然有人管了,人们以为装装样子而已,岂有不笑之理?

明朝宦官刘瑾垮台之后,李宪恐怕自己受牵连,"亦劾瑾六事"。狱中的刘瑾知道了,笑曰:"李宪亦劾我乎?"在刘瑾看来,别人弹他还有道理,李宪却没有资格。概因为李宪为吏科给事中时,不仅"谄事瑾",而且很能狐假虎威,"每率众请事于瑾,盛气独前,自号六科都给事中"。他还常常袖子里揣块白金向人炫耀:"此刘公所遗(赠送)也。"一个当年巴结自己唯恐不及的人,忽然变成了对自己义愤填膺的人,刘瑾能不觉得好笑吗?诸如此类的笑,都是讥笑。

再看欢笑。欢笑是指人显露愉悦的表情,发出欣喜的声音。"儿童相见不相识,笑问客从何处来";"一骑红尘妃子笑,无人知是荔枝来。"这里面,村童问讯贺知章的笑,杨贵妃看到欲望行将满足的笑,就属于欢笑。读《聊斋志异》,给我印象至深的就是《婴宁》中婴宁的笑。待出场时,先在"户外嗤嗤笑不已";及见王子服,"犹掩其口,笑不可遏",再"忍笑而立"。王子服行桃园,"闻树头苏苏有声,仰视,则婴宁在上,见生来,狂笑欲堕"。接着,"女且下且笑,不能自止。方将及地,失手而堕,笑乃止"。王子服赶快上前搀扶,"女笑又作,倚树不能行,良久乃罢"。通过这些笑,天真的婴宁跃然纸上,当是蒲松龄笔下最招人喜爱的形象了。也许正是这个缘故,2001年4月我国发行《聊斋志异》(第一组)特种邮票一套四枚,其中的第三枚即为《婴宁》。

听到死刑判决,薛长春有三笑,我们都熟知的一个故事,则是秋香对唐伯虎的"三笑"。王士禛《古夫于亭杂录》云,这故事的男主人公其实并不是唐伯虎,而是江阴吉道人。说吉道人"尝游虎丘,时有兄之丧,上袭麻衣,而内著紫绫裈(裤子)",正好婢女秋香随主人亦游虎丘,"见吉衣紫,顾而一笑";秋香本来是觉得好笑,但"吉以为悦己也,诡装变姓名,投身为仆"。初读此则,以为是王先生的考证,后自梁章钜《浪迹续谈》中得知,出自明朝姚旅的《露书》,梁氏转引得更为详细,且云道人名华之任,侍宦家二子读书等等。《露书》出版于万历三十九年(1611年),距唐伯虎辞世(1523年)几近百年,可见,三笑故事在那时尚未附会唐大才子。《露书》是中国最早记录引种烟草的著作,说"吕宋国出一草曰淡巴菰,一名曰醺,以火烧一头,以一头向口,烟气从管中入喉,能令人醉,且可避瘴气。有人携漳州种之"。不过,那里面也讲了不少笑话,这一则里,吉道人是个神神怪怪的人物,故事恐怕也当不得真。

有一些笑的确是莫名其妙的。宋人张师正《倦游杂录》载,傅舍人"忽得肠痒之疾",严重的时候,"往往对众失笑,吃吃不止"。这种笑就是一种病,全无来由。薛长春的大笑,似为讥笑,但是细读报道,也还有一点"爽朗"。《巢林笔谈》里有个诗人钟淳崖,生活潦倒,"尝茗艼(大醉)夜行,为县尉所杖",每打他一下,他就喊一声"爽快"。人们很奇怪,他说:"此与呼痛宁殊乎?"觉得跟喊疼没什么两样。薛长春的大笑,与钟淳崖的挨打而叫爽快相去不远,大抵要归类于他"不肯服输"(薛妻语)的一面。但在这里,薛长春应当搞明白,这可不是肯不肯服输的问题,而是自己被指控的事实是否确凿的问题。

2005年1月7日

文人无行

1月10日《南方都市报》推出《2004年文化年鉴》,以演义的形式把去年的若干文化事件"都付笑谈中",很有趣味。其中的数则,让我想到了"文人无行",虽然有的属于学人,如第五回"名落孙山甘生忤逆,父子联袂学术双簧"。据说这个词的发明权,属于三国时期的曹丕,可见文人无行也是有渊源可寻的,不妨由近及远。

《柳弧》云,乾隆皇帝五十大寿时,大臣们循例要通过文字表示祝贺,纪晓岚出手不凡:"四万里江山,伊古以来,几见一朝一统四万里?五十年圣寿,从今而后,还有九千九百五十年。"当其时也,"各大臣撰联皆不惬上意",唯有纪晓岚的,令乾隆"大称赏"。今天拍的电视剧《康熙王朝》里,主题歌歌词有一句"真想再活五百年",是代康熙道出了心声。但此语一出,让现代公民接受不了,群起而攻之。为什么?倘把这虚数实计——纪晓岚正是如此,就会发现问题的可怕一面:康熙驾崩那年是1722年,再活五百年就是2222年。那么,这意味着从现在起还有几辈子的人都要笼罩在康熙爷的专制统治下,脑袋上还要留着那条"尾巴"。再看纪晓岚的算法就更不得了,从秦始皇到现在,也才不过2200多年。那么,为了皇帝老儿的一时欢愉,纪晓岚称得上是殚精竭虑了。

皇帝这个例子有点特殊,还是看看别的。钱泳《履园丛话》云,和珅当权时,"欲令天下督抚皆欲奔走其门以为快,而(毕秋帆)先生淡然置之"。但到和珅四十岁生日时,"自宰相而下皆有币帛贺之",毕秋帆也坐不住了,赋诗十首,"并检书画铜瓷数物为公相寿"。钱泳问他:"公将以此诗入《冰山录》中耶?"毕秋帆"默然,乃大悟,终其身不交和相"。毕秋帆即毕沅,《续资治通鉴》的编著者。钱泳所说的《冰山录》当是《天水冰山录》,明朝权相严嵩被革职后,被查抄没收的全部财产登在《天水冰山录》中,换言之,那是一份赃物的详细清单。钱泳的意思很明白,他先见了和珅的倒台,乃给毕氏一个忠告;毕氏接受了,遂保持了气节。可惜,这只是钱氏的一家之言,真正的历史不是由个人口述而来的,尽管是当事人。清人陈康祺早就指出:"秋帆制府爱古怜才,人所共仰,其交和珅,慑于权势,未能泥而不滓,亦人所共知。"毕秋帆死后被抄家,正缘于卷入和珅贪污案。《清史稿·毕沅传》在结尾轻描淡写地说:"(嘉庆)四年,追论沅教匪初起失察贻误,滥用军需币项,夺世职,籍其家。"教匪,即白莲教;失察贻误,即和珅指使时为湖广总督的毕沅不以实入告,导致朝廷以为白莲教的这次起事不过是"疥癣小疾",不足挂齿。在陈康祺看来,作为"毕氏客"的钱泳,对这件事不要提就算了,"惟欲以拒绝权门,归功于一言之谏沮,其然,岂其然乎?"欲盖弥彰,倒是弄巧成拙了。

往前追溯。明朝有位大画家徐渭徐文长,当代专业人士称之为"大写意画派的开山大师",说他"体现了中华民族文化脊梁的精神"。不过,后面这顶高帽子恐怕他承受不起,被戳脊梁还差不多。不说别的,他那篇"谀词满纸"的《代寿严(嵩)公生日启》,即被后人认为"廉耻丧尽"。徐文长都写了些什么呢?《蕉轩随录》

收录了该文,不妨挑出若干。说严嵩"生缘吉梦,盛传孔、释之微;出遇明时,绰有皋、夔之望";当其生日到来,"四海居瞻,万邦为宪。恭惟华诞,爰属首春。八衮初跻,同尚父遇君之日;一年以长,多潞公结社之时"。他甚至这样表白自己的心迹,"知我比于生我,益征古语之非虚;感恩图以报恩,其奈昊天之罔极",最后祝愿严嵩"寿考百年,讵止武公之睿圣;弼亮四世,永作康王之父师"。而今天许多介绍徐文长的文字,却都说他反对权奸严嵩,莫非这一篇是他人故意栽赃的不成?

再往前追溯。南宋陆游与权相韩侂胄的亲密,也令人颇觉遗憾。放翁先生居然"依附",韩氏自然欢喜不已,欢迎会上,"至出所爱四夫人擘阮琴起舞",陆游呢,则以词助兴,"飞上锦裀红绉"云云。《四朝闻见录》里有陆为韩写的两篇文字,《阅古泉记》尚可,讲自己"幸旦暮得复归故山",与韩氏"一酌古泉",因为年纪最大,喝得最多,有"独尽一瓢"的荣幸;《南园记》就很不像话了,说韩"勤劳王家,勋在社稷,复如忠献(其曾祖韩琦)之盛,而又谦恭抑畏",甚至肉麻地预言"韩氏之昌,将与宋无极"。可叹的是,陆游揣度韩侂胄所以请他作文,却在于他的文字"庶几其无谀词、无佞言而足以道(韩)公之志"!倘若后世不知韩某为何等货色、不知其何种下场,单看陆游此篇,真要被他蒙蔽了。

当年,《蕉轩随录》收录徐文长的文章,为的是"足为文人无行者戒",这在当时及今后会不会是一厢情愿,看官自有结论。

2005 年 1 月 14 日

柳如是

去年开拍的电视剧《白门柳》有没有拍竣并播出,我没大留意,但那部戏的主人公是传奇女子柳如是不会错。早两年还有一部《魂断秦淮》,演绎的也是柳如是。柳的知名,在当时凭借其美貌和才华,在后世,凭借的则是陈寅恪先生煌煌80万言的《柳如是别传》。实际上,这部著作如同它的原名《钱柳因缘诗证释稿》一样,十分难读,台湾"中央研究院院士"严耕望先生认为:"除了研究先生本人及钱谦益、柳如是者之外,要读、必须读的人也不会多,因为论题太小,又非关键人物。"不管怎么说,如果没有陈寅恪先生的介入,"才学智侠"俱全的柳如是,终究可能离不开"秦淮八艳"之首的历史定位。

陈寅恪先生为什么费时十年,穷晚年几乎全部精力去研究柳如是,是一个众说纷纭的问题。1961年,吴宓先生远道来访,寅恪先生赋诗一首,内有"留命任教加白眼,著书惟剩颂红妆"之句,后人乃不免从字面上作出结论。小说家言不必说了,上面那位特别推重"史学二陈"(陈垣、陈寅恪)的严先生也是如此。然吴宓先生说,"寅恪之研究'红妆'之身世与著作,盖藉此察出当时政治(夷夏)、道德(气节)之真实状况,盖有深素存焉,绝非清闲、风流之行事"。蔡鸿生先生认为,这是对《柳如是别传》的撰作意旨最真切、最平实的评价。从寅恪先生1935年研究武则天开始,到秦妇、崔莺莺、杨贵妃、韦丛、琵琶女、陈端生,再到柳如是,蔡先生按照编年顺序,开列了陈寅恪先生史学中的"红妆"系列,因此得出结论:晚年陈先生"著书惟剩颂红妆",并非孤鸿落照,意味着从政治史和制度史的前沿作出无可奈何的退却,亦决不可与自娱式的"文儒老病销愁送日之具"等量齐观,而是来自他的文化使命感,他把柳如是当作理想化的人格标本,追寻那种他唯恐失落的民族精神。清代袁枚有个结论掷地有声:"伪名儒,不如真名妓。"就人品而言,钱谦益正属于那种"伪名儒",而柳如是正属于那种"真名妓"。

的确,如果单单研究钱柳的"因缘"即"姻缘"——所谓婚姻的缘分,是没有多大价值的。吴定宇先生认为,陈先生将书名改成《柳如是别传》,正考虑到钱虽是江左文坛盟主,但无论才识人品都不如柳。《柳南随笔》云,钱谦益娶了柳如是后,"特筑一精舍居之",名舍曰"我闻室",概因柳字如是,而《金刚经》里有"如是我闻"的句子。有一天,两人对坐,钱目注柳,柳问,你爱我什么?钱答:"爱汝之黑者发,而白者面耳。"接着反问,那么你又爱我什么呢?柳答:"即爱公之白者发,而黑者面也。"此语即出,"侍婢皆为匿笑"。这虽然是柳如是的戏谑之词,但一个25岁的如花似玉的姑娘,面对一个60岁的、按当时标准绝对已经步入暮年的老头子——用李后主的话说,到了"风情渐老见春羞"的年纪,而且其原配尚在世,讲出这样的话未必不是抒发感慨。侍婢们偷偷地笑,是有道理的,反映了大众传统的也是素朴的婚姻价值取向。后主全诗为:"风情渐老见春羞,到处销魂感旧游。多谢长条似相识,强垂烟态拂人头。"人到了"见春羞"的年纪,"感旧"是本能的,"销魂"则宜审慎,老了还想着"到处销魂"的李后主,先前丢掉江山又有什么可奇怪的呢?

《大唐新语》里有一个故事。神童贾嘉隐七岁时被召见,"时太尉长孙无忌、司空李勣于朝堂立语",李戏之曰:"吾所倚者何树?"嘉隐说松树。李曰:"此槐也,何忽言松?"嘉隐曰:"以公配木则为松树。"长孙无忌也问:"吾所倚者何树?"嘉隐这回说是槐树。无忌曰:"汝不能复矫对耶?"嘉隐应声道:"何须矫对,但取其以鬼配木耳。"贾嘉隐固然展示了其神童才智的一面,但也同时表明,贾嘉隐小小年纪就已谙熟了传统文化在评价问题上的双重标准。所谓评价的双重标准,就是同样的事情发生在不同的人的身上——比如好人和坏人、普通人和名人,能够得出截然相反的结论。安禄山起兵之时,唐玄宗71岁,杨贵妃36岁,这两个人的荒诞之事,因为白居易《长恨歌》等的渲染,成了轰轰烈烈的爱情。但陈寅恪先生告诉我们当不得真,他说,"唐人竟以太真遗事为一通常练习诗文之题目",比的就是谁能妙笔生花,所以在《长恨歌》之前,"故事大抵尚局限于人世,而不及于灵界",正因为"此故事既不限现实之人世,遂更延长而优美"。

清人王弘撰批评汤显祖《牡丹亭》云:"吾不知《还魂记》(《牡丹亭》全名《牡丹亭还魂记》)所讲之情为何情也。"你可以不认同王弘撰的观点,但对人们交口称赞的作品,以当时社会主流的(圣门)标准衡量之,不失为一种冷静的态度。

2005年1月21日

改名(之三)

1月19日,韩国汉城市市长李明博举行记者招待会,宣布把汉城的中文名称改为"首尔","汉城"一词不再使用。为什么呢?李明博说,绝大多数国家都将 Seoul 按照与英文标记相似的发音来称呼,汉语中的华盛顿、伦敦、莫斯科也都是根据这些地名的固有发音来标记的,只有汉城的中文名称一直沿用古代的叫法。汉城市经过一年多的意见征求,确定用新的中文名称"首尔"取代"汉城"。理由听起来很充足。不过按徐友渔先生的分析,韩国人此举有着深层的民族心理原因,因为汉城是我们祖宗给取的名,他们听着不舒服,这是想彻底抹去自己历史上曾经是他国附庸的心理。

名字是一种符号,改了,改成什么,总是有缘由的,何况沿用了多年的名字。明朝时,洪武皇帝常"命吏部铨次各处所举儒士及聪明正直之人,皆授以官"。有个叫吴沉的被推上去了,本来是件好事,偏偏经办的人糊里糊涂地把吴沉的名字给改成了"吴信仲",沉字潜仲,跟信仲也不搭边。授翰林院待制后,吴沉对修撰王厘说:"名误不更,是欺罔也。"将白于朝。王厘说恐怕皇上会发怒吧,吴沉不听,"牒请改正"。朱元璋高兴地说吴沉:"诚悫人也。"悫,谨慎、诚实意。这个评价有点莫名其妙,跟诚实与否怎么扯得上？要我看，吴沉先前不忙着改，有了位子再"算账"，倒恰恰体现了其狡猾的一面。当然，吴沉也有可书的一笔。《明史》上说，嘉靖九年"更定祀典"，对孔子改称"至圣先师"，就是吴沉的作用，他曾经"著辩"，认为"孔子封王为非礼"，后来的人们乃相沿其说。

唐朝有个蒋乂，本名蒋武，他的改名是试图显得自己很伟大。唐宪宗召见他时，他说："陛下已诛群寇，偃武修文，臣名于义未允，请改名乂。"这种改名，恐怕是出于蒋氏的灵机一动，但很得宪宗的欢心，"忻然从之"——恐怕也没有必要反对。《旧唐书·蒋乂传》载："时帝方用兵两河，乂亦因此讽喻耳。"就是说，人家有兵谏、笔谏、尸谏等等，蒋乂则是改名谏。有没有效果，史书未说，但我们不难认为：不可能产生任何效果。有话不明说，玩这种春秋"改名"法，宪宗明白是怎么回事没有，还是个疑问。

隋朝长孙览的改名不是出于自愿，而是出于皇帝的意旨。他原名长孙善，"有口辩，声气雄壮，凡所宣传，百僚属目"，北周武帝宇文邕在藩的时候就很赏识他，继位之后更对他青睐有加，"以万机委卿先览"，因此赐长孙善为长孙览。在北周如此，在其后取北周代之的隋朝，长孙览一样很吃得开，至于文帝杨坚向他许诺："朕当与共享终吉，罪非谋逆，一无所问。"那意思是说，只要长孙氏不造反，不管犯了什么事，隋法都将对他网开一面。在两个朝代里都是皇帝的红人，长孙览的品格是值得质疑的。不难想象，杨坚要是有兴趣，把他改成长孙别的什么，他同样会欣然接受。

最喜欢改名的人，恐怕要推短命新朝的建立者——王莽。他这个人不仅喜欢改官名，而且喜欢改地名。秦汉奠定的官僚帝国体制框架，被他依照《周礼》全然颠覆，官制官称弄得"焕然一新"，九卿、二十七大夫、八十一元士，大司农先改为"羲和"，再改为"纳言",名目"古怪"而繁多。他改地名又到了什么程度?郡县之名以符瑞改者数百,且尽量使用"嘉名",至于"岁复变更,一郡至易五名,而复还其故",改了半天,还是回到原来。他这种改,不是像今天的县改市、市改区,改改后缀,他是干脆不叫这个了。但改得太频繁,把百姓弄得很糊涂,根本记不住,于是"每下诏书,辄系其故名",就出现了类似这样可笑的文字:"制诏陈留大尹、太尉:其以益岁以南付新平。新平,故淮阳。以雍丘以东付陈定。陈定,故梁郡。以封丘以东付治亭。治亭,故东郡。以陈留以西付祈隧。祈隧,故荥阳。"王莽喜欢改名,当然也是有理由的,那是缘于他的复古癖,按他的观点,恢复了《周礼》的那套,"制定则天下自平"。成效呢,钱穆先生一语破的:"王莽的政治,完全是一种书生的政治。"

据说,康熙皇帝的一个笔误,把杭州灵隐寺硬给改成了云林寺。虽然那块御书的牌匾至今还挂在正殿之上,但云林寺充其量只是添的"又名",人们仍然叫它灵隐。前两年,柬埔寨首相"洪森"的中文名字曾改为"云升",后来,他们的首相办公厅又正式发布公告,要求统一用回过去的。当初改名图的是吉利,但吉利之余,麻烦却大,国内国外的人们莫不以为柬埔寨换了新首相。最麻烦的是,在政府部门颁布一些具法律效力的文件中,时而把首相称为"洪森",时而又把他称为"云升",他们担心,容易引起一些法律上的麻烦。"汉城"改成"首尔"之后,不知道会不会面临同样的问题。

2005年1月28日

下跪

1月19日,经山东省检察机关调查认定,济宁市原副市长兼高新技术开发区管委会主任李信收受、索要贿赂400余万元,挪用公款300余万元。"李信案"是山东省检察院查办的职务犯罪典型案例之一。其实,若论李信的官阶和犯案的金额,都够不上令人关注的程度,人们所以仍然聚焦之,全在于照片上他对举报人的下跪姿态。

赵翼《陔馀丛考》云:"盖以膝隐地,伸腰及股,危而不安者,跪也。"他讲这话,是为了把"跪"跟"坐"作一个类比。宋元之前,华夏古俗的"坐姿"跟跪差不多,今天的日本人仍然保留着这种坐姿:双膝屈而接地、臀股贴于双足跟上。再用赵翼的话说,"以尻(屁股)着蹠(脚掌),而体便安者,坐也"。在他看来,跪与坐(古)的本质区别在于"不安"与"安"。《明史·黄孔昭传》载,尹旻欲推故人为巡抚,黄孔昭不应,那人便入都来亲自拜见,"至屈膝"。不料此举非但没有赢得黄孔昭的半点儿好感,反使其"益鄙之",乃对尹旻曰:"彼所少者,大臣体耳。"把求官者的下跪,视为尊严的缺失。《榆巢杂识》云,嘉庆八年(1803)九月二十四日特谕:"部院司员于本管堂官遇有公事,只应侍立回堂,毋许屈膝,以肃体制而杜谄谀。"干脆把无端下跪与谄谀画上了等号。

《贤博编》云,海瑞"由举人初署教谕,谒太守,止长揖",不跪。有天与两个训导同见太守,那两个都跪下了,"公独中立",以致太守笑曰:"左右低而中高,似一笔架。"人们还因此把海瑞叫作"海笔架"。后来海瑞当了淳安知县,人戏之曰:"海笔架折却中峰矣。"海瑞说:"为人师表,当侍风节,今有官守,上下之分定也。"就是说,官场上有该跪的规矩,自己不能不遵守。

该跪而不跪,历史上发生过一件很大的纷争。1792年,大英帝国以给乾隆皇帝祝寿为名,派出了包括外交官、学者、画家、乐师、士兵构成的庞大使团,算上水手则有近700人,浩浩荡荡地开往中国。这本来是当时两个"先进的"国家增加接触、相互交流的有利时机,想不到的是,因为团长马戛尔尼勋爵的不跪,坏了好事,导致使团灰溜溜地离开中国。按我们的道理,马戛尔尼别说面对皇上,就是面对圣旨、面对皇上的赐宴,都要下跪表示谢恩,但他一路偏不。这个自以为通晓欧洲外交事务的人,1793年9月24日在避暑山庄觐见乾隆皇帝时,行的也是他那套英国式礼仪:单腿下跪(但吻手礼被取消,因为时人认为那是对皇帝人身的亵渎)。于是,在这场礼仪之争中,马戛尔尼还以为他自己赢了呢,然而在国人看来,单腿下跪虽然是一个粗俗的人采用的粗野方式,但毋庸置疑,它是表示了臣服的。在我们官方的文字记载中,他也什么都没有赢。1816年,嘉庆皇帝在一份诏书中声称,他"亲眼见到马戛尔尼在他至高无上的父亲面前叩了头"。(参见佩雷菲特《停滞的帝国》)当时的大臣管世铭亦有"一到殿廷齐膝地,天威能使万心降"的诗句遗世,让后人以为真有那么回事。陈康祺《郎潜纪闻初笔》也煞有介事地说,英国国使"自陈不习跪拜,强之,止屈一膝。及至殿上,不觉双跪俯伏"。他还奇怪,同治皇帝接见德国等使臣时,人家也不跪,为什么"通商大臣曲意从之",而没人引前朝故事相诘责？这个子虚乌有的下跪故事，实在贻害不浅。

据报道，李信下跪的照片刚出来时，为了慎重起见，记者在亲眼见到底片的情况下，还是找了专业人士鉴定，排除了"换头"或者人工合成的可能性。这个警惕是必要的，别说在电脑技术高度发达的今天，晚清时已有人运用此法。《世载堂杂忆》云，岑春煊督两粤，倚仗西太后撑腰，"暴戾横肆，任意妄为"，于是有商人出港币百万，悬赏"能出奇策赶走岑春煊者"。揭榜后的陈少白，用的就是合成照片这招。他知道，西太后最恨康有为、梁启超，因为保皇会横滨《清议报》载康有为文，痛骂西太后是武则天、是杨贵妃，最不可容忍的，是那句"那拉氏者，先帝之遗妾耳"。陈少白就从她的最痛处下手，他把岑春煊、梁启超、麦孟华（康门十大弟子之一）三人的单独照片，"制成一联座合照之相片，岑中坐，梁居左，麦居右"，然后"赂津、京、沪大小各报新闻访员，登载其事"，弄得不知底细的保皇党人也以为岑是自己一方的了。后来，是岑的莫逆李莲英"以毒攻毒"，制作了一张太后扮观音居中、自己扮韦陀立左的戏装合影，现身说法，才算给岑春煊解了围。

李信为什么下跪？照片的拍摄者说："我了解李信太多的劣迹，所以他只能用写保证书、让我拍照来显示诚意，希望我停止检举他。"那么，李信彼时正处于"危而不安"的状态，他恐怕想不到的是，自己不仅是"中国第一位下跪乞求的副市长"，且为新官场现形记提供了鲜活的素材。

2005 年 2 月 4 日

书法

几天前看到新华社一篇报道,记者走访了春节前的若干市场,认为如今商品化的印刷春联,内容俗套,千人一面,趣味无多。内容大抵就是"天增岁月人增寿,春满乾坤福满门"之类,书法则是千篇一律的印刷体。于是,报道呼吁楹联学家、书法家走出家门,为社会提供更多更好的春联。

春联是由桃符演变而来的,初为驱鬼避邪,后为颂春纳吉,为的是讨个吉祥和乐趣。据说,最早的春联出于公元964年后蜀主孟昶之手,写的是"新年纳余庆,佳节号长春"。可惜这个孟昶是荒淫无道的典型代表。《杨文公谈苑》云,宋太祖平蜀,得其七宝装溺器,掷之地,令杵碎之,曰:"汝以何器贮食?似此,不亡何待?"到了宋代,贴春联已成春节重要习俗。作为一种民俗艺术,春联既体现文采,又展示书法,生动活泼、个性别致,让人兴趣盎然。早些年,我住在中山大学王季思先生的小楼附近,记得每到正月初一,他家都要贴出新对联,落款即署"王季思撰联",由校内一位书法家教授挥毫,珠联璧合,以至于那几年春节,先到王先生家门口看看春联成为"例牌"。

一副春联的优劣,直观上看凭的即是书法。书法家服务市民,各地年年都有组织,但相对社会需求而言,终究是杯水车薪。

无他,书法在今天已成为技艺的一种,远没有古代那么普及。就说宋朝吧,好几个皇帝也都是书法家,太宗、徽宗自不待言,太宗为"淳化元宝""至道元宝"题写的钱文,采用真、行、草三种书体,创造了两个纪录:皇帝首次书写钱文;三种书体同时写进钱文,史称"御书体"。米芾称太宗书法是"真造八法、草入三昧、行书无对、飞白入神"。徽宗呢,则以其自创的"瘦金体"独步天下,前无古人。《铁围山丛谈》云,即使是开国的太祖赵匡胤,也并非人们印象中的十足武夫一个,同样能写上两笔,徽宗时曾向大臣们展示了一轴,看到的人说,"太祖书札有类颜字,多带晚唐气味,时时作数行经子语。又间有小诗三四章,皆雄伟豪杰,动人耳目,宛见万乘气度"。可惜没有记录一点诗词的内容,令我们不知道这评介是否阿谀之词。

宋代奸臣蔡京也是书法高手,他儿子认为,哲宗时蔡京书法天下第一,所谓"无出其右者"。蔡京也特别高看自己,他甚至这样当面问过米芾:"今能书者有几?"米芾说:"近时公家兄弟是也。"公家兄弟,指的就是蔡京和弟弟蔡卞。蔡京问那么谁能排第三呢?米曰:"芾也。""米颠"在这里看起来并不颠,因为他"理智"得很,他给出的是蔡京需要的答案。瞧,在皇帝面前他讲真话了:"蔡京不得笔,蔡卞得笔而乏逸韵,蔡襄勒字,沈辽排字,黄庭坚描字,苏轼画字。"问那你的字怎么样?他说:"臣书刷字。"唐伯虎认为:"观苏、黄、米、蔡之书,果如其说。"这就足见米芾面对蔡京时,说的是违心之言。张邦基《墨庄漫录》云:"本朝能书,世推蔡君谟(襄)。然得古人玄妙者,当还米元章。"那么,根据当时的社会公认,书法拔头筹者也还轮不到蔡京兄弟。

《南部新书》云,唐代李含光善书法,有人夸赞他:"笔迹过其父。"一听这话,李含光乃终身不再挥毫。南北朝时的王僧虔不人明白这个道理，跟皇帝也一较高低。僧虔善隶书，宋文帝刘义隆就是因为欣赏他写的扇面，才把他提拔起来。《南齐书·王僧虔传》载："孝武（刘骏）欲擅书名，僧虔不敢显迹。大明（刘骏年号）世，常用掘笔书，以此见容。"但到齐太祖萧道成时，不知怎么胆气壮了起来。萧道成擅长书法，而且不乐意自己的书法水平低于臣下，有一天跟僧虔比赛，写完了，问僧虔："谁为第一？"僧虔说："臣书第一，陛下亦第一。"谁也没输。道成笑曰："卿可谓善自为谋矣。"在两朝皇帝面前，王僧虔先前夹着尾巴，后来敢高声大气，大抵也反映了前后两帝的"开明"程度吧。

书法好，在清朝还是科举的一件利器。《分甘馀话》云，清朝状元必选书法之优者。不过优不优的标准，要随皇帝的喜好。比如顺治帝喜欢欧阳询，于是1652年的状元邹忠倚和1658年的状元孙承恩，"皆法欧书者也"；康熙帝喜欢二王（王羲之、王献之），那些平时习《黄庭经》、《乐毅论》的就走运了，给归允肃、蔡升元、汪绎等的夺魁增添了很大砝码。因此，1667年进士中，客观地评价书法，时人以为宋师祁的最好，但他既未师法二王，也只能靠边了。科举变成以"书"取人，更显其荒诞的一面。

宋朝张观"平生书必为楷字，无一行草"，人们说"类其为人"。仁宗也曾飞白书一"清"字赐之，"以赏其节"。为人端正，字亦端正，这个逻辑是容易接受的，反之则恐怕有一点问题。胡长清的字不是也很漂亮吗？但他就是上了断头台的贪官。

2005年2月8日

谐音

鸡年到了。利用"鸡"的谐音做法明显地多了起来,我就收到这样一则"鸡情祝愿"短信:"愿你的生活鸡极向上,把握每个发财的鸡会,把鸡肤保养得青春焕发,事业生鸡勃勃。"记得前几年,电视广告的这种用法曾经千夫所指。那个时候,什么"一剑钟情""酒别重逢""天尝地酒",整天不绝于耳,以至于国家广播电影电视总局要颁发《广播电视广告播放管理暂行办法》。那办法还管好多其他内容,比如广告播出时间、总量等等,其他的未必见效,但禁止故意使用错别字、用谐音乱改成语,好像是管住了。手机短信因为与之性质不同,收到的人聊博一笑,"危害"也不同吧。

谐音者,字词的声韵相同或相近也。"贾岛醉来非假倒,刘伶饮尽不留零",以及"佛印水边寻蚌吃,东坡河上带家来",就都属于声韵相同,前面一则甚至对应的汉字亦能构成词意,令人叫绝。后面一则"暗藏玄机",说的是东坡带家眷出去游玩,遇到佛印在水边挖蚌,于是二人互开玩笑,东坡说佛印寻"棒"吃,佛印则回之以带"枷"来。

把明朝的末代皇帝崇祯叫作"重征",则属于声韵相近。《三垣笔记》云,崇祯时"以国计不足,暂借民间房租一年,于是怨声沸京城,呼崇祯为重征"。去年是甲申三百六十年祭,不少文章在继续总结明亡教训的同时,也谈到了崇祯的金钱储存,说李自成攻进紫禁城后,发现皇宫中"有镇库银,积年不用者三千七百万锭,金一千万锭,皆五百两为一锭"。这就是说,崇祯根本不缺钱花,叫他为"重征"一点儿也不冤枉。在此之前,明朝还有一位嘉靖皇帝被人当面把年号叫作"家净",那就是吴晗先生所说的:"真正骂过皇帝,而又骂得非常之痛快的是海瑞。"海瑞的话,据说在他的《治安疏》里。上疏之后,嘉靖帝大怒,"抵之地",且顾左右曰:"趣执之,无使得遁。"其实海瑞根本没想到要跑,上疏前早已"市一棺,诀妻子"。但在《明史·海瑞传》所载的《治安疏》中,我没有看到"嘉靖,家家俱净"的话,只有"陛下之误多矣"之类,可能是修史的人做了手脚?

宋朝有个樊知古,原名"若冰",太祖因听起来谐音像是"弱兵",不高兴,知古便赶快改了。这是宋僧释文莹《玉壶清话》中的记载。文莹还说,樊知古本是南唐李后主的子民,"举于乡,不获第,因谋北归,献伐于朝"。从这点来看,后世的洪秀全跟他差不多,总也中不了举,便想到要推翻政权。不同的是,洪秀全凭着一本偶然得到的教义自己干,樊知古没那个本事,只有借助北宋的力量。这家伙用的法子是"以钓竿渔于采石江凡数年,横长絙量(长)江水之广深",然后"仗策谒太祖",说按他的尺寸造船渡江直取南唐,"如履坦途"。南唐被攻克,樊知古当上了官,然"邦人怨之,累世丘木悉斩焉",在南唐人民看来,樊知古就是纯粹的"唐奸"了。

宋太祖比较在乎"弱兵"的谐音,在于谐音有昭示"兆头"的一面。国人是很讲究兆头的。2月6日晚,杭州打起了一阵阵轰隆的雷声,以往是到惊蛰才响雷,现在才立春刚过,市民们都认为是好兆头。《双槐岁钞》云,明朝永乐甲辰年(1424)进士,邢宽第一,梁禋第二,孙曰恭第三。本来考官是把孙曰恭定为状元的,但永乐帝认为他的名字好像"暴"(直写),兆头不好,乃换了邢宽,孙曰恭只好屈居为探花。《四友斋丛说》另云,明英宗时张鏊"差山东巡按",在临清,有一酒家的酒幌子挂得较低,把他的乌纱帽给刮掉了。在那时,只有丢官的人才被摘掉纱帽,所以大家都认为不吉利,"左右为之失色"。但张鏊"恬不为意,取纱帽戴了径去"。然而拍马屁的没有罢休,第二天知州把酒馆主人"锁押送察院请罪",但张只是说了句"今后酒标需挂得高些",并"不与知州交一言,迳遣出"。那么,在这件事上真正失望的,该是那位没有"用武之地"的知州大人了。

兆头这东西,完全是心理因素在起作用,像张鏊那样坦然就对了。《世载堂杂忆》云,张之洞"最喜吉兆语",他三儿子娶媳妇时,充当伴郎的四个人都是特意挑的,名字里分别带有"福、寿、双、全"字样。然在刘心武先生《私人照相簿·名门之后》里,有关于张之洞其中一个孙子的记录,说他新中国成立后变卖完家里祖传的宝贝之后,终于成为"北京街头看管自行车的老头儿"。

《冷庐杂识》转引明朝书法家陆深《豫章漫钞》所载一事:郡中谯楼落成,太守题匾曰"壮观",同知王卿见之忿然曰:"何名'壮观'?自我西音乃'脏官'耳!"王卿是陕西人,陕西话——明朝的陕西话是不是这样说,不大清楚,但是显然,王卿的本意是要借此谐音来评价太守的为官之道。

2005年2月25日

迎来送往

2月20日,国务院公布了最新修订的《国务院工作规则》。在作风纪律方面,《规则》要求国务院领导下基层要减少陪同和随行人员,简化接待,轻车简从;不要地方负责人到机场、车站、码头及辖区分界处迎送,不要陪餐;不吃请,不收礼;等等。上面有如此规定,值得关注的是地方该怎么办。

对官员"热情"地迎来送往,在我们已是一项传统。《榆巢杂识》云,乾隆二年(1737),侍郎赵殿最曾经建议:上司、钦差所过地方,"止许佐贰杂职于城外驿亭迎送,其正印各员非有公事传询,不得轻迎出城";并"禁止教官率领文武生员迎送道左,以杜奔竞之风"。佐贰,乃辅佐主司的官员,也就是辅佐知府、知州或知县的角色。正印官员,犹言重要职位的官员,那是明朝定下的规矩:重要职位(比如御史)铸有二印,其一由职官本人掌管,谓之"副印";另一藏于内府,谓之"正印"。从赵殿最的建议中,我们不难捕捉当时官员之间迎来送往的信息:不仅"一把手"要出城迎接下访或过往的方面大员,而且还要出动学生夹道欢迎。可惜《清史稿》里没有赵殿最的传,令我们不能对他有一个全面的了解,只简略地知道他是康熙时的进士,在雍正、乾隆朝都当过工部尚书。赵殿最能把迎来送往视为"奔竞",说明这个人很有识见,或者很有直言不讳的气概。

讲到这里不能不提及海瑞。海瑞有刚直不阿的一面尽人皆知，他还有生活非常俭朴的另一面。当淳安知县时，海瑞"布袍脱粟，令老仆艺蔬自给"，总督胡宗宪尝语人曰："昨闻海令为母寿，市肉二斤矣。"一个知县买二斤肉给老娘过生日，成了新闻，可见其节俭程度。可贵的是，海瑞在公帑的使用上同样如此。《明史》记载，胡宗宪的儿子过淳安，因为感到怠慢，"怒驿吏，倒悬之"。海瑞打算惩治这个身份如假包换的家伙，但他故意说："向胡（宗宪）公按部（即巡视部属），令所过毋供张。今其行装盛，必非胡公子。"这句话的逻辑是：老子定的规矩，儿子最应该清楚，也最应该照办，那么眼前这个肯定是冒牌货。对冒牌货当然就可以不客气了，胡公子一路上捞了不少，被海瑞"发橐金数千，纳之库"，同时"驰告宗宪"。以其父之道还治其子之身，把胡宗宪弄了个哑巴吃黄连。

胡宗宪这个人也值得多说两句，因为他与前些日子"汉奸墓"事件的主人王直有点关联。早两年一帮日本人集资在安徽歙县修建了王直墓，两名来自苏、浙的教师气愤不过，自备斧头和榔头跑去那里把墓给砸了，概在他们眼里王直就是汉奸。王直，《明史》作"汪直"，是不是汉奸，有一点争议，但《明史》是认定了的。如《胡宗宪传》云，嘉靖三十三年（1554）胡宗宪出按浙江，值"歙人汪直据五岛煽倭入寇"。胡宗宪和汪直（从《明史》叫法）是同乡，乃用招安的法子，"释直母、妻于金华狱，资给甚厚"，汪直"心动"了，先派养子汪滶跟官军共同抗倭，打了几个胜仗。但招安后的汪直终被下狱、"论死"。胡宗宪的主要事迹就是平定两浙倭寇，抗倭名将俞大猷还是他的部下。胡的受人诟病之处，首先在于他"多权术"，因赵文华而结交严嵩父子，"岁遗金帛女子珍奇淫巧无数"，并倚仗靠山，"威权震东南"。其次在于他"喜功名"，对倭寇的一点儿小胜便沾沾自喜，"论功受赉无虚月"，因而有人说倭患不能灭绝，在于他"养寇"。有一次他被人弹劾贪赃敛财，却这样辩解："臣为国除贼，用间用饵，非小惠不成大谋。"违法的事也变成了合法的。逻辑上看，胡宗宪有那个骄横的儿子顺理成章。

其实，不仅是胡公子，就是都御史鄢懋卿过淳安，海瑞同样"供具甚薄"。这个"薄"未必是海瑞的故意行为，恐怕就是执行正常的接待标准吧。鄢懋卿也是严嵩父子的红人，因此站进了《明史·奸臣传》中。这个人平日里生活极其奢侈，"以文锦被厕床，白金饰溺器"，出去走一趟，"常与妻偕行，制五彩舆"，找12个姑娘抬着，"道路倾骇"。且他所到之处，无不"市权纳贿，监司郡邑吏膝行蒲伏"。御史林润曾弹劾鄢懋卿五大罪状：要索属吏、馈遗巨万、滥受民讼、勒富人贿、置酒高会、日费千金、虐杀不辜、怨咨载路、苛敛淮商、几至激变。在其他地方不可一世的他，在淳安被怠慢，当然"忿甚"，不过他"素闻瑞名，为敛威去"，不着急报复。回京后他即鼓动巡盐御史袁淳用别的理由弹劾海瑞，并把此前跟慈溪知县霍与瑕——"亦抗直不诣懋卿者也"——的过节一起来个秋后算账。

生活中似海瑞的骨鲠之士毕竟不多，比鄢懋卿跋扈的也更大有人在。《典故纪闻》云，明宪宗时都督过兴镇广西还，道经祁阳，"怒知县李翰应接不以时"，竟叫儿子率部卒拽李翰及其子"撞掠之"，至二人"俱死河下"。这些活生生的事实告诉我们，导致迎来送往不能保持在"规定动作"层面的，岂止是奔竞之风？

2005年3月4日

伪书

呼啦啦,国内图书市场一下子冒出了不少伪书。什么是伪书? 2月26日,上海书城举行了《达·芬奇密码》盗版换正版活动,像这样的书,毕竟还有李逵与李鬼之别,而诸如引领风骚一时的《执行力》《没有任何接口》等,并没有"蓝本"可言。《执行力》的第一作者——"哈佛商学院管理学教授保罗·托马斯"根本属于子虚乌有之人,这本发行了200万册的玩意,乃国内几位人士从已经出版的各种文字中,东拼西凑"攒"出来的。有报道认为,自2004年下半年开始,伪书像"非典"病毒一样蔓延,传播速度之快、面积之大,可谓史无前例、无孔不入。这是就伪书的规模而言,倘若就伪书的历史来考察,追溯的年代那可远了。

举著名的事件说。隋初文帝杨坚采纳秘书监牛弘的建议,开民间献书之路。因为有"献书一卷,赍缣(缣即绢,朝廷用为货币或赏赐的礼物)一匹"的前提,就有人动起了歪脑筋。有个叫刘炫的,"遂伪造书百余卷,题为《连山易》《鲁史记》等,录上送官,取赏而去"。作伪是为了"赏",性质和今天的可谓完全一样。这是其中的一种。宋太祖时"诏禁谶书"还引出了另外一种,那就是针对唐朝李淳风《推背图》所采取的措施。《推背图》图文并茂,但语句多模棱两可,若明若暗,预言后世兴亡治乱之事,是典型的谶书,今天有人说它甚至先见了当代的海湾战争。而号令之后,因为"民间多有藏本",禁不胜禁,太祖于是想出了"混之耳"的主意,就是也出版一种《推背图》,"紊其次而杂书之",不仅把书的次序打乱,而且还添加佐料,与真本并行,以此制造混乱。"于是传者懵其先后,莫知其孰讹;间有存者,不复验,亦弃弗藏矣"。可见这一招在当时很奏效,不过宋太祖此举显然不是为了破除迷信。

牛弘提议民间献书,鉴于当时国家的图书收藏少得可怜,"比梁之旧目,止有其半。至于阴阳河洛之篇,医方图谱之说,弥复为少"。他认为这是迭经战乱的后果,因此还总结了历史上书籍所遭受的五次厄运:一,秦始皇焚书;二,西汉末年"长安兵起";三,东汉末年"西京大乱";四,西晋末年"京华覆灭";五,也就是最近,南朝梁元帝萧绎看到"周师入郢",来个一把火了事。到了明朝,于慎行继续就此感慨:"古时书籍甚多,如历代《艺文志》所载,后世所见者,十之一二。世徒恨三代之书烬于秦火,不思自汉至今,其为秦火者,又不知其几矣!可胜叹哉!"牛弘没有想到,隋初以及经过后来炀帝聚集起来的图书,命运同样如此,于慎行正是对此感慨。于慎行《谷山笔麈》云,隋炀帝虽然是个暴君,但他很好读书,至于"增秘书学士至百人,常令修撰"。他也喜欢藏书,整理图书,"自经术、文章、兵、农、地理以至蒲博、鹰狗皆为新书,无不精妙,共成三十一部,万七千余卷"。与此同时,还把西京长安原有的三十万卷藏书,"除其重复猥杂,得正本三万七千余卷,纳于东都修文殿"。令于慎行感慨的是,经过隋末战乱,又剩下多少呢?明军攻克元大都时,朱元璋命徐达"收其秘阁所藏图书典籍,尽解金陵",这是把工作做在头里了;后来也"诏求民间遗书"。毫无疑问,战乱已逼使此种"诏求"成为开国者的规定动作。

牛弘括书，引出了如刘炫之流的见利忘义者，都是对献书者"勒之以天威，引之以微利"的"微利"惹的祸。刘炫算是个学者了，著作很多，《隋书·儒林传》里记载了不少他的书目。这个人可以"左画方，右画圆，口诵，目数，耳听，五事同举，无有遗失"。他曾在一次应聘时这样概括自己：对《周礼》《礼记》《毛诗》《尚书》《公羊》《左传》《孝经》《论语》等等，"并堪讲授"；"史子文集，嘉言美事，咸诵于心。天文律历，穷覈微妙。至于公私文翰，未尝假手"。但似学富五车的人物一旦干出制造伪书的勾当，在当时的欺骗性、对后世的贻害性无疑也就更大。宋朝邵博说："今有《连山易》，意义甚浅，岂炫之伪书乎？"当然，刘炫在当时就是露了马脚的，"经赦免死，坐除名，归于家"。隋炀帝继位后，牛弘"引炫修律令"，他才再次出山。牛弘对刘炫的态度很值得玩味，是刘炫确为不可多得的人才，还是牛某亦曾因其作伪而受益？

历史上，伪书现象拷问出刘炫们的见利忘义；在今天，伪书现象又拷问出了什么？3月2日的《人民日报》为此出了讨论专题，集而纳之，拷问出版诚信、出版规范、原创能力。这让我想起《菽园杂记》里谈到明朝出版业的一段记载，说当时"士习浮靡，能刻正大古书以惠后学者少，所刻皆无益，令人可厌。上官多以馈送往来，动辄印至百部，有司所费亦繁"。花很多钱，出"无益"的书、用以"馈送"的书，与伪书一样值得关注。

2005 年 3 月 11 日

小偷

不久前有一则消息,深圳有位先生把小偷当作菩萨来拜。他在办公桌上立了个牌位,每天早晨还没来人的时候先对着祈祷。牌位由三张纸板做成相架状,正面画着一个长着三只手的男子,下面工整地写着"小偷菩萨,请您不要偷我家,我为您忏悔"。报道说,该先生1998年从河南老家到深圳来创业,7年间被偷了近20次,光单车就被偷了9辆。供奉小偷牌位,是"希望能感化小偷"。

"夜静穿墙过,更深绕屋悬。偷营高手客,鼓上蚤时迁。"这是《水浒传》里名偷时迁的出场判词。专门在"一地里做些飞檐走壁、跳篱骗马勾当"的时迁,因为偷了报晓的公鸡,惹到祝家庄头上,还引发了一场战争。但梁山泊主晁盖显然是看不惯小偷的,他要斩了因为时迁被捉而上山乞援的杨雄、石秀,理由是"新旧上山的弟兄们,个个都有豪杰的光彩。这厮两个把梁山泊好汉的名目去偷鸡吃,因此连累我等受辱"。这倒真是冤枉了两位,其实那是时迁"到后面净手,见这只鸡在笼里",就顺手给牵了来,杨雄当时曾说:"你这厮还是这等贼手贼脚!"石秀也笑道:"还不改本行。"所以,最后"惹得群雄齐发怒,兴兵三打祝家庄",不是为了营救被捉的小偷时迁,而是因为祝家庄高悬的"填平水泊擒晁盖,踏破梁山捉宋江"旗帜太过嚣张。上山后的时迁立了几次大功,比如大破呼延灼的连环马,前提是"汤隆赚徐宁上山",再前提就是"吴用使时迁盗甲"。饶是身怀绝技,时迁在一百单八将里也只是排名倒数第二,因素固然很多,但时迁的小偷身份怕是其一。

感化小偷,前人多有为之。《玉壶清话》云,宋朝王昭素是个"行高于世"的人物,怎么个高法呢?他上街买东西,不讲价,"随所索尝其值",人家要多少就给多少。有一次卖东西的人说,刚才要的价其实高了,王说,你还是把钱拿着吧,"免陷汝于妄语咎"。吃亏的时候也还为他人着想。但从此之后,他买东西也没人再蒙他,大家互相转告:"王先生市物不可虚索。"这是其一,其二即关于小偷。有天晚上,一个小偷跳进他家院子,因为王家准备修房子,院子里堆满木料,小偷正琢磨怎么进来,察觉了的王昭素"尽室之物潜掷于外",并且对小偷说:"速去速去,恐有捕者。"弄得小偷很惭愧,"委物而遁"。这件事的结果是"乡盗几息"。这两个例子,说的都是感化的力量。

张翰《松窗梦语》里有一则记叙他先祖的事迹,其中之一也是感化小偷,当然,在张翰眼里,像王昭素一样,放纵小偷也是一种美德。张翰说先祖有天夜归,"觉神阁有声,燃灯照见一偷儿藏身其上",这老人家便大喝了一声,但不是"抓贼",而是"何事误登吾阁!"这个"误"字用得极妙,因之才有喝罢的"接以梯,令下",且安慰小偷"无恐"。老人家担心小偷白来,"袖有数铢金,取而授之",然后"开户放出"。这老人家就是把小偷当菩萨了。由此亦可见时迁的本领,他偷甲的时候,也是在屋梁上弄出了声响,但他马上学出老鼠叫,徐家丫鬟判断是老鼠在厮打,他索性"便学老鼠厮打",这种声音岂是寻常人物模拟得了的?

但多数人以及法律对小偷并没有这么慈悲。比如说明朝的李骥官河南,为了对付小偷,"为设火甲(户籍单位),一户被盗,一甲偿之",号召群防群治;并且一旦发现小偷,就在他家门上大字写上"盗贼之家",让人们戒备。与此同时作《劝盗文》,"振木铎以徇之"。木铎,铜质的以木为舌的大铃,旧时宣布政教法令,巡行振鸣以引起众人注意。李骥用的是铁腕政策。在法律层面,正统时大理寺奏:"律载,盗窃初犯刺右臂,再犯刺左臂,三犯绞。今窃盗遇赦再犯者,咸坐以初犯,或重刺右臂,或不刺,请定例。"就是说,遇到大赦后怎么处置小偷,需要统一。大家议论的结果,赦后三犯者绞。而英宗在拍板时断然否决:"律为常法,赦乃一时恩典,自今窃盗已刺遇赦再犯者,依常例拟,不论赦,仍通具前后所犯以闻。"景泰时,南京守备陈豫等奏请恢复永乐年间的做法,"一家被盗劫,四邻各十家助擒之,即获人,赏银五十两,文绮四表里,钞二千贯,各给以盗者赀产。如坐视,四邻各十家均偿所劫,且枷示之,必得盗乃释"。虽然出发点是针对小偷,但如此残酷地殃及无辜,连当时的都察院都"谓其太重,奏遂寝"。

  显然,深圳这位先生也是笃信感化的。他自己说,供奉小偷牌位至今,半年中没有再被偷,现在出门心里也踏实了,因此"会一直供奉下去,即使再被偷也会继续"。然而感化的力量在现实面前有多大的功效,很值得怀疑。当下好多属于道德层面的问题,动辄提出立法,正映射了对感化力量的毫不自信,甚至否定。

2005 年 3 月 18 日

自知之明

"应氏杯"常昊称王后,国人对围棋再次唤起了空前的热情,以为与韩国的那层"窗户纸"终于被捅破了。于是,在接下来的"春兰杯"里,尤其是周鹤洋幸运地先取第一盘之后,关注的人们都兴奋不已。而当李昌镐再次笑到最后,把自己世界冠军的头衔增加到第17个时,圈内的人才终于认识到"和对手相比,我们的确是有差距"。

"知己知彼,百战不殆",兵法说了两千多年,今天也常挂在嘴边,行动起来往往南辕北辙。知己,即所谓自知,正确地认识自己。宋高宗时的状元张孝祥,每作完一篇诗文,必问门人:"比东坡何如?"门人能说什么呢?"过东坡"。比东坡厉害呗,何必弄得他不高兴。张孝祥就属于没有自知之明的那种人。他的全集今天也有刊行,"比东坡何如",那是不言自明的。《春渚纪闻》云,同朝的宗室赵子正"耽酒嗜书札",一天他"正于案间挥翰自得",有人"旁视再三"之后,"叹其美妙",认为"虽王右军复有不及者"。饶是赵子正"喜人捧己",听到这话脸上还是挂不住了,说那人:"汝玩我耶!"这个赵子正就是还有那么一点儿自知之明。

张孝祥的举止不过是给后人留了个笑柄,唐朝的罗程因为感觉还不错甚至掉了脑袋。罗程是个乐工,琵琶弹得好,当时"为第一",因此很得武宗以及宣宗的赏识。宣宗懂得音律,罗程"犹自刻苦",上面一旦"令侍嫔御歌",他这里"必为奇巧声动上"。于是乎,罗程膨胀得很,以为从此在社会上可以通吃,等他真的因为一件小事把人给杀了时,宣宗并没有罩着他,而是大怒,"立命斥出,付京兆"。乐工们都为他求情,下一回演出,还"旁设一虚坐,置琵琶于其上",暗示宣宗;然后大家"罗列上前,连拜且泣",说人才难得。宣宗终不为所动:"汝辈所惜者罗程艺耳,我所重者高祖、太宗法也。"宣宗是不是依法办事的意识很强,不大清楚,但是显然,罗程弄掉脑袋的一个重要因素,是他没有掂量好自己的半斤八两。

"人贵有自知之明",是当世伟人的语录,清朝大学者王士禛此前有一句"人苦不自知",是针对北宋文人苏舜钦说的。苏的《城南归值大风雪》诗令王很看不惯,其中的句子,如"既以脂粉傅我面,又以珠玉缀我腮。天公似怜我貌古,巧意装点使莫偕。欲令学此儿女态,免使埋没随灰埃。据鞍照水失旧恶,容质洁白如婴孩",让他"喷饭"。他不明白,苏舜钦写出"俚恶如此"的诗句,为什么欧阳修还要把他看作与石曼卿、梅圣俞齐名。更让他感到"可笑"的是,苏舜钦自己也认为:"平生作诗,被人比梅尧臣,写字比周越。"然而,这里的"苦不自知",却不是人家苏舜钦怎么了,而是王士禛自己的评价标准问题。他对诗的看法是:"为诗且无计工拙,先辨雅俗。品之雅者,譬如女子,靓妆明服固雅,粗服乱头亦雅;其俗者,假使用尽妆点,满面脂粉,总是俗物。"用这个观点去衡量,韩愈咏雪的句子——"龙凤交横飞"及"银杯缟带",也让他"不觉失笑",这就有一点强加于人。在朱熹眼里,诗也是并无工拙之分,但他认为"志之所之",所以"观其志之高下"。上则苏诗的后半段——"虽然外饰得暂好,自觉面目如刀裁。又不知胸中肝胆挂铁石,安能揉软随良媒。世人饰诈我尚笑,今乃复见天公乖。应时降雪固大好,慎勿改易吾形骸",由面目虽然被饰而改不了"胸中肝胆",由飞雪饰人而联想到人类社会的饰诈,蕴涵着深刻的人生思考和哲理意绪。由此看来,欧阳修推崇苏舜钦,说他"其于诗最豪,奔放何纵横。……间以险绝句,非时震雷霆",也并非都是客套之词。

惜乎张孝祥早生了几年,否则,看看辛弃疾,他就会明白传世之作是怎样炼成的了。岳珂《桯史》云,辛弃疾"每宴必命侍妓歌其所作",他特别喜欢《贺新郎》词牌,又特别喜欢自己的"我见青山多妩媚,料青山见我应如是""不恨古人吾不见,恨古人不见吾狂耳"。每每自诵至此,"辄拊髀自笑"。有天岳珂到他那里做客,正赶上他刚写完那首著名的《永遇乐·京口北固亭怀古》,"使妓迭歌,益自击节",然后"遍问客,必使摘其疵"。大家以为他那是客套,"或措一二辞,不契其意",辛弃疾乃"挥羽四视不止",他一定是自知词有缺陷,而当局者迷。岳珂说自己当时年轻,"勇于言",便指出"前篇豪视一世,独首尾两腔,警语差相似;新作微觉用事(指典故)多耳"。辛弃疾听罢大喜,对客人们说:"夫君实中予痼。"然后进行修改,"日数十易,累月犹未竟"。

周鹤洋赛后坦陈,他与李昌镐的差距比较明显,最主要体现在综合实力方面。这说明他很有自知。如果像有些运动员那样,输了比赛以为只是自己运气差点,那就不可救药了。

2005 年 3 月 25 日

睡（续）

2月25日，成都市安监局召开了全市煤矿安全工作会议，为防止与会者睡觉，现场架设了一台摄像机。此举并非空穴来风。去年6月，也是在成都辖区，彭州市白鹿镇水观煤矿发生瓦斯事故，在安监局召开的紧急会议上就有十几个与会者酣然入睡。会议负责人气愤地说，我们在台上讲安全，他们却在下面睡觉，煤矿怎么能不出事故！

人不睡觉不行，然而睡的不是时候也不行，在上面这个负责人看来，开会睡觉是当地煤矿事故的罪魁祸首之一。姚元之《竹叶亭杂记》云，他有个"善诗赋"的钱姓同乡，差点儿因为在考场上睡觉而交了白卷。当时，"每岁督学科岁试古诗，钱必冠军"，但这年钱老兄喝多了，一进场便呼呼大睡，而"同试者疾其每试居首，不肯呼之使醒"，让他睡去，直到有个交卷的人路过，才推了他一把。钱兄睁开眼，时间已经来不及了，赶紧问什么题目，知道是写《天柱赋》，匆忙间来了首七言绝句："我来扬子江头望，一片白云数点山。安得置身天柱顶，倒看日月走人间。"考题要赋，答卷写诗，题材即不合要求，但最后却仍然被取为第一，他人更要气得瞪眼了。

《三字经》里的"头悬梁，锥刺股"，背后的故事也与瞌睡有关。前句说的是汉朝孙敬,读书时用绳子把头发系在房梁上,一旦要睡,头一低,就会头发扯痛头皮,立刻惊醒;后句说的是战国苏秦,读书时瞌睡来了,就用锥子刺一下大腿。类似的刻苦典型还有很多,在明朝的《戒庵老人漫笔》里,李诩说他的老师赵参藩读书,"每夜必三鼓,略假寐即起,有睡意则批颊自詈"——一边抽自己的嘴巴,一边还要大骂自己。古人推崇他们,旨在强调有志竟成的精神,今人大可不必从简单的形式判断来讥讽之。

开会时、读书时的睡,是真的困了的睡,生活中还有许多假睡,借以达到某种目的。《三国演义》第四十五回"三江口曹操折兵,群英会蒋干中计"里,先是周瑜诈睡,"鼻息如雷",骗蒋干"起床偷视"帐内文书;然后是蒋干"蒙头假睡",好像没听见周瑜的"梦话"和不知道江北"来人"。毛宗岗评曰:"周瑜诈睡,是骗蒋干;蒋干诈睡,又骗周瑜。周瑜假呼蒋干,是明知其诈睡;蒋干不应周瑜,是不知其诈呼。"因此中计的是蒋干,"只道自己骗人,不料已受人骗"。第七十二回里,曹操有一回著名的假睡杀人。他跟左右说:"吾梦中好杀人;凡吾睡着,汝等切勿近前。"有一天,他"睡觉"的时候被子掉了,"一近侍慌取覆盖。操跃起拔剑斩之,复上床睡",醒了装不知道:"何人杀吾近侍?"蒲松龄笔下的狼也懂得假睡,那是两头狼与"担中肉尽"的屠夫对峙,"少时,一狼径去,其一犬坐于前。久之,目似瞑,意暇甚"。屠夫趁机杀了面前这头,正要走,发现柴火垛后面另一头狼在钻洞呢,"身已半人,止露尻尾"。屠夫这才明白,"前狼假寐,盖以诱敌"。聪明的人和聪明的狼都懂得诈睡骗取对方,而蒲先生独独说"禽兽之变诈几何哉,止增笑耳",显得有失公允。比如,杨修以为只有自己看破了曹操之诈,在葬礼上说那近侍:"丞相非在梦中,君乃在梦中耳!"杨修就像皇帝新衣里的那个小孩,而他的命运却是被曹操杀了头。不知道,是要对杨修"增笑",还是要对我们的文化"增笑"了。

　　北宋初,尚未归降的吴越王钱俶在宋太祖身边也有一回不知真假的睡。他从太祖征讨太原,"每晨趋鸡初鸣,晓与群臣候于行在",终于有一天,钱俶"假寐于寝庐"。这里的假寐,就不大清楚钱氏是真的在打盹儿,还是在诈睡以抗议。太祖说:"知卿入朝太早,中年宜避霜露。"话倒是很体贴,不过并没有免了他的"候于行在",只是"每日遣二巨烛先领引于前顿候谒而已"。后来,宋太祖"戮其拒王师者,流血满川",回过头对钱俶说:"朕固不欲尔,盖跋扈之恶,势不可已。卿能自惜一方,以图籍归朝,不血于刃,乃为嘉也。"吓得钱俶"叩头怖谢",想来钱氏自此在赵氏面前再也不会产生丝毫睡意。

　　真正懂睡的人,往往都有心得。宋朝蔡季通留下一则《睡诀》,曰:"睡侧而屈,觉正而伸,早晚以时,先睡心,后睡眼。"朱熹以为此诀有古今未发之妙,周密则认为,睡心睡眼之语本出孙思邈的《千金方》,老夫子没读到,还以为是蔡季通的发明呢。明朝陆容认为,"前三句亦是众人良知良能,初无妙处",因而他也来了一诀:"半酣酒,独自宿,软枕头,暖盖足,能息心,自瞑目。"开会睡着的人,想必总结起来,心得要更加别致。

　　忽然看到,印度去年底开播了两个电视频道实况转播议会会议,全因为议会开会时经常有议员采取蛮横行为肆意中断会议,同时,还有懒散的议员则利用开会时间睡觉。看起来,开会睡觉的事情是超越了国界的。

2005 年 4 月 4 日

君子与小人

最近在网上看到一篇文章:《内政作君子,外交当小人》。作者认为,一个国家的政府主要有两件事要做,第一件事是内政,第二件事是外交。处理内政要以君子思维为主,政府官员、政府政策、国家法律,在对待国民的问题上,要坦坦荡荡;外交要以小人思维为主,在处理对外关系时,要尽可能周旋,据理力争,据力力争,寸利不让。

君子与小人是截然相对的概念,以之来解释国家职能的内外两面,倒是有一点儿新鲜,也有一点儿形象。

所谓君子,以前是对统治者和贵族男子的通称,或者妻子称丈夫,后来则主要泛称有才德的人。小人呢,以前还有自谦的意味,后来就是专指那些行为不正派的人了。钱泳《履园丛话》认为:"行仁义者为君子,不行仁义者为小人。"就是说,君子和小人是通过个人的后天行为来区分的。所以他的"君子、小人,皆天所生",不是说二者先天即有,而是说是一种必然存在,因此,"将使天下尽为君子乎?天不能也。将使天下尽为小人乎?天亦不能也。"龚炜在《巢林笔谈》中也有一说:"多生君子,不如少生小人。"这应该也是气话。在他看来:"汉末名士,乃是真名士;宋世儒者,乃是真儒者。汉亡而宋弱,剥床之祸烈矣。"真君子硬是敌不过真小人,龚炜很有些无奈,只有恨恨地道出心中的感慨了。剥床,代称残害忠良或迫身之祸,语出《易经》:"剥床以足,以灭下也。"清朝陈梦雷《周易浅述》曰:"剥床以肤,切近灾也。"又说:"阴祸已迫其身也。"剥床就成了专有名词。

根据人的行为划分出君子与小人两大行列,只是一个类的划分,实际上在君子或小人的队伍中,也是千姿百态、千差万别的,所以钱泳还说:"君子中有千百等级,小人中亦有千百等级。"于是,"君子而行小人之道者有之,小人而行君子之道者有之;外君子而内小人者有之,外小人而内君子者有之,不可一概而论也"。想一想这个说法很有道理,倘若二者泾渭分明,一目了然,人类岂不是可以肉眼分类?庄绰在《鸡肋编》推荐一首五言绝句,说是可以鉴别"小人之相":"欲识为人贱,先须看四般,饭迟屙屎疾,睡易著衣难。"认为拿去当样板,"盖无不应者"。老实说,这首绝句除了"为人贱"三个字之外,在下还真参不透其他用语的玄机。倒不如同书另载的一件事容易判别:唐太宗赏玩禁中树,说:"此嘉木也!"宇文士及立刻"从旁美叹",跟着喝彩。太宗乃正色曰:"魏徵常劝我远佞人,不识佞人为谁,今乃信然。"在太宗眼里,随声附和者就是小人的一种。

君子与小人既然有"千百等级"之分,就必然有极品产生:极优品或极劣品。正是如此。王锜《寓圃杂记》云,明成祖"很知人",有一天他对通政陈定说:"尚书蹇宽是君子中之君子,甄容是小人中小人。"有一年元宵观灯,成祖命大臣皆赋诗,诗成"有钞币之赏"。甄容写了一首,但成祖看也不看,说:"汝素不能也。"但也没让他空手,"与饼饵数枚",不是奖赏,而是"以棁之"。看起来,他的确骨子里瞧甄容不起,可怪的是,王锜说成祖知道蹇宽和甄容如此不同,"然各任其材,曹无废事",如甄容这种"极劣品"究竟从事什么才合适呢？遗憾《明史》里没有二人的传记，使我们无从了解成祖的判别标准。

《三垣笔记》云，明朝崇祯皇帝即位，侍御倪文焕以依附崔呈秀而被削职回家。他的同乡、中书乔可聘去看他，文焕神色沮丧。乔可聘说，别的人不用说了，杨涟、左光斗两人，"以忤珰罹祸，君子也，公纠之，何故？"倪文焕回答："一时有一时之君子，一时有一时之小人。我居言路时，举朝皆骂杨、左诸人，我自纠小人耳。如今看起，原来是两个君子。"倪文焕这是在试图模糊君子和小人的原则界限，以为自己开脱。崔呈秀是什么人？《玉镜新谭》云"恶党之私呼魏忠贤"，别人都叫他"九千岁"，而崔呈秀"直呼为亲父"！后面一则更说他，"其不忠不孝如枭獍，其残害忠良如豺狼，其贪婪淫秽如狗彘"。枭獍、豺狼、狗彘，叠加在一起，崔呈秀是什么货色就很清楚了。当然，这里我们要依照古人对动物的认识，比如他们认为枭为恶鸟，生而食母；獍为恶兽，生而食父，所以枭獍就是忘恩负义之徒或狠毒的人。同朝梅之焕说："附小人者必小人，附君子者未必君子"。前面半句用之于倪文焕与崔呈秀，恰当不过。

清代学者王士禛还有一个观点："待小人宜宽，乃君子之有容。不然，反欲小人容我哉！"在大的原则来看，说得非常在理，但今人一般都是把贪官比作小人，从这个角度看，王的话就不能苟同了。

2005 年 4 月 8 日

读书无用论

4月以来,18岁的丁俊晖让国人先喜后忧:先是在斯诺克台球中国公开赛上,他夺得了个人首个排名赛冠军,为中国台球运动取得了历史性突破;接着,在回答《南方体育》记者"为什么不愿意读书"时,他以一句"读书有什么用"语惊四座。丁俊晖讲的应该是实话,因为如果读书,"将来毕业了还不是要找工作?找不到工作就会待在家里让父母担心。我觉得人活着就是为了更好地生活,现在我打球有钱挣,挺好的"。丁俊晖是成功者,虽然只是初次,但照不少行家的预测,他的前景不可限量。可以说,这是他睥睨读书的资本。别说"只受过小学教育"的他了,从前那些在科场上摸爬滚打的高手,一旦榜上有名,往往也流露出"读书无用"的意思。

罗大经《鹤林玉露》云:"今世儒生,竭半生之精力,以应举觅官。幸而得之,便指为富贵安逸之媒,非特于学问切己事不知尽心,而书册亦几绝交。"韩愈有一首《短灯檠歌》,这样写的:"一朝富贵还自恣,长檠焰高照珠翠;吁嗟世事无不然,墙角君看短檠弃。"短檠,矮灯架,借指小灯。宋代诗人陈师道也有"一登吏部选,笔砚随扫除"的句子存世。明指暗指,都是在说读书人在考取之后,"打扫卫生"时的情景。这位陈师道也是很有名的人物,在钱锺书先生的《围城》里,"善做旧诗,是个大才子的"董斜川把唐以后他看得起的大诗人用"陵谷山原"来概括,"山"有四山,其中之一就是陈师道,师道号后山居士。须知董斜川连"坡"——苏东坡,也还认为"差一点"。罗大经还说他有位同年李南金,登第后画师"以冠裳写其真",乃题诗曰:"落魄江湖十二年,布衫阔袖裹风烟。如今各样新装束,典却清狂卖却颠。"功成名就了,从此该实实在在,该看的是"长安花"了,书本还要它干吗?不过,严格地说,那些读过书的人认为读书无用,是认为读书不再有用。

粗览历史,大抵"读书无用"盛行的时代,都不是正常的时代。当然,范围得缩小到自从前人有了读书的意识和认识,至少科举成为国家选拔人才的方式之后。比如说,《侯鲭录》云唐末五代,"权臣执政,公然交赂",就算科举中了,官职任命也是"各有等差",想当什么样的官还得拿钱来,孝敬掌管铨选的人。因此当时的人们说:"及第不必读书,做官何须事业。"撇开里面"气话"的成分不谈,这样的社会谁能说是正常的社会?

但在中国历史上的多数时候,读书还是有用的。不仅有用,而且有大用。"读书盼望为官早"嘛,读书成了时人干禄仕进的敲门砖,贫寒子弟也看得到、摸得着,实践得了。唐朝的宣宗皇帝"尤重科名",老是喜欢问朝臣:"登第否?"如果某人说登过,"必有喜"之余,还要问他们那科考的是什么诗、什么题,以及考官的姓名。如果他比较欣赏的人物没走过这条路,"必叹息久之"。宣宗好跟读书人打交道,"多与学士小殿从容议论"。如果有宰臣出任地方长官,他还要"赋诗以赠之",而且在平时,"凡对宰臣及上言者,必先整容貌,易衣盥手,然后召见"。在这样的上司面前,自家没有饱读诗书,恐怕是很难过日子的。

丁俊晖说"读书无用",是因为他发现单纯的书本与他喜欢的

读书无用论　41

台球没有必然联系，不翻动那些玩意，照样可以把球打好。但他显然不理解，读书之用，未必所谓"实用"，更多的是在于"遇事得失易以明"，有助于自己分析和判断问题。这句话是黄庭坚说的，他曾担心自己"既在官则难得师友，又少读书之光阴"，不知怎么过日子。黄庭坚对读书的见解是，"须一言一句自求己事"。《戒庵老人漫笔》也有这样的观点："读书须知出入法，始当求所以入，终当求所以出。见得亲切，此是入书法；用得透脱，此是出书法。盖不能入得书，则不知古人用心处，不能出得书，则又死在言下，唯知出知入，得尽读书法也。"清末学者王闿运说得就更直接，他把同样拿着一本书的人，分为"看书人"和"读书人"两种。所谓读书人，就是"能通经以致用"；看书人，则书是书、人是人，"了不相涉"。那么，读书有用还是没用，其实是看你读什么、怎么去实践。

差不多20年前，我在中山大学听国家足球队前主教练曾雪麟(时已因"5·19"而引咎辞职)演讲，他认为中国足球上不去，与球员的文化素质太低密不可分，并点名说一位赵姓主力球员连家信都不会写。现在看媒体的一些评论，还是这种观点。文化素质从哪里来？得读书吧。由于丁俊晖是凭借外卡参加本次中国公开赛的，根据国际台联的规定，尽管他连战连胜，但却与3万美元的冠军奖金无缘。不过，中国台球协会副主席、星伟集团老总、丁俊晖的干爹甘连舫在赛后表示，星牌台球公司将奖励冠军丁俊晖5万美元。不少反多，看起来，排名赛的奖金在丁俊晖眼里，也没什么用了。

2005年4月15日

卖马粪

4月9日,英国王储查尔斯与相恋35年的卡米拉终于步入了婚姻的殿堂。旋即,又有卡米拉的新闻传出:在日前一次慈善拍卖会上,她的一张"绝版"签名照片仅拍出了15英镑的"震撼低价",而由其丈夫提供的一堆"有15年历史"的王室马粪,拍得70英镑高价。当然,马粪不是一坨而是一堆,高近2米,重达12吨,是查尔斯的纯种良马于1990年"生产"的,一直被保存在王储的高树林庄园农场内。据说,这堆马粪虽然已被囤积发酵15年,但却没有变得太酸,富含多种有机物,可用作上等肥料,特别适合养玫瑰花。

皇家卖马粪,在咱们唐朝也有过一次,不过并没有卖成。没卖成,与慈善事业无关,而是虑及"声名"问题。《朝野佥载》云:"少府监裴匪舒,奏卖苑中官马粪,岁得钱二十万贯。刘仁轨曰:'恐后代称唐家卖马粪。'遂寝。"虽然简略,我们也从中知道:这些值二十万贯的马粪是皇室全部马匹一年的"产物"。唐朝的二十万贯相当于今天的多少?折合成英镑又是多少?在经济史学家们计算起来不是一件难事,进而得出唐朝的马粪值钱还是查尔斯的马粪值钱,也是件有趣的事情。《资治通鉴》卷二百二有同样的记载,因其编年体史书的性质,使我们更确切地知道此事发生在唐高宗开耀元年(681),裴匪舒因为"善营利",才出了这么个主意。高宗为此还咨询刘仁轨可行与否,仁轨曰:"利则厚矣,恐后代称唐家卖马粪,非嘉名也。"高宗乃止。刘仁轨认为,卖马粪的收入固然可观,但是后人会怎么看呢?靠卖马粪赚钱,不好听啊。

刘仁轨是青史留名的人物,当然不是因为阻止皇室卖马粪。贞观十四年(640),庄稼还没收完的时候,太宗就想出去打猎,仁轨认为不合适。他说,现在的庄稼"十分才收一二,尽力刈获,月半犹未讫功,贫家无力,禾下始拟种麦"。这种情况下,"寻常科唤,田家已有所妨",此举更要劳动他们"供承猎事,兼之修理桥道,纵大简略,动费一二万工"。所以他建议太宗"退近旬日",等到"收刈总了,则人尽暇豫,家得康宁"。太宗高兴地说:"卿职任虽卑,竭诚奉国,所陈之事,朕甚嘉之。"皇帝要打猎,想什么时间去都可以,但刘仁轨晓以利害,他的那句"屋漏在上,知之者在下"说得明白,顾及的正是太宗的"声名"问题。刘仁轨还以儒将著称,在唐朝将帅中出类拔萃。有人甚至考证出,他领兵出击百济、新罗(今朝鲜半岛)时,引发了有史以来的第一次中日战争,他打赢了。

李焘《续资治通鉴长编》两处收录了《司马光日记》中涉及马粪的记载,云王安石变法,"人言财利者辄赏之",其中"有班行上言:天下马铺,每匹令日收粪钱一文,亦行之。其营利如此"。当然,这里不是卖马粪,而是收马粪税。李焘虽然在政治见解和史学观点上和司马光非常接近,且《宋史》本传言其"耻读王氏(安石)书",但他节录温公此段日记只是作为注文而聊作参考,不以私论而害公议,十分难得。在此,温公难免有刻薄安石之嫌,不过以笔者视野所及,未见他人道及此语,尚属其一家之言。

《资治通鉴》除了记载裴匪舒建议卖马粪,还有他为高宗设计建造"镜殿"的事。落成之时,高宗约刘仁轨一同去参观,不料仁轨"惊趋下殿"。高宗问怎么回事,他说:"天无二日,士无二王,适视四壁有数天子,不祥孰甚焉!"高宗乃"遽令剔去"。"天无二日,士无二王",孔圣人的话。前几年,一家名牌出版社出版了由某名牌大学教授校对的一本译著,说这是"门修斯"的格言,好像是外国的什么学者,其实说的是我们的亚圣——孟子,不仅名字译得不伦不类,"著作权"人也弄错了,因有"学术界的耻辱"之谓。天无二日,即天上没有两个太阳,借喻一国、一地、一族等,不可同时有二个统治者。《杨文公谈苑》云,宋太祖准备攻打南唐首都金陵时,李后主遣徐铉入朝,"恳述江南事大之礼甚恭,徒以被病未任朝谒,非敢拒诏",委婉地要求撤兵。宋太祖的回答不容置疑:"不须多言,江南有何罪?但天下一家,卧榻之侧,岂可许他人鼾睡?"没多久,"城陷",后主归降。宋太祖的话就是"天无二日"的实践版本。不过,放眼看去,这却只是相对霸气,当时中华大地上还有辽、西夏、吐蕃、大理等好几个"日"和"主",太祖就不敢跟人家讲这个话;真宗时一纸"澶渊之盟",还得老老实实地向人家交纳"岁币"。

查尔斯卖出去的马粪可能是要用于种玫瑰花,在我们这里,马粪大抵也都是用来肥田,但也有额外的用途,比较著名的是贾府用来塞焦大的嘴。《红楼梦》里,焦大趁着酒兴"撒野",说贾府的人,"每日家偷狗戏鸡,爬灰的爬灰,养小叔子的养小叔子,我什么不知道?"于是众小厮在"唬的魂飞魄散"之余,"也不顾别的了,便把他捆起来,用土和马粪满满的填了他一嘴"。但查尔斯的马粪无论有多少,也无论拍出了什么价钱,都与卡米拉的照片没有丝毫的可比性。人们硬要这样制造新闻点,是对已经嫁入王室的卡米拉仍然不屑,酸溜溜的总觉得人家捡了便宜。其实,卡米拉不过年纪大些,且没有戴安娜生得漂亮而已。

2005 年 4 月 22 日

心态

4月24日,广东宏远队击败江苏南钢队,成功卫冕CBA总冠军。这场比赛称得上一波三折,广东队落后、追平、再落后、再追平,返超,实现逆转,媒体普遍认为是心态较量的胜利。综观总决赛5场比赛,双方该赢的球赢不下来,赛后的报道都离不开"心态"二字。再往前溯,宏远队主教练李春江说自己的队伍这个赛季磕磕碰碰,也是"因为心态问题"。

心态,就是心理状态。不要说体育比赛时,心态往往起到决定性作用,就是在平时,调整好自己的心态也非常重要。南朝乐府民歌里有一首《懊侬歌》:"江陵去扬州,三千三百里;已行一千三,所有二千在。"看上去,如同一道简单的算术题,旅人边乘船行进,边屈指计程,归心似箭中表现出乐观的心态,韵味无穷。清朝大学者王士禛也认为"愈俚愈妙",当然了,他旋即又认为"读之未有不失笑者"。这倒不用跟王先生过于计较,以本人涉及过的史料看,鲜有不引起他发"笑"的事情。千万别小看了这一计算,《客座赘语》转引《新知录》也讲到有两个人一起坐船,一个"性急昼夜计程,稍阻辄愤懑,形为枯瘁";另一个"性缓,任之,增食甘寝,颜色日泽"。着急并没有用,两个人最后还是"同时登岸",形容反差那么大,心态对人的影响有多大可见一斑。

宋朝大词人柳永一直有当官的心态,可惜总是不能如愿。他的《鹤冲天》词云:"忍把浮名,换了浅斟低唱",及临轩放榜,被人家偷换了概念,说:"且去低斟浅唱,何要浮名。"就这一句话,令他的进士及第晚到了好几年。《渑水燕谈录》云,柳永虽然中了进士,但是十几年过去了,仕途不达。有位史姓大臣"爱其才而怜其潦倒",总是帮他留神出路,"会教坊进新曲《醉蓬莱》",正好这时司天台又奏"老人星见",史大臣"乘仁宗之悦",推荐由柳永执笔。柳永"方冀进用,欣然走笔,甚自得意"。但是自己得意不行,写出的东西还得上面认可。"上见首有'渐'字,色若不悦";读到"宸游凤辇何处"一句,发现与自己给真宗作的挽词暗合,"惨然";再读到"太液波翻",恼了,说:"何不言'波澄'!"然后掷之于地,"永自此不复进用"。但从此于"倚红偎翠"中寻找寄托的柳永,因为仁宗说过他"且去填词",便当成了招牌,每每自称"奉旨填词柳三变(永之原名)",饶是自嘲,也说明他对权力的膜拜心态没有变。老人星是南极星座最亮的星,民间把它称作寿星。北方的人若能见到它,预示吉祥太平。所以杜甫有诗云:"今宵南极外,甘作老人星。"范仲淹写过《老人星赋》,开篇就说:"万寿之灵,三辰之英。其出也,表君之瑞;其大也,助月之明。"唐朝李频还留下了《府试老人星见》,可见科举也拿去当题目了。

柳永想当官而当不上,还有的是一心想当大一点儿的官当不上。《南部新书》云王主敬为侍御史,"自以才望华妙,当入省台前行。忽除膳部员外,微有惋怅"。他的这种心态给吏部郎中张敬忠看出来了,在《全唐诗》里还留下了记录:"有意嫌兵部,专心望考功。谁知脚蹭蹬,却落省墙东(膳部在省城的东北角)。"这一点,倒是唐朝杨昭俭的心态值得推介。他从工作岗位上退下来,自题家园以见志:"池莲憔悴无颜色,园竹低垂减翠阴。园竹池莲莫惆怅,相看恰似主人心。"

能不能按照意愿当官要摆正心态,当上了也要如此。康熙二十一年(1682),赵阆仙督学江南,"力矫时风",过江击楫曰:"某若一毫自私,不能生渡江北矣。"于是干谒不行,孤寒吐气,簠簋之风(指官吏贪财受贿的风气),为之一变。魏象枢为京兆尹,曾自书一匾,曰"我愧包公"。须知魏象枢是被史家誉为"清初直臣之冠"的,乾隆时还下令群臣"言官奏事当如魏象枢奏疏"。魏象枢的心态就摆得很正,他认为"国家根本在百姓,百姓安危在督抚",因此"督抚廉则物阜民安,督抚贪则民穷财尽"。他在迁刑部尚书时曾经上疏曰:"臣忝司风纪,职多未尽,敢援汉臣汲黯自请为郎故事,留御史台,为朝廷整肃纲纪。"这样的为官心态,便是后人也多有不及。其后的秦瀛,引其事自励,把顺天府尹干脆叫作"知愧堂",还撰写了一篇《知愧堂记》。可叹的是,正面典型虽有,反面的更触目惊心。《山志》里有一则归有光非议科举取士的文字,颇有代表性。他说当时不少人"一为官守,日夜孜孜,惟恐囊橐之不厚、迁转之不急、交结承奉之不至",完全是怎么捞、怎么编织关系网的心态。在升官方面,"书问繁于吏牒,馈送急于官赋,拜谒勤于职守"。怀着这样心态当官的人,百姓还有什么指望吗?

江苏队在第四节还大比分领先的情况下最终遭到翻盘,主场球迷在感情上难以接受是可以理解的。但广东队在领奖时仍然受到矿泉水瓶的攻击,李春江先遭嘘声,再遭拳脚……诸如此类,暴露出的则是球迷的心态问题,更深一层的话,由此折射出的是素质问题。

2005 年 4 月 29 日

俭

在去年的全国"两会"上,不少人大代表呼吁:领导干部不要做时尚的领头人。呼吁基于的是一种我们都习见的现象,有些领导干部对身边的用品热衷于赶时髦,扮演着时尚消费引导者的角色。比如说手机吧,要想知道什么是最新款的,往往留意一下领导干部手上拿的,就能猜个八九不离十了。"楚王好高髻,宫中皆一尺;楚王好细腰,宫中皆饿死。"上行下效,前人已有精辟的总结。被八国联军赶去"西狩"的光绪皇帝,在"衣履敝垢"之际,"一日内侍进呈新袜",因为"式劣"还非常"不悦"。内侍到慈禧那儿告了一状,慈禧赶来当面问他"袜佳耶?""差长否?"光绪"然"了两然,才老老实实地穿上了。

古时的物质没那么丰富,诱惑没有现在那么多,住房、用"车"等等又都有严格的规定,僭越不得,能引领时尚的,也就是在自己身上打点儿主意,当然,正式场合的官服又是个例外。唐朝的路岩,"风貌之美,为世所闻",他在成都当官的时候,整天"以妓乐自随,宴于江津",吃喝玩乐。路岩"善巾裹,蜀人见必效之",他于是又"蔫纱巾之脚,以异于众也"。路岩所引领的时尚,到了闾巷之人但盛装修饰必被讥之"尔非路侍中耶"的地步。《万历野获编》云,明朝首辅张居正"性喜华楚,衣必鲜美耀目,膏泽脂香",于是乎,下面的官员们"一时化其习,多以侈饰相尚"。工部侍郎徐泰时根本没什么家底,但"每客至,必先侦其服何纾何色,然后披衣出对,两人宛然合璧,无少参错"。还有个太守叫金赤城的,"家无儋石,貌亦甚寝",但只要走近他的家,"则十步之外,香气逆鼻,冰纨雾縠,穷极奢靡",连尿盆都是银的,史书中却说他"作吏颇清白",十分滑稽,他要是不贪不占,支撑得起这种消费吗?

　　福康安就更不得了了。他无论走到哪里都是"笙歌一片,彻旦达宵",率军打仗也不例外。他本人喜欢昆曲,"每驻节,辄手操鼓板,引吭高唱",至于"虽前敌开仗,血肉交飞,他这里"袅袅之声犹未绝也"。福康安是傅恒的儿子,三藩之乱后成为清朝唯一受封的异姓王,颇受赏识。福康安爱穿紫色的衣服,大家争着效仿,"谓之福色"。这些记载,是官员奢的一面所引领出的"时尚"。与之相对应,则是俭,俭,实际上也能带动"时尚"。当然,这所谓俭只是相对意义上的,对不同的人来说,俭的内涵并不一样。比方对明朝皇帝朱元璋来说,衣服洗过了还肯再穿,就是一些人眼中的俭了。事见《典故纪闻》。"太祖视事东阁,天热甚,汗湿衣,左右更衣以进,皆经浣濯者。"参军宋思颜便在一旁发感慨了:"主公躬行节俭,真可示法子孙。"是朱元璋头一回如此,还是宋思颜在大拍马屁,且不计较,但宋思颜接下去的话却说得不错:"臣恐今日如此,而后或不然,愿始终如此。"这些话让朱元璋听了很受用,他借题发挥说:"此言甚善。他人能言,或惟及于目前,而不能及于久远,或能及于已然,而不能及于将然。今思颜见我能行于前,而虑我不能行于后。信能尽忠于我也。"朱元璋的例子实在有些特殊。但作为一个官员,尤其是方面大员,通过自己的以身作则是可能改变一地陋习的。《郎潜纪闻二笔》里另有一位董教增,刚到任四川时,那里"俗尚华侈",乃下决心扭转过来。他有一条原则是："每公宴,诫不用优伶",吃饭就是吃饭,不用那些花里胡哨的玩意助兴。有一次总督勒保请他喝酒,"公至门,已通刺矣,闻音乐声,即返去"。总督是当地的"一哥",名片都递上了,哪里还有不进去的道理?但董教增仍然掉头就走,待"勒公为之撤乐,乃复至,饮尽欢,风尚为之一变"。董教增当然不是和勒保过不去,而是显示践行自己言出必信的诺言;勒保显然也极其认同,那么,"蜀人两贤之"就毫不出人意料了。

不过,在"俭"的行为之下,还要擦亮眼睛,分清性质。比如《池北偶谈》里有个刘念台,"居常敝帷穿榻,瓦灶破釜",结果别人登他的门时,"饰舆骑而来者,多毁衣以入",好衣服也得弄破几个洞,与他保持同步。刘念台"偶服紫花布衣,士大夫从而效之,布价顿高"。看到这个效果,刘念台也许会很高兴,但实际上别人是被迫而俭,顺着他,做个样子给他看,说到底他还是被蒙了。对那些官场油子而言,做出这种样子也确实不是什么难事,李宝嘉《官场现形记》里的"巧逢迎争制羊皮褂",对此揭示得痛快淋漓。不过,这里署院的"俭"与刘念台的,完全是两码事。在署院的"带动"下,"浙江官场风气为之大变。官厅子上,大大小小官员,每日总得好两百人出进,不是拖一片,就是挂一块,赛如一群叫化子似的。从前的风气,无论一靴一帽,以及穿的衣服花头、颜色,大家都要比赛谁比谁的时样,事到如今,谁比谁穿的破烂"。关键在于,那个穿的顶顶破烂的人,大家都朝他恭喜,说:"老哥不久一定得差得缺的了!"那么,这纯粹是一种欲进先退的时尚。

清朝乾隆时的进士、广东海康人陈昌齐说过:"人必须节俭,然后可以立品。"说"人"而不是说官,可见此中的"品"不是官品而是人品。节俭与否的确可以上升到人品的高度,尤其是对待公款消费的态度上。此番人大代表的呼吁,是在说尽快规范十部职务消费行为,莫让少数干部利用职务之便,行奢侈浪费之风吧。

2005 年 5 月 6 日

名姓文章

亲民党主席宋楚瑜的太太名叫陈万水,宋太太的弟弟名叫陈千山,二人都出生在陕西岐山,因此,关于中共陕西省委书记李建国5月5日会见宋楚瑜时,不少媒体直接用姐弟二人的姓名做文章,中新社的标题就是:李建国与宋楚瑜共话"万水千山"。对毛泽东稍有了解的人们都知道,他就很喜欢戏谈对方的姓名、籍贯,以此拆掉领袖与普通人之间的无形之墙。

追溯起来,这也是前人留下的一项文化传统。《归田琐记》云,有位叫续立人的官员这样被人讥讽,"尊姓原来貂不足,大名倒转豕而啼"。貂不足,"狗尾续"嘛;《左传·庄公八年》有齐侯田于贝丘,见大豕,射之,"豕人立而啼"。据说,续某因此向巡抚江苏的林则徐告状,要追查,林则徐笑曰:"自苏州府设同知官以来,官此者不知几百十人,今能举其名者几人?得此雅谑,君不朽矣,又何愠焉?"把续立人弄了个大红脸。

历史上的诸多名姓文章,出发点一般都不太"友好"。《朝野佥载》云,狄仁杰嘲笑卢献:"足下配马乃作驴。"概"卢"之繁体作"盧",而驴之繁体作"驢"。卢献当即反唇相讥:"中劈明公,乃成二犬。"把"狄"字分开,是两条狗。狄仁杰疑惑,我那半边明明是"火"嘛,怎么成了狗?卢献答:"犬边有火,是煮熟狗。"从两人的相互谐谑中可知,驴和狗在唐朝的时候已经是骂人的话。《水浒传》里的花和尚鲁智深,更每每被人骂作"秃驴"。令人喷饭的是,在五台山吃醉酒后,鲁智深也同样骂他的师兄师弟:"不看长老面,洒家直打死你那几个秃驴!"有人考证,自宋元之后,龟的地位明显下降,成为骂人取笑的代名词。驴和狗当然也不是先天的"贬义",那么是从什么时候开始"地位下降"的呢?有趣的是,今天同行旅游的人互称为"驴友",驴又有了一点儿"正名"的意思。

五代十国时的宋齐丘,本字超回,当过吴国和南唐宰相。汪台符亦曾"贻书侮之",说他自以为能与孔子比肩,比颜渊还厉害。这里是把"丘"解作孔丘,把"回"解作颜回了。宋齐丘之得名,可能也正是这个意思,所以他才会"惭"。汪台符这样讥讽,宋的人品肯定是有问题的。按明代《菽园杂记》搜集的一种看法,宋齐丘是个杀人犯,为剽窃人家的学术成果而杀人,事关《化书》。《化书》是道教经典著作之一,从北宋陈抟开始,直到元全真道十方丛林之规制都把它作为必读的经书。这部著作一度传为宋齐丘所作,而他是偷谭峭的。按照传说,谭峭跟宋齐丘会面,把自己的著作给他看,"齐丘以酒饮景升(峭字),虐之盛醉,以革囊裹景升,缝之,投深渊中,夺此以为己书,作序传世",宋齐丘因此还混了个"齐丘子"的美号。不过,那传说接着就很神奇了,到了怪诞的地步。说有个打鱼的人拾到革囊,打开一看,一个人睡得正香,大呼,乃觉。问其姓名,曰:"我谭景升也。宋齐丘夺我《化书》,沉我于渊。今《化书》曾无行乎?"渔者答:"《化书》行之久矣。"景升曰:"《化书》若行,不复入世矣。吾睡此囊中,得大休歇。烦君将若囊再缝而复投斯渊,是亦愿望。"于是,渔者如其言,再沉之。

《玉壶清话》云,宋初有位很出名的画家郭忠恕,最长于画宫室、舟车,亦能画山水。他画宫室建筑,能对建筑物作精确表现,重楼复阁,深远透空,"梓人较之,毫厘无差",甚至可以拿去当作施工图纸,同时又不失为绘画艺术。郭忠恕在宋太宗时当过国子监主簿,肚子里很有点儿墨水,便以此作为"惟纵酒无检,多突忤于善人"的资本。有一天,郭忠恕一边喝酒,一边拿国子博士聂崇义的姓来开玩笑,说"聂"字"近贵全为聩,攀龙即是聋,虽然三个耳(聂之繁体作"聶"),其奈不成聪"。聂崇义也是学富五车的人物,反过来则拿"忠恕"做文章:"勿笑有三耳,全胜畜二心。"凑巧的是,郭忠恕后来因"坐谤时政,擅货官物,流登州",真有点儿应了聂崇义"评价"的意味。

　　大画家米芾的癖好很多,其中之一为洁癖。因此他有个女婿叫段拂,字去尘。相传他当初见到这个名字时非常高兴地说:"既拂矣,又去尘,真吾婿也。"就这么把女儿许给了他。当然米芾择婿也不是单纯地从名字上计较,他的另一个女婿就叫吴激,字彦高。记载表明,这个"真吾婿也"的段拂其实乏善可陈,倒是吴激不仅以乐府知名,与辛弃疾的老师蔡松年齐名,号为"吴蔡体",而且书法俊逸,绘画亦得其岳父米芾笔意。

　　唐朝李惠登,自小军吏一步步做到了随州刺史。他自解名字说:"吾二名惟识'惠'字,不识'登'字。"就是说,自己并没有想着当官,而是想着给百姓以恩惠。《旧唐书·良吏传》证实了他的话,说他"居官无枝叶,率心为政,皆与理顺。利人者因行之,病人者因去之,二十年间,田畴辟,户口加。诸州奏吏入其境,无不歌谣其能"。李惠登的自解,实际上阐述了自己的为官态度。

2005年5月13日

家书

不久前,由国家博物馆等单位联合发起了"抢救民间家书"活动,向海内外公开征集散落在民间的中国家书,也就是用纸、笔写成的家人之间文字性的通信,包括信纸和信封。这是今年4月初,费孝通、季羡林等数十位文化名人发出的倡议,而且,还很可能是费老生前参与的最后一次重要文化活动。

古人很看重家书。倘若"烽火连三月",家书有"抵万金"的功效;承平之时,家书则往往是家教的一种,长辈通过家书,把道德修养、人格风范等传授给子孙,因此产生了一些著名的家书,如《曾国藩家书》等。近代史上的著名人物梁启超,留下的家书在2000封以上,占其著作总量的十分之一还多。他通过书信传递对孩子们的情谊,注重他们的知识训练,和他们平等地讨论国家大事、人生哲学,使九个子女个个成才,其中三个是国家院士:梁思成(建筑)、梁思永(考古)、梁思礼(火箭)。

显而易见,更多的家书虽然同样对他人及后世具有借鉴意义,但是种种原因使之并不那么知名,比如明朝的任环家书。李诩《戒庵老人漫笔》云,嘉靖三十三年(1554),倭寇入侵,督兵江阴的任环给儿子写了这样一封回信:"我儿絮絮叨叨,千言万语,只是要我回衙,何风云气少,儿女情多耶!倭贼流毒,多少百姓不得安宁？尔老子率兵，不能除讨，嚼毡裹革，此其时也。岂学楚囚对儿辈相泣帏榻耶！后来事未知如何，幸而承平，则父子享太平之福；不幸而有意外之变，但臣死忠，妻死节，子死孝，咬定牙关，大家成就一个是而已。汝母前只可以此言告之，不必多语。儿辈莫晓，人生自有定数，恶滋味也，常有受用处，苦海中未必不是极乐国也。读书孝亲，毋贻父母之忧，便是长聚首，亦奚必一堂哉！"与此同时，还赋诗三首，其一："草草功名六六年，正当烽火动江天。除残愧乏长驱略，策马空操短节鞭。"其二："昔年走马阴山道，今日驱兵沧海涯。三尺龙泉书万卷，丈夫何处不为家。"其三："放船中道转狂风，雪浪排山一点蓬。宴寝先生平旦死，安危不在海涛中。"面对倭寇，学苏武嚼毡、马援裹革，而不学楚囚对泣，一句"此其时也"，让后人领略了任环甘愿为大家而舍小家的豪迈气概。

《明史》对任环及其抗倭有比较具体的记载，说他是嘉靖二十三年（1544）进士，"历知黄平、沙河、滑县，并有能名"。不过抗倭的时间，与李诩所云相差了一年，是在嘉靖三十二年。在宝山洋，任环"奋前搏贼，相持数日，贼遁去"；在太仓，"短兵接，身被三创，几殆"，已而"倭复至，又裹疮出海击之，怒涛作，操舟者失色，环意气弥厉，竟败贼，俘斩百余"。如此等等。任环所以战功卓著，在于他治军有方，平时，"与士卒同寝食，所得赐予悉分给之"；战事紧急，则"终夜露宿，或数日绝餐"。他还把名字写在皮肤上，说："战死，分也。先人遗体，他日或收葬。"主帅这种视死如归的态度，令"将士皆感激，故所向有功"。

因为这封家书不那么著名吧，一度还被人给剽窃了。王应奎《柳南随笔》云，江阴进士缪诜"竟作文贞公与子书"，说这是他祖先缪昌期给儿子的家书。当然，缪诜不是全盘照抄，而是根据自家情形改动了其中的几个字,比如把"只要我回衙"的"衙"字改作"家"字;同时删去了"尔老子率兵不能除讨"等几句话。王应奎说,他初读到《缪氏家训》时,还以为"必文贞公作,而附会于任(环)者",及读到《戒庵老人漫笔》,"乃知果任公作,《缪氏家训》误人耳!"得出这个结论其实并不难,缪昌期是万历时候的进士,万历在嘉靖后面,中间隔着个隆庆皇帝呢!

缪昌期也是历史上的著名人物。他中进士的时候已经52岁,"有同年生忌之,扬言为于玉立所荐,自是有东林之目",把他跟东林党给联系在了一起,因为于玉立是东林党中的重要成员。不管这件事是真是假,缪昌期与东林党首领杨涟、左光斗等关系不错是肯定的。据说,魏忠贤造生圹于玉泉山,曾请他写碑文,遭到严词拒绝:"生平耻谀墓,况肯为刑余辱吾笔邪!"魏忠贤因此恨之入骨。杨涟上疏弹劾魏忠贤二十四大罪状,有人说"乃昌期代草者",魏忠贤"遂深怒不可解"。1625年,杨涟、左光斗等惨遭杀害,缪昌期被株连,"下诏狱",但他"慷慨对簿,词气不挠。竟坐赃三千,五毒备至",惨死狱中。

古代的家书,同时含有家训的意味,有时候,二者更可以直接画上等号。所以前人很注重搜集家书,是为了给后人以教化;如今的征集,是因为"现代通信方式的多样化,使传统家书逐渐淡出了人们的视线",直白地说是"抢救",担心"在不久的将来,我们的下一代也许将不知家书为何物"。因此,对这两种搜(征)集家书的动机,还不能等量齐观。

2005 年 5 月 20 日

不识字

亲民党主席宋楚瑜访问清华大学时,清华大学校长顾秉林向他赠送了一个条幅,用小篆书写的黄遵宪《赠梁任公同年》诗:"寸寸河山寸寸金,侉离分裂力谁任?杜鹃再拜忧天泪,精卫无穷填海心!"顾校长恐怕无论如何也想不到,那个"侉"字给他惹出了天大的麻烦。他在当众朗读时,到那里卡住了,不认识,经人提醒才得以圆场。

侉,可能真有点儿生僻吧,但并没有生僻到一般字典不出的地步,我手边的《汉语大词典》上面就有,kuā,读阴平,不方正、不规则的意思。侉离,歪斜貌。另外说来,公开场合赠人条幅,自然需要当众展示,总要过问一下或者自己先瞄一眼,认得字也要明白意思,条幅里面很可能嵌有典故,望文生义也不成呀?况且,顾秉林先生有校长身份和院士衔头,当众尴尴尬尬,在那种场合和时刻,确实说不过去。但一些网友据此讥讽顾校长"不识字",多少有失厚道,有点儿像冯班污蔑严羽。严羽以《沧浪诗话》知名,按清朝大学者王士禛的观点,"皆发前人未发之秘"。但这本书也不是没有缺点,有个叫冯班的就站出来为之"纠谬",清人王应奎说:"即起沧浪于九原,恐亦无以自解也。"说明有一些纠谬还是纠到了点子上。不过冯班的批评就走了极端,变成了谩骂,骂了"一窍不通"还不解气,更骂他"一字不识"。王士禛说,冯班的这种话"尤似醉人骂坐,闻之唯掩耳走避而已",值不得听。

《世载堂杂忆》云,民国初年当过山东督军的张怀芝"不识字而好弄文",例子是他的一个笔误。有天一个叫徐顺的人拿着袁世凯长子袁克定的推荐信来见他,想找工作,张看信之后对徐说:"我这就给你派事。"为了讨好袁克定,他亲笔写了一道手令:"立即将徐顺抓在参谋处。"笔误就在,"抓"本来应该写成"派"。参谋处见到张的亲笔手令可不敢怠慢,立即将徐顺囚禁起来,惹得袁克定大发雷霆。因这个笔误而说张怀芝不识字,当然也是把问题上纲上线了。张怀芝一向对曹锟亦步亦趋,所以有人说:"怀芝事事学曹仲珊(锟字),仲珊不乱动笔,自谓藏拙;怀芝独对此事,未曾学得到家。"这一评价就比较客观。对顾校长来说,倘若那"佽"字是横平竖直的楷书,也未必不认得;他一时不认得的是非要拐那么多弯、好像存心要把人弄糊涂的小篆而已。

"知之为知之,不知为不知",孔夫子的教诲,生活中的许多人却做不到这一点。宋朝有位林攄先生为枢密院同知,有一天唱新科进士名,把"甄彻"唱成"坚彻"。徽宗可能手里也拿着一份名单,觉得可疑,说不对吧,好像是该读"真"的音。不料林攄读不对还不服气,"辨不逊",把甄彻直接叫过来问,却是果然"从帝所呼"。于是,林攄"以不识字坐黜",为不懂装懂付出了代价。清朝的阮元,更差一点儿因为阅卷大臣"不识字"而被耽误了前程。那是乾隆辛亥年(1791)大考翰林,阅卷大臣认为阮元的赋非常"博雅",颇有好感,但因为不认识其中的"垎"字——可能在赋中是个关键字,就把他置入三等;好在他查了查词典,知道读 jì(去声),是古代算法名,就又把他提升为"一等二名";然后"封卷进呈御览"。第二天皇帝的意见来了："第二名阮元比一名好,疏更好,是能作古文者。"据《异辞录》说,阮元之所以给乾隆留下了好印象,卷上的那首《眼镜诗》功不可没,起首的两句是"四目何须尔,重瞳不用他",说眼镜那玩意没用。斯时乾隆帝年近八旬,"目力不减,颇以老健自喜",所以"阅诗大喜,拔置第一"。重瞳,即瞳仁里有两个影子,旧时认为此乃异相或贵相,据说虞舜和项羽就都是重瞳,所以重瞳亦可指代二人。阮元被"拔置第一"固然有偶然的成分,但他这个人的确是有水平的,戴一顶大学者的帽子并不为过。嘉庆二十二年(1817)至道光六年(1826),阮元当过两广总督,期间组织人马编撰了著名的《广东通志》,今人称之为"阮通志"。正是这些原因吧,阮元前一阵子还入选了广州市拟订的"岭南先贤"名单,虽然这个名单甫一公布即备受争议,不少只是跟广州沾点边儿的就给网罗了进去,但对阮元还没非议什么。想一想也是,不过是在路经广州时写了首没什么影响的诗的山西人王勃都能入选,给广东干了那么多事情的江苏人阮元列入其中又有什么奇怪的呢?简直该理所当然了。

令人不能理解,同时也令人倍感遗憾的是,在顾校长出现难堪的当晚,央视国际频道邀请清华大学国际问题研究所副所长刘江永教授作客时,竟然在这个问题上栽了另外一个跟头。刘教授郑重其事地指出清华赠送的诗词条幅,是用"小隶"体书写的!从甲骨文、金文、石鼓文,到大篆、小篆、隶书、草书、楷书、行书……中国的书体,早已按诞生的先后排定了完整的序列,几时又钻出个"小隶",难道是小篆和隶书之间的过渡?刘教授当然可以这么认为,但网友们已先不买账,遑论书家们了。

2005年5月27日

笑（续）

5月27日的香港凤凰卫视"文涛拍案"栏目，解析4月份去世的张春桥。正史、野史，在文涛那里熔为一炉，一张嘴来得妙趣横生，新闻真是被他给说"活"了。文涛剖析的是张春桥的性格和手腕，其中说道，张春桥平时总是板着面孔，在执掌《解放日报》的时候，邻居们碰到他打招呼，他能点个头算不错了，没有笑的模样。当然，张春桥也是会笑的，至少他有笑着的照片存世。印象之中，在党的"十大"主席台上，他和江青坐在一起的那张照片就在笑，而且笑得很开心。看起来，他的笑注意把握分寸，看场合或心情，该笑的时候自然要笑。

魏有位叫元丕的，则真正是从来不笑。按道理，他出身皇族，世袭侯爵，仕途先天就安排好了，生活也无忧无虑，应当满心欢喜才是，但不知怎的，这人就是高兴不起来，"虽有吉庆事，未尝开口而笑"。孝文帝拓跋宏把都城从代迁到洛阳时，元丕"以代尹留镇"。在临别之际的宴会上，孝文帝"别赐丕酒"，但元丕没有一点儿受宠若惊的感觉，"虽拜饮，而颜色不泰"。拓跋宏忍不住了，说："闻公一生不笑，今方隔山（河），当为朕笑。"马上就要分手了，不知什么时候再见面了，别还是这么阴沉着脸，起码为我笑一笑吧？皇帝当面开了尊口，仍然是"竟不能得"，元丕硬是不笑。

拓跋宏无奈地认为这不是跟谁过不去,而是生性如此:"五行之气,偏有所不入。六合之间,亦何事不有。"此话一出,惹得在场的人们"无不扼腕大笑"。

元苌一生不笑,然而常笑的人也未必就是心地善良的人。比如唐高宗时的李义府,他倒总是一副笑的模样,"与人语必嬉怡微笑",但是当时的人们都看出来了,他那是"笑中有刀",别看他表面在对你笑,实际上可能正在盘算你。成语"笑里藏刀"即来自此典。李义府阴险到了什么程度?"欲人附己,微忤意者,辄加倾陷"。因为他这种"柔而害物"的性格,人们还给他起了个外号叫"李猫"。有一次,李义府看到犯妇淳于氏长得比较漂亮,流了口水,"嘱大理丞毕正义求为别宅妇,特为雪其罪",用《旧唐书·王义方传》里直截了当的说法,就是"枉法出之",然后包养起来。事情败露,毕正义"惶惧自缢而死",李义府却没受什么触动。这时,侍御史王义方挺身而出,他已经预料到了弹劾此等人物的可能后果,之前先征求了母亲的意见,母亲深明大义:"昔王陵母伏剑成子之义,汝能尽忠立名,吾之愿也,虽死不恨。"王义方乃上疏请求朝廷,要"雪冤气于幽泉,诛奸臣于白日"。果然,王义方被高宗认为"廷辱大臣,言辞不逊",左迁为莱州(今山东掖县)司户参军,"而不问义府之罪"。李义府更加得意了,当面对王义方挑衅道:"王御史妄相弹奏,得无愧乎?"王义方气得回答:"仲尼为鲁司寇七日,诛少正卯于两观之下;义方仕御史旬有六日,不能去奸邪于双阙之前,实以为愧。"也就是说,孔夫子当官七天就杀了少正卯,我王义方干了十六天御史还拿不下奸贼,的确是羞惭啊。

唐玄宗时的李林甫,也是"面柔而有狡计",时人称之为"口有蜜,腹有剑"。后世比喻嘴甜心毒的成语"口蜜腹剑",就是因此而来。口有蜜,不难让人想象出李林甫侍人接物,那该是一副怎样满脸堆笑的面孔。不过,既然"腹有剑",就是一个十分凶险的人物。《资治通鉴》有这么一小段概括:"李林甫为相,凡才望功业出己右及为上所厚、势位将逼己者,必百计去之;尤忌文学之士,或阳与之善,啖以甘言而阴陷之。"到了晚年,李林甫更"溺于声妓,姬侍盈房"。因为坏事干得太多,"常忧刺客窃发,重扃复壁,络板石",把家里武装得森严壁垒还不够,还要"一夕屡徙",搞得"虽家人不之知",弄不清他每天晚上究竟在哪儿过夜。

《魏书》对元苌作结说:"中年以后,官位微达,乃自尊倨,闺门无礼,昆季不穆,性又贪虐,论者鄙之。"这样看来,不笑的元苌与善笑的李义府、李林甫,在本质上是"殊途同归"的。那么,这些活生生的历史也就提醒我们,对任何人物包括对张春桥的评价都是一样,流芳还是遗臭,倘若以为先天的生理特征已经做出了某种预示是荒诞的,也是没有意义的,归根到底要看他后天的作为。

2005 年 6 月 17 日

以貌取人

不久前,江苏省东台市安丰镇面向社会公开评选"东淘佳丽"。与其他选美不同的是,这次获胜的前两名将获得该镇招商办副主任的职位。此举既出,赞弹皆有。不管哪种观点最后占上风,这种以选美来"聘官"的方式乃典型的以貌取人,这一点上大家没有分歧。

据刘巨才先生《选美史》考证,我国女性形体美的具体形象最早见于《诗·硕人》,描写庄姜"手如柔荑,肤如凝脂"。《过庭录》云宋哲宗为神宗的大公主找夫婿,也有点儿选美的意思,"遍士族中求之"嘛。在屡屡"莫中圣意"之后,近臣问,不知要挑个什么样的人呢?哲宗说,长得要像狄咏。狄咏是北宋名将狄青的儿子,范仲淹曾劝狄青读读《左氏春秋》,因为"将不知古今,匹夫勇尔"。狄青乃"折节读书,悉通秦、汉以来将帅兵法,由是益知名"。哲宗的话传开之后,天下都说狄咏是"人样子"。但狄咏具体靓仔到什么程度,却没有记载,《宋史·狄青传》只是说狄青有两个儿子,狄咏是老二,还有个老大叫狄谘,且"咏数有战功"。

北宋还有个以山水名世的著名画家叫许道宁,但他一开始却是喜欢画人物,而且是画那些长得不好看的人,"每见人寝陋者,必戏写貌于酒肆,识者皆笑之"。这种纯粹拿人寻开心的做法,使许道宁每为画中人"殴击,至碎衣败面",可他"竟不悛",很难改掉这个嗜好。后来,许道宁游览太华山,忽有感悟,"始有意于山水,清润高秀,浓纤得法,不愧前人矣"。在台北故宫博物院,现在还收藏有许道宁的《渔父图》。他那些以貌取人的恶作剧作品未知是否同样流传到了今天,看看的话,恐怕也别有趣味。

《南部新书》里有一则趣事,郑畋的小女儿特别喜欢罗隐的诗,"常欲妻之"。有一天罗隐来拜见郑畋,"畋命其女隔帘子视之",这一看不要紧,不仅不想嫁给他了,而且"终身不读江东篇什",连罗隐的诗也不再读了。原因没有别的,就是罗隐长得太说不过去。罗隐年轻时就踏进科场,考到55岁也没中进士,据说一个重要的原因就是因为长相,他的容貌之丑到了与他的才学一样出众的地步。后来,有人拿这件事开罗隐的玩笑,罗隐引用了孔夫子的话作答:"以貌取人,失之子羽。"孔子曾经反思自己当年的两件失误之事,说:"吾以言取人,失之宰予;以貌取人,失之子羽。"宰予和子羽都是孔子的学生,前者即白天睡觉而被孔子指责"朽木不可雕也"的那位。宰予"利口辩词",能说会道,大概把孔子给哄住了;后来他为临淄大夫,"与田常作乱,以夷其族",孔子因而"耻之"。子羽名叫澹台灭明,《史记·仲尼弟子列传》载,他比孔子小39岁,"状貌甚恶",孔子不大喜欢。灭明"欲事孔子",孔子找个借口,"以为材薄",使之"既已受业,退而修行"。后来,灭明先生有弟子三百人,"设取予去就,名施乎诸侯",影响甚大。孔子知道自己当年看走了眼,乃发出上述感慨。圣人如孔子也在以貌取人上摔了跟头。由此可见,貌,无论俊丑,确实都有点儿迷惑因素。

《南部新书》另云,李睽秉政时有人向他推荐元载,"睽不纳"。理由呢?"龙章凤姿之士,不可见獐头鼠目之人。"元载是唐朝的大贪官,其在相位多年,权倾四海,"外方珍异,皆集其门",举凡"名姝、异药,禁中无者有之"。他在城里还有两套房子,"室宇宏丽,冠绝当时"。这都是次要的,主要的是他在"京辇要司,皆排去忠良,引用贪猥",导致"货贿公行"。李少良举报他,他来个恶人先告状,致"少良等数人悉毙于公府"。从此以后,"道路以目,不敢议载之短"。元载败后,"行路无嗟惜者",当他恳求狱吏快给自己来了断时,狱吏先把自己的袜子脱下来说:"相公今日不奈何吃些臭。"然后,"塞其口而卒"。宋人罗大经对此有诗曰:"臭袜终须来塞口,枉收八百斛胡椒。"然而,李揆显然不具备从相貌上预见元载是个贪官的本领,人们这样附会,表达对元载的愤慨罢了。

两千多年前的荀子留有一篇《非相》,认为"相形不如论心",多少有否定以貌取人的意味。他说:"术正而心顺之,则形相虽恶而心术善,无害为君子也。形相虽善而心术恶,无害为小人也。"我们不是说"东淘佳丽"他日一定不能胜任,但这种遴选招商办干部的方式,显然只是"相形"而没有"论心",更没有"论才",即使胜任也只能是碰巧而已。

2005 年 7 月 9 日

状元

到今年9月,科举取士制度便寿终正寝整整100周年了。从其退出历史舞台之日起,原始意义的"状元"称谓便不复存在,不过,该词的外延实际上早已伸展,所谓"三百六十行,行行出状元",拔头筹者,都可以称作"状元"。因此,人们习惯于把今天高考的优胜者叫作"状元",颇有点儿顺理成章,虽然有些人听着别扭,总想矫正。

无论是科举状元还是高考"状元",一旦摘取皆荣耀非常是人所共知的,概因为其难度。举光绪九年(1883)科举为例,参加会试的举人共16000人,考中的只有区区308人,算一下录取率,还不到2%,而今年广东高考录取率则可望达到70%,可见科举比高考要难得多。《三字经》里有"若梁灏,八十二,对大廷,魁多士",其中提到的梁灏,从五代时的后晋"儿皇帝"石敬瑭天福三年(938)开考,直到宋太宗雍熙二年(985)才中状元,足足考了47年!有清一代共112科进士,总共取了26846人,大体上每年平均才100人。所以,状元的产生固然有一定的偶然因素,但是能进入殿试,自身的功力也有十分了得的一面。

在清朝大学者赵翼看来,乾隆二十六年(1761)那科的状元应该是他的,因为籍贯问题"平衡"给了王杰。他把打探出来的"内幕"消息，原原本本地记录在自己的《簷曝杂记》里。他说本来他的卷子独得9个"圈"，也就是说得到了9位阅卷大臣的一致首肯，可是在报呈皇帝钦点的时候，乾隆看到他和第二名都是江苏人，而第三名王杰是陕西人，就问大臣："本朝陕西曾有状元否？"听说没有，"因以王卷与翼互易焉"，于是，原本的状元成了探花，原本的探花反成了状元。赵翼说：开榜那天，乾隆远远地望见了他，"心识之"；第二天对大臣们解释："赵翼文自佳，然江、浙多状元，无足异。陕西则本朝尚未有。……王杰卷已至第三，即与一状元亦不为过。"我疑心这是赵翼的聊以自慰。不过有人统计，清代出状元最多的地方的确是江苏，一共49个，而河南、陕西等各只有1个，陕西这个正是王杰，否则陕西在清代还真的没有状元了。

赵翼把这件事不厌其详地记叙下来，可能是事实，但他如此絮絮叨叨，说明对于没能当上状元终究耿耿于怀，那一句"惺园（杰字）由此邀宸眷，翔步直上，而余仅至监司"，更表达得明白无误。相形之下，此前的王安石在同样问题上则要潇洒得多。王铚《默记》云，宋仁宗庆历二年（1042）的科举，状元本是王安石，最后却变成了杨寘。杨寘是杨察的弟弟，杨察是晏殊的女婿，而晏殊时为"佐天子执兵政"的枢密使。录取过程中，杨察通过晏殊探听消息，杨寘为第四；传出话来时，杨寘正跟一帮狐朋狗友喝酒，就拍桌子骂道："不知哪个卫子夺吾状元矣。"卫子，是驴的别名。随后，事情就有了突变，仁宗因为安石赋中有"孺子其朋"的句子而不高兴："此语忌，不可魁天下。"第二名王珪、第三名韩绛属于有官在身，循例不能成为状元，于是就轮到了第四名。据说仁宗高兴地说："若杨寘可矣。"看起来自然而然，但恐怕没那么简单，应当是晏殊起了重要作用。榜下之后，"上令十人往（晏殊处）谢，晏公侯众人退,独留荆公",说了一通好话之余,更要"休沐日相邀一饭",摆出亲近的架势;而安石对晏殊享誉盛名的词作是不屑一顾的,他曾经笑对人曰:"为宰相而作小词,可乎?"甚至对晏殊的告诫——"能容于物,物亦容矣",做出了鄙夷的评价:"晏公为大臣,而教人者以此,何其卑也!"这些细节小事中,让人很难不和安石失去状元联想到一起。然而,"荆公生平未尝略语曾考中状元",在王铚眼里,安石可谓"气量高大"。

近人瞿兑之《养和室随笔》有一则曰"粤东状元",说清朝状元当高官的"指不胜屈",江苏所占尤多,而"广东所得状元较之他省诚不为少,而官阶多未能跻极品"。他举例说道光三年(1823)状元——吴川的林召棠,"仅曾一典陕甘乡试,旋告归主讲端溪书院"。作为史学家的瞿先生,这则笔记留下了两点可商榷的地方。首先,清代共产生110余名状元,广东仅占3位,林召棠之外,还有乾隆时的番禺庄有恭和同治时的顺德梁耀枢,不能说"诚不为少"。其次,广东状元官阶不高这一点,非清代而然,在科举时代的总共9位文状元中,除了上面那3位,依次为唐朝的莫宣卿、南汉的简文会、宋朝的张镇海、明朝的伦文叙、林大钦和黄士俊。简、伦是传统戏曲中的常客,有点"名气",其余的不都公众熟知吗?瞿先生为什么要拿广东的清代状元说事,真不大好理解。

2005 年 7 月 15 日

书法(续)

6月30日凌晨,93岁高龄的启功先生在北京逝世了。先生乃书法大家是人所共知的,"启体"的说法早已不胫而走。人们评论他的作品不仅是书法之书,更是学者之书,甚至认为他是书画界最后的"大家"。但也有人看到的只是启功书法的升值潜力一面,认为进行投资肯定会有回报。

对字画的慕名以求,古人已乐此不疲,但似乎尚没有投资的概念。王羲之的《兰亭序》,被书法界誉为"天下第一行书",也因此,从唐朝起他就被称为书圣。当时的李嗣真这么说的:"右军正体……可谓书之圣也。若草行杂体……可谓草之圣。其飞白也……可谓飞白之仙也。"《云麓漫钞》引唐人野史云,唐太宗还是秦王的时候,就老是琢磨着把《兰亭序》真迹弄到手,打听到在僧辨才那里,曾想下诏强取而为魏徵谏止,便设了一计:派萧翼"著纱帽,大袖布衫,往谒辨才"。干什么呢?"诳以愿从师出家"。混熟之后,辨才的戒心淡了,有一天拿出《兰亭》真迹炫耀,萧翼假装不在意,说那不过是摹本。辨才不明就里,还得意地奚落萧翼:"叶公好龙,见真龙而慑;以子方之,顾不虚也。"一旦真迹坐实了,萧翼也就下手了,终于瞅准时机给偷了去。萧翼因此被封为"献书侯",且"赐宅一区,钱币有差";辨才则"赐米千斛,二十万钱"。

《隋唐嘉话》云,太宗崩,中书令褚遂良奏:"《兰亭》,先帝所重,不可留。"遂秘之于昭陵,跟太宗共存亡了。《新五代史·温韬传》载,温韬在任后梁节度使时,"唐诸陵在其境内者,悉发掘之(惟乾陵风雨不可发),取其所藏金宝"。对最坚固的昭陵,"韬从埏道下,见宫室制度宏丽,不异人间,中为正寝,东西厢列石床,床上石函中为铁匣,悉藏前世图书,钟、王笔迹,纸墨如新,韬悉取之,遂传人间"。但后人考证,宝物之中并没有《兰亭序》,因此很可能藏在高宗武后合葬的乾陵里面。据说,郭沫若先生生前力主发掘乾陵,即有一睹《兰亭序》真迹的动机在内。

　　不管《兰亭序》在不在乾陵里,武则天同样喜爱羲之的书法是见诸史书的。《旧唐书》载,武则天知道王方庆是羲之后人,就向他"访求右军遗迹"。方庆说,他家十代人"从伯祖羲之书",原来有40多幅,太宗的时候"先臣并已进之",现在只剩下一卷了。另外,王方庆还将王氏家族"九代三从伯祖晋中书令献之已下二十八人书",一并进奉,共十卷。武则天很高兴,"御武成殿示群臣",然后命人临摹,又将原本还给了王方庆,"当时甚以为荣"。参阅对当今鉴定大家徐邦达先生的访谈,摹本的王方庆《万岁通天帖》今日仍存,先由溥仪偷出了故宫,解放战争时被国民党东北"剿总"副司令郑洞国收了去,后来经徐先生之手回归了国有。7月13日出版的《南方人物周刊》说,柴剑虹回忆他在年初到医院看望启功先生的时候,先生就提到文物出版社印《万岁通天帖》,要超过日本人,还对不能"从床上蹦起来大干一场"遗憾不已。

　　到了宋高宗,仍然念念不忘"购王右军书法",开的价码是"以千金易一字"。这里的"千金"当非虚指,形容价值之大,而是实指。类似唐太宗这种对书法佳作追求的痴迷,很大程度上是占有意识在作祟,但其所追求的作品毕竟有很高的艺术价值在内,还有一种人,则是赤裸裸地因人而不因字了。

《郎潜纪闻二笔》云,康熙帝第二次南巡的时候,对江苏巡抚宋荦印象不错,"手诏褒美",宋荦趁机提出请康熙为他的宅第赐字。他以古喻今,"宋臣范成大蒙孝宗赐石湖二字,后世传为美谈",然而"孝宗偏安主,我皇上乃尧舜之君,相去霄壤。臣功业不及成大,遭逢之盛,自谓过之。臣家有别业在城西陂,乞赐书西陂二字"。这一通马屁拍得康熙"颜色蔼霁",旁边的人见了,知道机会就在眼前,"竞进求书"。宋荦说我年纪大,"以齿当先赐臣"。康熙大笑,"走笔书'西陂'二大字,立时颁赐"。《履园丛话》对此还有一点补充,宋荦说请康熙题字,是不想令范成大的石湖"独有千古"。康熙假装认为这两个字不太好写,宋荦顺水推舟,正因为请好多书法家都写不好,才劳圣驾,"倘蒙出自天恩,乃为不朽盛事"。《清史稿·宋荦传》载,宋荦在江苏任上的时候,三次赶上康熙南巡。因为宋荦年逾七十,属于古来稀的一类,康熙还赐过"福""寿"二字。

对启功先生来说,书法只是他众多专业中的一个,他的弟子、北师大书法系主任秦永龙教授说他"无意扬名却以此扬名"。但今后人们热衷于启功先生的书法,是基于对作品的挚爱,还是要使之成为谋财的一个手段,值得厘清。

2005 年 7 月 22 日

后裔

今年 7 月 11 日是郑和首下西洋 600 周年纪念日。媒体对此莫不做足文章,忽地于第 27 期《瞭望东方周刊》(7 月 7 日出版)读到了探访郑和后裔的文章,不禁心中一凛。大家都知道郑和是个真正的太监而并非"传说是个太监"(文章中郑和后裔郑恩良语),而且 10 岁就入宫去势,后代是从哪里来的呢?对这个人们最关心的问题,通篇文章只字不提。倒是笔者在别处郑恩良的一篇"揭秘"文章里,知道《郑和家谱》有"郑和以兄文铭之子立嫡,名赐"的记载,才恍然大悟。这些,探访的那个记者应该是知道的,在这里含糊其词,实在是有意制造玄虚。

我们中国人很喜欢"认祖归宗",尤其"祖先"是名人的。有学者考证,从讲究门第的魏晋六朝开始,族谱里攀附名流、伪冒名族、滥造世系之风就开始登台亮相。这种现实在文学作品里有比较形象的揭示。比如汤显祖的《牡丹亭》,男主角柳梦梅开场时便急急忙忙地表白自己"原系唐朝柳州司马柳宗元之后",还说自己的朋友韩子才"是韩昌黎之后";女主角杜丽娘的爸爸杜宝,则自称"乃唐朝杜子美之后"。柳、韩这两个落魄文人在一起感叹的那一段特有意思,比如柳说:"因何俺公公造下一篇《乞巧文》,到俺二十八代元孙,再不曾乞得一些巧来?便是你公公立意做下《送穷文》,到老兄二十几辈了,还不曾送的个穷去?"

要说后裔最风光的,该是孔夫子的了。从宋朝起,中经元、明到清,封建朝廷在推崇孔子的同时,也泽及了他的后裔,那就是册封孔子嫡系子孙为衍圣公。这个世袭爵号,为孔家赢得了不随王朝改换而衰落的特殊贵族地位。《池北偶谈》还说,康熙二十三年(1684),周公(周文王第四子,武王的弟弟,曾助武王灭商)的七十三代孙"上疏吁恩",主动要求朝廷给个待遇。康熙认为周公"功德昭著,其子孙应给职衔",于是周公后裔乃世袭五经博士。而子贡(孔子弟子)后裔提出同样要求,则"部议不允",在下面就给截住了。揣测起来,子贡固然以经商致富而著称,毕竟是自家的私事,与"功德昭著"还不搭边,假如他的后裔要是世袭什么,那么孔门"贤人七十二"的其他后裔呢?还有的是他人"拔刀相助"争取待遇的。顺治十二年(1655)江南布政使司为朱熹后裔、康熙九年(1670)御史傅世舟为程颢程颐后裔、康熙二十四年(1685)佥都御史姚缔虞为周敦颐后裔呈请职位,都得到了批准,而且都是世袭五经博士。这样看起来,清朝的五经博士早已经不是两汉时那种教授五经的学官,仅仅是个具有安抚功能的虚衔而已。

祖先了得,后裔未必了得,这是人所共知的常识。鲁迅笔下的阿Q就是一个生动的实例,他的祖先再阔——姑且这样认为,现在的他也只有栖身土谷祠。遇罗克当年那篇著名的《出身论》,剖析的就是血统论的荒谬本质。唐朝有位李揆,人家说他"头头第一":门户第一、文章第一、官职第一。李揆则很理智:"若道门户,门户则有所自承余裕也;文学则道尚未闻;官职,遭遇耳。"后人对此评价曰:对所谓门第之类,"人艳之则炽炭,揆言之则寒冰"。南朝的朱异,为官不怎么样,"贪财冒贿,欺罔视听,以伺候人主意,不肯进贤黜恶",但他对那些自以为出身高贵的人非常不屑:"我寒士也,遭逢以至今日。诸贵皆恃枯骨见轻,我下之,则为蔑尤甚!"《不下带编》接过这个话头说:"今吾侪若矜门第,则恃枯骨耳。"毛泽东词《清平乐·蒋桂战争》有"收拾金瓯一片,分田分地真忙"的句子,其中的"金瓯一片"即典出《南史·朱异传》,梁武帝说:"我国家犹若金瓯,无一伤缺。"

三国时代,陈琳还是袁绍那边的人的时候,奉命大骂曹操,其中一句是骂他为"赘阉遗丑"。这句话,揪住的就是曹操的祖父乃宦官曹腾的辫子。实际上,曹操的父亲曹嵩是过继给曹腾做儿子,改姓为曹,原姓什么早成了历史之谜。所以我想,曹操在后来抓到陈琳的时候,并不计较那篇檄文,他自己的度量颇大是一方面,陈琳骂得根本不对是另一方面。曹操只是名分上的宦官孙子,就像郑和的后裔一样,而非真正意义上的。

2005 年 8 月 5 日

寸心端不愧苍苍

关于公务员的新闻总是很多。很遗憾,大多与"政事"无关,前一阵讨论是否应该"强制带薪休假",这一阵又在讨论应该怎么着装。概北京市海淀区规定,从8月1日开始,公务员穿吊带裙、凉鞋光脚上班的,将会受到教育和劝阻。8月4日,上海培训1800名新任公务员较往年增添了新内容:中外名著导读、中西文化比较、人际交往与沟通艺术以及音乐欣赏等;此外即是要求被培训者不准着吊带装、"花"头发等"另类"打扮。浙江省档案系统还颁布了全系统《女公务员办公礼仪规范》。

有专家对此予以肯定,认为公务员的着装相当于一种身份标志、一种告示,旨在告诉公众,这是公务员代表国家在执法。着装跟执法怎么联系起来的,本人一时转不过弯;权且算有他的道理吧,但着装规定打的都是女公务员的主意,难道男公务员不必如此?从个人感觉看——当然不一定对,在咱们现在,百姓对公务员的"外在形式"似乎并没有太高的要求,别"门难进、脸难看"就行了。将来,公务员怎么穿,可能该讲究,但现在还没到讲究的时候。

元朝的张养浩著有《为政忠告》,是他"就其居官所得,剀切指陈,欲凡从政者知法所戒"。(张元济先生语)这本书中的一些见解,对于今天的公务员未尝没有启迪。比如开篇的"省己"条,谈的就不是福利等方面的问题,而是"命下之日,则扪心自省,有何勋阀行能,膺兹异数"。自己把自己掂量清楚了,就应该知道"苟要其廪禄,假其威权,惟济己私,靡思报国,天监伊迩,将不容汝"。因此,对吃皇粮的人来说,更要把职责放在第一位;否则,"夫受人直(值)而怠其工,儋人爵而旷其事,己则逸矣,如公道何?如百姓何?"类似的话,张养浩说了许多,"戒贪"条、"察情"条、"民病如己病"条,等等。令笔者叫绝的,还是他所记载的"仕瘴"说。

众所周知,岭南地区在古代被称为瘴疠之地,到处迷漫着瘴气,也就是山林间湿热蒸发所导致的致病之气。《后汉书·南蛮传》载:"南州水土温暑,加有瘴气,致死者十必四五。"白居易诗曰:"瘴乡得老犹为幸,岂敢伤嗟白发新。"这里面当然都有极度夸张的成分,但瘴气之恐怖,确实令不少人心有余悸。韩愈、刘禹锡、寇準、苏轼,他们跟广东之所以发生密切关系,正因为瘴疠之地是放逐、贬谪他们这些官员的理想所在。因此,有些有活动能力的官员听到要去南方任职的内幕消息,要想尽办法换个地方,前集里关于陈少游跑官的文字,属于发生在唐朝的一种现象。《剪灯馀话》亦云:"有知己者,荐为端州(今肇庆)巡官。念瘴乡恶土,实不愿行。"当然,到了"贪冒之徒,皆欲仕宦岭南"的时代,话要另说。

张养浩记载的"仕瘴"说,正是相对于"地瘴"而言。什么是"仕瘴"呢?有这样几种表现:"急催暴敛,剥下奉上,此租赋之瘴;深文以逞,良恶不白,此刑狱之瘴;侵牟民利,以实私储,此货财之瘴;攻金攻木,崇饰车服,此工役之瘴;盛拣姬妾,以娱声色,此帷薄之瘴。"在张养浩看来,"有一于此,无间远迩,民怨神怒,无疾者必有疾,而有疾者必死也"。因此,"地之瘴者未必能死人,而能死人者,常在乎仕瘴也"。从我们耳闻目睹的社会现实看,这一番话,今天仍有振聋发聩之效。其实,"孔子过泰山侧"而悟出的"苛政猛于虎也",正是"仕瘴"说的先驱。

《治世馀闻》云,明朝弘治皇帝继位时,刘戬以侍讲身份"颁诏"交南(今越南)。他轻装简从,携二仆由南宁直抵其境,交南人惊为天人,因为以前的人都是坐船来,"飑樯蔽洋,贸重易奇",假公事之便干点儿自己的买卖。《明史》亦载:"安南多宝货,后使者率从水道挟估客往以为利,交人多轻之。"刘戬结束使命时,交南王循例馈赠金珠珍玩、犀角象牙甚多,他却"一不顾即行";交南王复令接待的大臣于路上拦截,"期必致之",怕刘戬假惺惺。不得已,刘戬亮出了初入关时表明此行态度的诗句:"咫尺天威誓肃将,寸心端不愧苍苍。归装若有关南物,一任关神降百殃。"交南人终于明白了,刘戬真的不是做表面文章的那种人,于是在"益敬悚"之余,"遣陪臣入谢,表有'廷臣清白'之语"。

寸心端不愧苍苍!这句诗,今日听来仍然铿锵有力,继续跨越时代也是完全可能的。这也应该才是今天公务员理当把握的精髓之处,以之作为座右铭亦有必要。至于所谓着装之类,毕竟只是一种外在的形式,倘若服务百姓的观念不改变,穿得再正规、再标准,又有什么用呢?

2005年8月19日

状元(续)

肇庆市德庆孔庙前几天举行了广东首个"状元礼"。江门籍的今年高考单科"状元"黄陀身穿"状元服",跨棂星门、走泮桥、进大成殿,在"老先生"的引导下,"状元"和众学子向儒学先师孔子像朝拜、上香、献锦帛,并宣誓热爱祖国、成才报国。就此,在下已有一篇时评《怪异的"状元礼"》,然意犹未尽。众所周知,科举时称殿试第一名为状元,后喻本行业成绩最突出者,所谓"三百六十行,行行出状元"。本文"状元"的概念大致遵从此说,又不尽然,比方"小人之尤"、官场"第一贪"和"第一廉"等不是考试能定论的,小人、官场也在"行"列之外。所以在这里,但凡最突出的,即便不属于成绩,亦皆以"状元"名之。

其实"状元"这东西,如果没有考试或者吉尼斯之类的硬性标准,突不突出似乎不那么绝对,更有个人识见的限制。孔圣人"登泰山而小天下",显然就把泰山认作是高度上的"状元"了,不要说他老人家不可能知道青藏高原那里还有个珠穆朗玛,倘若知道东岳的高度较之其他山川也不过是三四流的角色,恐怕也不会有这个结论。广州白云山上有座石坊,大书着"天南第一峰",而白云山主峰摩星岭的海拔也才372米,堂堂"天南"的"峰状元",身高不过如此,委实让人觉得这种命名的极不可信。清朝的康熙皇帝能画两笔,他知道有个满洲参领唐岱"工山水",便把他找去讨论了一下绘画技巧,大约谈得比较投机,兴之所至便御赐之为"画状元"。说你行你就行,唐岱的这个"画状元"又焉能不打折扣?

《谷山笔麈》云唐僖宗"于音律蒲搏无不精,尤善击毬"。毬,就是《水浒传》里臭名昭著的高俅凭借起家的那种玩意,有人考证还是现代足球的鼻祖。僖宗对自己的技艺很自负,跟优人石野猪毫不掩饰地吹牛:"朕若击毬为进士举,须为状元。"石野猪天天在他的身边,当然信其不虚,不料他并不像其他人那样只知道一味奉承,而是说:"若遇尧、舜为礼部侍郎,恐陛下不免驳放。"驳放,是说就算发了榜公布了,也会被否定掉,继而贬黜之。石野猪认为僖宗的精力根本就不该放在这上面,就算得了击毬的"状元",如果遇到像尧、舜那样贤良公正的官员,仍然是没什么好结果的。石野猪这么说皇帝,显然是出了"格",但僖宗并没有责罚他,可见是自表认同了。在这一点上,唐僖宗还不如他前面的隋炀帝。炀帝每骄天下之士,尝谓侍臣曰:"天下当谓朕承藉余绪而有四海耶?设令朕与士大夫高选,亦当为天子矣。"牛吹得大不大且不计较,毕竟人家自负的还是才学啊。

宋相蔡京的儿子蔡絛被人斥为"小人之尤"。尤,有好多种含义,此之当释为最恶劣的人物,那么也就是说,蔡絛乃小人中的"状元"。人们这样给他定论,缘于他存世的那本《铁围山丛谈》。这本笔记客观上记载了北宋太祖至南宋高宗约二百年间的朝廷掌故、琐闻轶事,因而一向为学者所重视。但蔡絛在书中处处不忘为自己的奸相父亲"正名",为此"欲盖其父之恶,而不恤污蔑贤者",对其家"佞幸滥赏、可丑可羞之事,反皆大书特书以为荣",尤其把祸国殃民的罪恶完全归咎于童贯、王黼、蔡攸等人,好像与当时重权在握的蔡京全无干系。如此混淆视听,歪曲历史,难怪人们斥之为"小人之尤"了！袁枚《随园诗话》亦以刘墉"刘驼子"为"小人之尤"，但随着电视剧《宰相刘罗锅》的热播，刘墉却完全以正面形象出现，子才先生的"小人"之说难道是空穴来风？

官场上也可以产生出各种"状元"。人们熟知的与刘墉"并肩战斗"过的和珅可以名之曰"天下第一贪"，堪称蛀虫队伍里的"状元"。一人所贪，抵得上国家两年的财政收入，这个"状元"当然非他莫属。《郎潜纪闻初笔》云，在康熙朝，谏官以杨雍建为第一，此公"谔谔敢言"在顺治朝就是出了名的。另一位中丞彭鹏，则号为"天下清官第一"。他当三河县宰，与百姓同甘苦，"日餐齑粥"而已，但就是这些咸菜稀饭也不能保证，至于"有时绝粮"。他不仅自己"仁而廉"，而且容不得丑陋风气侵蚀至此，皇上面前的红人下来"索饩牵"，也就是仗着特权来捞油水，被他用鞭子给揍了一顿。彭鹏的"第一廉"与和珅的"第一贪"，一正一反，反差强烈，是非荣辱，不言自明。较之后世的廉洁奉公者以及后世的贪官，彭鹏、和珅的"第一"之名也许要旁落，但在这里，命名即使错了显然也不致如"天南第一峰"般离谱，这些"状元"起码曾经名副其实过。

透过这些"怪异"的"状元"，实际上可以洞察、体味社会百态。这算是此类归纳的一点儿积极意义吧。至于所谓"状元礼"，非驴非马，似乎科举的幽魂并没有随着时间的流逝退出历史舞台，而是披着高考的外衣在继续游荡。这种做法是可以非议一下的。

2005 年 8 月 27 日

墓志铭

一代书画大师启功先生非常幽默。一次他外出讲学,主持人"请启老做指示",他接上去说:"指示不敢当,因为我的祖先活动在东北,是满族,属少数民族,历史上通称'胡人',所以在下所讲,全是不折不扣的'胡说'。"1978年,正值66岁盛年的启功先生给自己撰写过一篇《墓志铭》,同样令人捧腹:"中学生,副教授。博不精,专不透。名虽扬,实不够。高不成,低不就。瘫趋左,派曾右。面微圆,皮欠厚。妻已亡,并无后。丧犹新,病照旧。六十六,非不寿。八宝山,渐相凑。计平生,谥曰陋。身与名,一齐臭。"

墓志铭,乃旧时放在墓里刻有死者生平事迹的石刻,是一种盖棺定论性质的文字。墓志铭大抵都由他人撰写,别看只是个人生平,这类文字一样可以写得很出彩。高步瀛先生选编笺注的《唐宋文举要》里,有不少文章都归此类,如韩愈的《柳子厚墓志铭》、皇甫湜的《韩文公墓志铭》等。好友为好友、学生为老师撰写墓志铭,往往当仁不让,而没有这些层关系的,也想得到名人的墓志铭,就要有润笔。皇甫湜给人家写东西,价码是"每字三匹绢,更减八分钱不得"。韩愈也因为老干这种事,颇受后人诟病。陆游《老学庵笔记》云,晏殊曾孙晏敦复给一位士大夫作墓志铭,写完了给朱希真看,希真说写得好,"但似欠四字,然不敢以告"。敦复苦问之,希真乃指"有文集十卷"之后说,这个地方欠"不行于世",敦复于是补上了"藏于家"三个字。不难想象,晏敦复也是在应付一个半吊子官员。

自己给自己预撰墓志铭,在不少历史名人身上也都发生过。日本学者川合康三在其著作《中国的自传文学》中,把作者本人生前自撰的墓志铭视为虽然没有显示自传字眼、但同样属于一种特殊的自传性质的文字,说它们相对客观真实,甚至有些要比那些扬揄自己的自传更实事求是,更切近真实的"自我"。这个说法有一定的道理。

《唐语林》云,裴度自为墓志铭曰:"裴子为子之道,备存乎家牒;为臣之道,备存乎国史。"杜牧给自己写的,有"嗟尔小子,亦克厥修"。此外,白居易、颜真卿等也都是自撰。这几位的自我评价就都比较准确。比如裴度,他在宪、穆、敬、文宗四朝历任显职二十余年,"执生不回,忠于事业,时政或有所阙,靡不极言之",时人论将相,皆"推度为首";就连"四夷君长"见到唐朝使节,"辄问度老少用舍"。又比如白居易,他的《醉吟先生墓志铭》说自己:"凡平生所慕所感,所得所丧,所经所遇所通,一事一物已上,布在文集中,开卷而尽可知也。"他把中年亲近高僧、勤习禅法也写了进去,旨在"外以儒行修其身,内以释教治其心,旁以山水风月、歌诗琴酒乐其志"。再比如颜真卿的"天之昭明,岂可诬乎!有唐之德,则不朽耳!"何其掷地有声!当年,李希烈谋反,宰相卢杞乘机铲除异己,要德宗派颜真卿去传圣谕,招降纳叛——实际上等于把真卿送进虎口。真卿果然被执,他对前来游说的人说:"若等闻颜常山(杲卿)否?吾兄也,禄山反,首举义师,后虽被执,诟贼不绝于口。吾年且八十,官太师,吾守吾节,死而后已。"在出发的时候,颜真卿已知此行结局,"度必死,乃作遗表、墓志、祭文"。

邵博《邵氏闻见后录》云,"某公"在宋朝章献皇后垂帘听政之际,"密进《武氏七庙图》"。那意思显然是劝她乘机把赵官家的江山给夺了,像武则天把唐改成周一样,把赵姓改成皇后的刘姓。不过,章献皇后把七庙图当场给扔了,气愤地说:"我不做负祖宗事。"仁宗那时年纪尚小,也知道"某但欲为忠耳",不是忠于"县官",而是忠于"现管"。因此后来仁宗常常说起:"某心行不佳。"但那人最终官当得不小,邵博想借此称赞仁宗盛德大度,"不念旧恶"。但这人死后,"某公为作碑志,极其称赞,天下无复知其事者矣"。为什么那么写呢?"受润笔帛五千端云"。邵博在这里"某"来"某"去,我猜那两个人一定都是当时响当当的"正面人物"。由此,还可见润笔催生出来的墓志铭的可信程度和危害程度。

陆容《菽园杂记》云其同年吴俊刚刚登第时说过的一句话:"我死,大书一名于墓前,云大明吴阿憨之墓。若书官位,便俗矣。惜乎,韵无此字,人亦多不识。"这个"韵无"的"憨"字,大概是杭州的方言字,痴、笨的意思。吴俊不拘小节,杭人呼之吴阿憨,吴俊索性自认。陆容认为吴俊"虽出一时戏言,亦可见其旷达"。这让我想起上周拜谒新会(今属江门)陈垣故居,那里有两处启功先生题字,一为"陈垣故居"门额,一为庭院内的"陈垣校长像"。陈垣先生固然做过辅仁大学校长,也做过北京师范大学校长,塑像也是由北师大广东校友会立的,说得没有错;但"校长"二字用在这里,终究觉得俗了一点。当然,后面几例已经超出了墓志铭的范畴。

2005 年 9 月 9 日

宁得罪于上官

教育部副部长张保庆忽地成了公众瞩目的焦点人物。8月29日,他严厉批评了天津、海南等8个省市在国家助学贷款方面几年来的几乎毫无作为;9月1日,教育部联合财政部对外宣布了针对不落实教育部政策、"群众反映强烈的地方和高校"的"惩罚性措施",张保庆被媒体称为"罕见地批评地方官员,用词之严厉,近十年来少见"。通气会上,张副部长还这样告诉与会的各大媒体:"我们也不愿得罪人,我们是迫不得已。"(9月8日出版《瞭望东方周刊》)

南宋吴芾在总结自己为官的历程时,说过类似的一句话,不过口气没有张副部长那么委屈,而是比较决绝:"与其得罪于百姓,宁得罪于上官。"把百姓和上司放在一起比较,居然更看重百姓,这是此种见解的可贵之处。那么,吴芾是不是像好多其他官员一样,什么话漂亮说什么,什么话能达到哗众取宠的效果说什么,而行动起来则完全是另外一码事,乃至令人不齿呢?可能不是。史载吴芾"立朝不偶",先后在六个郡任地方长官,所到之处"吏莫容奸,民怀惠利"。

心中如何记挂百姓,平素的表白可以说得天花乱坠,然而只有在对上官负责还是对百姓负责发生冲突时,才最能检验表白的真实或虚伪。《庸闲斋笔记》云,清朝道光年间广东知县吴昌寿政声卓然,被称为"吴青天",谈及如何获得民心,他说:"无他伎俩,惟实心任事,不要钱耳。"一心扑在工作上、不贪,似乎很轻易,这里面实际上就包含了对谁负责的问题。对上官负责,而实心任事,可能吗?何良俊《四友斋丛说》云,苏州某个知县的孩子"方在孩抱,偶出痘疹",结果引得乡官们兴师动众,争相进县问安。《杨文公谈苑》里的南汉后主刘铱,有一天"自结真珠鞍勒,为龙戏之状",献给宋太祖。鞍勒,也就是马鞍子和笼头,这两件小玩意,让刘铱很下了番功夫,手艺之精巧,令同僚"皆骇伏"。不难想象,那些乡官面对上官的时候,怎么可能会得罪后者呢?这个刘铱面对百姓的时候,怎么可能不尽搜刮之能事呢?好在宋太祖拿刘铱当了反面教材,对左右说:"移此心以勤民政,不亦善乎?"

只有一心想着百姓的人,才可能"宁得罪于上官"。《四友斋丛说》另云,明朝正德皇帝南巡,驾至淮安,知府薛赟拍马屁到了"沿河皆拆去民房以便扯船"的地步,不仅如此,还把皇帝的路过看成了捞一把的机会,连拉船的纤绳也"皆索民间绢帛",以至"两淮为之大扰"。而驾过扬州的时候,知府蒋瑶就不屑于这一套,他说:"沿河非圣驾临幸之地,扯船自有河岸可行,何必毁坏民居?"并且说如果上面怪罪下来,由自己顶着。正德的宠臣江彬传旨要扬州报大户,蒋瑶当然知道用意所在,就把两淮盐运司、扬州府、扬州钞关主事和江都县给报了上去,不是衙门就是职能部门,他的答复很干脆:"扬州百姓穷,别无大户。"江彬又传旨朝廷要选绣女,蒋瑶说扬州只有三个绣女,那就是自己的三个亲生女儿,除此"民间并无",如果"朝廷必欲选时可以备数"。当时,皇帝的随从们都认为扬州繁华,可以借机打抽丰,弄点儿特产什么的,也被蒋瑶一一予以回绝。蒋瑶"宁得罪于上官",扬州百姓才得以安然,扬州也才得以"安堵如故"。在他升迁的时候,扬州百姓"争出赀建祠祀之",是毫不奇怪的。

明朝万历年间,户部长官张孟男因为征收矿税而有过深深自责。张孟男本来是极其反对征收的,曾因此"五上章乞归",不干了就是,但都没有得到批准。后来,"矿税患日剧",张孟男更"草遗疏数千言,极陈其害",他深知此项征收早已远远超过百姓的承受能力,收上来的,"皆鬻男市女、朘骨割肉之余也"。张孟男直截了当地告诉皇帝:"臣以催科为职,臣得其职,而民病矣。"得者,尽也;病者,贫困也。《管子》云:"振民之病者,忠臣之所行也。"那么张孟男的话就非常容易理解:自己尽职了,上官高兴了,而百姓却遭殃了。所以张孟男在"不胜哀鸣"之余,深深自责道:"聚财以病民,虐民以摇国,有臣如此,安所用之。"倘若各级官员们都有这种可贵的"民病"意识,就不会因为执行的是上官的旨意而盲从、而心安理得了。

在《四友斋丛说》中,何良俊还转引了《菽园杂记》里的一段话,说时下这些当官的,"饮食衣服舆马宫室子女妻妾,多少好受用,干得几许事?"并由此导出了一个结论:"今日国家无负士大夫,天下士大夫负国家多矣。"何良俊极其认同这一说法,以为对许多官员来说,"省之不能无愧"。何良俊所言应该反省的,当然是那些眼睛只盯着仕途,"与其得罪于上官,宁得罪于百姓"的家伙。说到最后,张副部长的那句话我很不爱听,主管部门在今天纠正属下的错误,怎么还叫"得罪"、还叫"迫不得已"呢?

2005年9月16日

眼镜

王晶导演的电视剧《小鱼儿与花无缺》总是新闻不断。在拍摄之中,即有王伯昭被"假戏真做"、遭受殴打(王语)的风波,甚至闹上了法庭。上演之后,又被网友挑出了不少"硬伤"。理论上看,把古龙原著的《绝代双骄》改动了一半之多,随意添加佐料,稍不小心,是很可能"露怯"的。片中新加了一位专门撰写武林历史的史官红叶,是个见钱眼开、长于搜集武林人士隐私,并以此要挟的反面人物。王晶表示,这是现代狗仔的代言人,用以讽刺香港某周刊的主编。而在网友看来,问题也就出在普通话不太标准(也可能是刻意为之)的刘仪伟扮演的红叶先生的眼镜上,他们认为明朝没有眼镜。

明朝有眼镜。明朝嘉靖年间的郎瑛在《七修类稿》里就已经提到了眼镜。他说:"闻贵人有眼镜,老年观书,小字看大,诚世宝也。"这里所说的眼镜,虽然简略,但从其实用性看,确是今天我们所戴的这种眼镜,不过那时还是"贵人"的奢侈品而已。清朝学者赵翼在其著作《陔馀丛考》中也认为:"古未有眼镜,至有明始有之,本来自西域。"此中西域,不是张骞凿空以开辟丝绸之路的地方,而是西洋——也不是郑和到过的东南亚和非洲——今天的欧洲国家。

清朝刘廷玑《在园杂志》"西洋制造"条,列举了不少洋人"制造之奇,心思之巧"的玩意:风琴、自鸣钟、千里眼、顺风耳、显微镜等等,这当中,他认为"最奇妙通行适用者,莫如眼镜"。因为"古未闻眼昏而能治者",而现在有了眼镜,"令昏者视之明,小者视之大,远者视之近,虽老年之人,尚可灯下蝇头"。刘廷玑觉得更奇的,是眼镜能够因人而异,"按其年岁"(大抵是近视程度)相配,从而使"今上下、贵贱、男女无不可用,真宝物也。人人得用,竟成布帛菽粟矣"。刘廷玑是康熙时人,说明眼镜在那时已经相当普及。再从"黑晶者价昂难得,白晶者亦贵。惟白玻璃之佳者,不过数星"来判断,当时的眼镜还不只是单一的品种。

眼镜在今天已经毫不足奇了,不仅是眼睛出了问题的人才戴眼镜,没问题的也照戴以为时尚。广州曾有一阵子"眼镜铺多过米铺",因为价格差异悬殊,从一百多元到几千元都有,媒体还告诫公众:配眼镜,先要擦亮眼睛,免得被宰。而从前眼镜的地位,则要"高雅"得多。《淡墨录》载,乾隆五十六年(1791)大考翰林,根据成绩重新调配岗位,有升有降,最差的要革职。而要考的诗词部分,就是"以眼镜为题,限他字五言八韵"。结果一共钦定三等共96人,其中一等2人,阮元排在第一。(参见前文《不识字》)这次黜陟,把翰林们弄得狼狈不堪,概因为"眼镜自来从未有出诗题者,其时风檐寸晷(谓考场寒冷,时间紧迫),有茫然不知眼镜出处者多矣"。这里的出处,其实是"猜题",知道出处,才知道出这题目到底是什么意思,应该从哪论起,因为这毕竟不是写说明文。

不过据刘成禺《世载堂杂忆》所云,阮元赢得并不光彩,因为他事先知道题目,和珅透漏给他的。据说和珅特别看重读书人,"翰林来无不整衣出迎",而偏偏孙渊如、洪亮吉等不吃这一套,"相戒不履和门"。有一年和珅生日,"派人四出运动翰林登门拜寿",孙、洪他们特地选在那天开会,而且开一整天,并公开说:"翰林中有一人不到者,其人即向和门拜寿。"站哪个队,非此即彼。阮元本来也来了,午后一个花旦来找他,说自己今天在什么地方唱拿手戏,"汝必为我捧场",硬把他给拉走了,实际上正是把他拉到和珅家里去了。名片递进去,"和已公服下堂出迎",拉着阮元的手高兴地说:翰林来拜寿者,君是第一人,况是状元。当然了,如《世载堂杂忆》"校者按",阮元不是状元,状元是毕沅,和珅搞混了。正因为这层关系,大考翰林之前,和珅就向阮元透了口风。"时西洋献眼镜,乾隆帝戴之",因为"老光不甚合",乃便轻蔑地说,这玩意不过如此。和珅知道诗题为《眼镜》,"他"字韵,而最重要的,是他知道乾隆不喜欢眼镜。那么,阮元的诗"独为睿赏",也就不奇怪了。刘成禺说,孙、洪、阮、毕四人并重一时,但"气节独归前二者,官爵皆归后二者",认为"尚气节者固甘为憨物也"。毕沅死在了和珅前面,幸而如此,因为嘉庆帝在处置完和珅之后气愤地说,如果毕沅还活着,"当使其身首异处"。

  宋朝的叶梦得眼睛不好,认为自己"平生用目力常数倍于他人,安得不敝?"他推测左丘明他们目盲,也是读书读的。他说自己从小就爱读书,"凡博弈诸戏,一无所好";后来在户部、刑部当官,那么忙,"下直亦手不释卷"。到老了眼睛不好的时候,有点儿后悔,"然终亦不能废书也"。当我们对眼镜习以为常的时候,很难体会出酷爱读书的古人的苦衷。

2005 年 9 月 30 日

妒妇

热播中的韩剧《大长今》有这么一个情节:中宗临幸御膳厨房的宫女连生,有人随即向皇后去打小报告,而皇后坦然一笑,说了些毫不在意的话。皇后的这种态度,叫作不妒。这在咱们古代,属于一种美德。

咱们这里,当然也有不妒的典范。《东观奏记》云,唐宣宗的妹妹安平公主就是如此。安平是宣宗的亲妹妹,下嫁给刘异。兄妹二人感情很好,所以即位后,宣宗即命宰相"与(刘异)一方面",也就是给他一个重要岗位。宰相拟了个平卢节度使(今辽宁、河北交界一带),帝曰:"朕唯一妹,时欲相见。"宰相于是又给换了近点儿的地方,反正天下是他家的,随便挑。刘异将出发时,安平来和皇帝哥哥话别,特意"以异姬人从",把刘异的小妾也带上。安平左右的宫女,宣宗"尽记之",都熟得很,忽然见到该妾,便问是谁?公主说:"刘郎音声人。"音声人,乃唐代对官府乐人的总称。公主这样说,当然是代夫君打马虎眼。但皇帝哥哥是看得出来的,"悦安平不妒,喜形于色",回过头来吩咐左右:"便与(异姬)作主人",使之"不令与宫娃(即宫女)同处"。

这个刘姬人的运气实在是太好了,因为咱们历史上更多的还是妒妇,甚至都成了词条,专指性好忌妒的妇人。《在园杂志》里的冀公冶夫人,"不惟不容(公冶)纳妾,即婢子必择奇丑者",妒忌到了何种程度?《太平广记》卷第二百七十二开了两个栏目,前一个是"美妇人",后一个就是"妒妇"。顾名思义,前一个汇集的是史上的漂亮妇人,后一个汇集的就是如车武子妻、段氏、王导妻、房玄龄夫人等一批妒妇界的名流。其中,段氏还引出了另一个词条:妒妇津。据说,段氏是晋朝刘伯玉的妻子,妒忌又到了何种程度呢?有天伯玉诵毕《洛神赋》而感叹:"取妇得如此,吾无憾焉。"段氏立刻说:"君何得以水神美而欲轻我?吾死,何患不为水神!"于是,"其夜乃自沉而死",七天后托梦过来,已成了妒妇之神。自此,不仅伯玉"终身不复渡水",且"有妇人渡此津者,皆坏衣枉妆,然后敢济",否则妒妇之神发怒,"风波暴发"。当然,那是针对美妇人而言,"丑妇虽妆饰而渡,其神亦不妒也"。于是,妇人过那条河时,河的"态度"成了评价该妇人美丑的标准,并因此产生了一则俗谚:"欲求好妇,立在津口。妇人水傍,好丑自彰。"因为"妇人渡河无风浪者,以为丑不能致水神",于是又引发了一个恶果,"丑妇讳之,莫不皆自毁形容,以塞嗤笑也"。清朝学者王士禛在《分甘馀话》里也有一则"妒妇津",说当年武则天也不敢从这里过渡,"别取道以避之",王的哥哥还因此作诗曰:"解使金轮开道避,斯人何减骆宾王。"把那个职司开道的人,与骂武则天为"狐媚惑主"的骆宾王等而论之。那么,在王的哥哥看来,武则天并非貌丑,而是那人在曲骂她了。

如同《太平广记》的归类,唐朝名相房玄龄夫人之妒也是出了名了的。《隋唐嘉话》云,唐太宗"将赐公(玄龄)美人,屡辞不受"。太宗知道他是惧内,乃"令皇后召夫人,告以媵妾之流,今有常制,且司空年暮,帝欲有所优诏之意"。就是说,皇帝之举不是想当然,是有"制度"依据的,况且完全是件美事。不料玄龄夫人不听这一套,"执心不回"。太宗又传话吓唬她:"若宁不妒而生,宁妒而死?"房夫人态度十分坚决:"妾宁妒而死。"太宗让人把酒给她,说那你就喝了这杯毒酒吧,房夫人"一举便尽,无所留难"。太宗彻底服了:"我尚畏见,何况于玄龄。"这件事其实怪不得房夫人之妒,硬要破坏人家的和睦家庭,实在是太宗干得不太厚道。民间传说,房夫人喝的不是毒酒而是醋,"吃醋"即从此而来。

太宗赐美人,还只是要为玄龄的晚年生活锦上添花,据说是中国历史上唯一的状元驸马郑颢,则是被人活活拆散了婚姻。《东观奏记》另云,唐宣宗为女儿万寿公主招婿,宰相白敏中(白居易堂弟)举荐郑颢。郑颢乃唐宪宗宰相郑细之孙,本人也"首科及第,声名籍甚"。但是郑颢当时已经走在迎娶卢氏的路上,硬是被追回,来了个强按牛头喝水。到敏中免相、放到地方为官之时,害怕了,对宣宗说:"颢不乐国婚,衔臣入骨髓。臣在中书,颢无如臣何;去玉阶,必媒孽臣短,死无种矣!"早知今日可能被打击报复,何必当初为了取悦而乱点鸳鸯谱呢?

比较而言,男人对是否被戴绿帽的反应,远甚于女人对男人"沾花惹草"的反应,而汉语词条里却只有"妒妇"而无"妒汉",可见"妒妇"的背后拖着黑黑的男权社会的阴影。将嫉妒视为女人特有的恶德,乃至一些朝代立有制裁妒妇的法令,是男人强势话语权的突出表现之一,这种封建余孽在今天也并没有完全退出历史舞台。

2005 年 10 月 14 日

毬

读贾平凹的《秦腔》，会发现人物对白夹杂着大量的"毬"字，大抵都是人不高兴时候的用语。比如，县剧团来村子演戏，庆玉跟一个正在化妆的男演员套近乎，问人家是唱啥的，人家要他猜；猜两个没猜着，他就以为在人家戏弄他，说：那你唱毬呀！其实，这种用语在许多方言区里都是如此，还有比这个字更直接、更露骨的，但意思都是一个。文一点表述的话，毬，是方言里的詈词。

当然，它并不仅仅是方言里的詈词，一个主要义项是古代游戏用球的泛称。《水浒传》故事开场未几，一百单八将一个还没出场时，高俅先亮相了。按施耐庵的描写，这个人"若论仁义礼智，信行忠良，却是不会"，但这并不妨碍他照样可以发迹，其本领靠的就是"踢得好气毬"，而且能够被"发现"。那是他被差遣到宫里给端王（即登基前的宋徽宗）送礼物，正赶上他们在踢毬，又恰巧有一脚毬端王没接到，高俅"也是一时的胆量，使个鸳鸯拐，踢还端王"。端王很高兴，让他现场表演，高俅便把平生本事都使了出来，"那身分模样，这气毬一似鳔胶粘在身上的"。而且，高俅这个名字起先就是高毬，发迹了，才"将那字去掉了毛旁，添作立人"。《水浒传》的主角是梁山好汉，却为什么高俅先于他们登场呢？金圣叹对此有过精辟分析。他说，《水浒传》开篇"未写一白八人,而先写高俅者,盖不写高俅而写一百八人,则是乱自下生也;不写一百八人先写高俅,则是乱自上作也"。也就是说,这种看起来仅是出场顺序的问题,实际上隐喻着农民起义(即"乱")的成因问题,先写高俅,有朝廷官员的腐败导致农民起义的意味;而"乱自上作,不可长也,作者之所以深惧也",所以,作者这是要提醒后来的为官者要高度注意。

高俅所擅长踢的毬,又叫蹴鞠。唐代徐坚《初学记》云:"今蹴鞠曰戏毬。古用毛纤结之,今用皮,以胞为里嘘气闭而蹴之。"蹴鞠,是战国时就已经十分流行的一项体育运动;传说则玄了,黄帝的时候就有,是为了训练士兵。去年7月亚洲杯足球赛开赛之前,亚洲足联、中国足协在北京召开了新闻发布会,正式宣布现代足球起源于中国春秋时期齐国的都城临淄,临淄从此就势打起蹴鞠牌。10月9日的一则新华社新闻,说临淄已向山东省文化部门提交了将蹴鞠列入国家首批非物质文化遗产的申报书,并争取能在2006年世界杯足球赛开幕式上进行蹴鞠表演。而此前,在2005年中超联赛开幕式上,已有身着古装的14名少年用古代的蹴鞠游戏规则进行表演。印象之中,蹴鞠算不算现代的前身,一些老外是有疑惑的,现在,不知道是权把争议搁置一边,还是大家达成了共识。

毬这东西,起初的制作很简单,就是以毛纠结而成,无所谓表里;后来加了层皮,中间也还是塞毛,再后来才开始充气。唐朝颜师古说:"鞠,以皮为之,实之以毛,踏蹵而戏也。"宋朝程大昌说:"今世皮毬中不置毛,而皆砌合皮革,待其缝砌已周,则遂吹气满之,气既充满,鞠遂圆实。"瞧,这跟今天的足球不是并没有什么两样吗?不过,充气的时间似可提前。唐朝曾有归氏子弟拿著名诗人皮日休的名字开玩笑:"八片尖皮砌作毬,火中燀了水中揉。一包闲气如常在,惹踢招拳卒未休。"从诗中的描述看,充气的毬在唐代已经出现了,而且还具体地告诉我们,那种毬是用八片皮革缝制而成的,与鞠有了很大不同。

但古代毬的概念,显然并不只"足球"一项,还包括马球等。前蜀花蕊夫人《宫词》曰:"自教宫娥学打毬,玉鞍初跨柳腰柔。"宋徽宗"北狩"——实际上是被金兵俘虏当人质,人家举行盛大宴会,其中一项就是击毬,并要他不要跟着白看,得赋诗助兴。徽宗虽然皇帝不会当,但在诗书画方面却是个天才,提笔就来:"锦袤骏马晓棚分,一点星驰百骑奔。夺得头筹须正过,休令绰拨入斜门。"此外,金朝康锡也做过一首《打毬》诗,其中两句云:"高飞远走偶然耳,坎止流行知所之。"这些诗词所说的,就都是马球。从徽宗的诗中,我们一点儿也读不出如李后主"故国不堪回首月明中"的那种悲凉,反倒让人感觉他是那么兴致勃勃,如刘阿斗一般乐不思蜀。而康锡的诗句显然不是单纯地在说马球,似乎有一层告诫官场同僚的意味了。

毬的历史那么悠久,既实指"球"又代指男性生殖器,两个义项的产生究竟孰先孰后呢?如果能够搞清的话,也是个挺有意思的问题。至少在下以为,不少方言里都把"毬"挂在嘴边上,动辄脱口而出,源于古老的"生殖崇拜"习俗也说不定。那么,该字什么时候像"龟"的用法一样转了向,应当存在值得探究的、有意思的文化背景和因素。

2005 年 10 月 21 日

男儿当自强

不久前,广州观众投票评选出了他们最喜欢的中国电影百年十大经典、十大明星和十大金曲。其中,十大明星因为没有一位内地人士上榜,显得尴尬异常,好在另外两个没什么争议。位列十大电影金曲之首的,是电影《黄飞鸿》中的《男儿当自强》。我们知道,由黄霑先生作词的这首歌,已成了黄飞鸿系列电影的代表作,每当黄飞鸿出场对战,这个旋律基本上都会响起。

音乐界人士说,《男儿当自强》改编自古曲《将军令》,就是说曲调是现成的。浏览清朝刘廷玑的《在园杂志》,不难感觉到歌词与其中所记述的"边关调"也有神似之处。那是刘廷玑论及"小曲",说是"明时远戍西边之人所唱,其辞雄迈,其调悲壮"。曲曰:"斗大黄金印,天高白玉堂。大丈夫豪气三千丈,百万雄兵腹内藏,要与皇家做个栋梁。男儿当自强,四海把名扬,姓名儿定标在凌烟阁上。"对照黄霑先生的歌词,这里面尚有不少封妻荫子式的"封建糟粕",而黄霑先生的超越了时代,号召中华男儿,"昂步挺胸大家做栋梁做好汉"。

凌烟阁,是封建王朝为了表彰功臣而建筑的绘有功臣图像的高阁。历史上,以唐太宗贞观十七年(643)绘功臣画像于凌烟阁最为著名。那一次,画的都是在太原跟着李氏父子起兵打天下的以及世民秦王府时的功臣,包括长孙无忌、魏徵、秦叔宝和"房谋杜断"中的房玄龄、杜如晦等。由"太宗亲为之赞,褚遂良题阁,阎立本画",极一时之盛。其中的侯君集后来谋反伏诛,太宗要从凌烟阁里抹掉他,还流了眼泪:"吾为卿不复上凌烟阁矣!"《南部新书》对唐朝凌烟阁的样式有比较详尽的描绘,说它在西内三清殿侧,"阁中有中隔,隔内面北写(即画)功高宰辅,南面写功高侯王,隔外面次第功臣"。那么,把"姓名儿定标在凌烟阁上",在旧时相当于为国家建功立业的代名词。

古今的人们都在强调男儿当自强,正因为有男儿不自强的另一面存在,有时可能还很严重。"却敌和番都要妾,不知何处用将军?"此乃清人周渔山咏王昭君句,这是在代明妃自语,"控诉"男儿的无用。"蜀朝昏主出降时,衔璧牵羊倒系旗,二十万军齐拱手,更无一个是男儿。"批判就更直接了。这是五代十国之前蜀亡于后唐之时,大约目睹了此幕的王承旨所作。另外相传,后蜀主孟昶的妃子花蕊夫人有一首类似的《国亡诗》:"君王城上竖降旗,妾在深宫那得知?十四万人齐解甲,更无一个是男儿。"因此,清朝学者王士禛认为二诗"大同小异,必有一误"。尽管如此,这"更无一个是男儿"所表达出的强烈愤懑,至今读来依然震撼人心。

综合起来看,历史上强调男儿当自强之际,大抵都是在面对或抵御外敌的国家危急关头,其实,在承平时期,尤其在官场上,男儿同样需要自强。如黄先生的歌词:"我发奋图强做好汉,做个好汉子每天要自强";要能够"用我百点热耀出千分光"。可惜,也许是为官之道全凭自觉的缘故,这样的"好汉"古往今来总是屈指可数,带动不起风气。

宋朝有"铁肝御史"之誉的钱顗将被贬出京,"于众中责同列孙昌龄",说他平日里专门钻营当官;当上了,"亦当少思报国,奈何专欲附会以求美官？颛今当远窜,君自谓得策邪？我视君犬彘之不如也"。《宋史》评价钱颛,虽穷厄至死,却"充然无悔,身虽不偶,而声名则昭著于天下后世矣"。钱颛骂的是一门心思想着当官、不想别的那种人,好多通过正常途径当上官的,也能见到其龌龊的影子。刘瑾刚擅权时发过一次火,一拍桌子,邵二泉"不觉蹲倒,遗溺于地"。这样的官员,还能指望在刘瑾面前能蹦出个"不"字？《玉镜新谭》云,魏忠贤六十大寿,"天下督抚、总镇竞投密献、异宝、谀辞。廷臣自三公、九卿……称觞者,衣紫拖金,填街塞户。金卮玉斝,镂姓雕名,锦屏绣障,称功颂德"。种种德行,闭着眼睛也不难想象出来。而魏忠贤一旦倒台,这些家伙"又交章聚讼其大奸大逆,一如前之称功颂德也"。所以崇祯皇帝后来感叹说:"忠贤不过一人耳,外廷诸臣附之,遂至于此,其罪何可胜诛!"在他看来,杀了个魏忠贤固然容易,对那些不争气的官员,真的是毫无办法。

"傲气面对万重浪,热血像那红日光,胆似铁打,骨如精钢,胸襟百千丈,眼光万里长。"这样的男儿形象,在黄霑先生那里无疑是个理想的男儿化身。广州市民投票此歌为百年电影金曲之魁首,至少说明在民间,人们也还无限憧憬这种"让海天为我聚能量去开天辟地、为我理想去闯""热血热肠热比太阳更光"的男儿,尽管于今所见已经太少。

2005 年 10 月 28 日

一树梨花压海棠

11月6日,全国首届"中医特色治疗不孕不育症临床研究新进展学习班暨研讨会"在广州开幕,撇开这个拗口的名目不谈,研讨会传递出的一个信息值得关注:老夫少妻顺利生下的孩子更聪明。专家研讨出来的结论,自然有科学依据作支撑。从新闻由头看,得此结论,可能是他们在为82岁的杨振宁与28岁的翁帆的爱情结晶打消疑虑。

这种事情委实不需要专家专门研讨,在民间早就广为人知。简单举例说,古有孔圣人,今有胡适之,这两位聪明绝顶的人物就都是老夫少妻的产物。相传孔子的父亲叔梁纥和母亲颜氏相差了54岁;胡适父母的数据更非常确切:其父胡传生于1841年,其母冯顺弟生于1873年,二人相差了32岁。当然,有"医院近5年来关注的这类病历"作佐证,科学的意味更强些,只是未知以"学术打假"闻名的何祚庥、方舟子两先生如何看待此事。

既然"关注这类病历"已有5年,似乎老夫少妻在今天已成了"类的现象"。不过,数量上恐怕仍然比不了古人,古人怎么"关注"呢?用语妙极了,叫"一树梨花压海棠"。清朝刘廷玑在《在园杂志》里写道,有年春天他到淮北巡视部属,"过宿迁民家",见到"茅舍土阶,花木参差,径颇幽僻",尤其发现"小园梨花最盛,纷纭如雪,其下海棠一株,红艳绝伦",此情此景,令他"不禁为之失笑"地想起了一首关于老人纳妾的绝句:"二八佳人七九郎,萧萧白发伴红妆,扶鸠笑入鸳帏里,一树梨花压海棠。"据说,此绝句肇始于苏东坡嘲笑好友张先,千把年传来传去,肯定是有出入的,何况还要因事传诗,原句的起首乃"十八新娘八十郎",但每句的意思都一般无二,压轴的这句更是丝毫不差。

严格地说,这类句子当属于古代的"黄段子"。不过,在那"好声伎未尝为人品之累"(清朝福格语)的时代,讲黄段子不仅是古人的一大嗜好,而且讲得非常有"文化"而已。比如说《四友斋丛说》里的这则诗谜:"佳人佯醉索人扶,露出胸前白玉肤,走入帐中寻不见,任他风水满江湖。"够不够"黄"?实际上却是则谜语,打四位著名诗人的名字,一句一个,分别是贾岛、李白、罗隐和潘阆。曾经看过一部美国电影 Lolita(《洛丽塔》),讲述的是一个中年男子与未成年少女洛丽塔之间的不伦之情。影片导演斯坦利·库布里克据说是位电影大师,但令人拍案叫绝的,还是片名 Lolita 由人名意译成《一树梨花压海棠》,余以为这是继《魂断蓝桥》之后难得一见的译名杰作。

一树梨花压海棠,乃旁观者的谐谑,当事人本身又怎么看呢?王应奎《柳南续笔》有两首萧中素的诗,认为"虽游戏弄笔,而有运斤成风之妙"。其一云:"我年八十君十八,相隔戊申一花甲。颠之倒之是同庚,好把红颜对白发。"其二(当为次年所作)云:"我年九九君十九,配成百岁真佳偶。天孙恰与长庚对,千古风流一杯酒。"这是可以归为厚颜无耻之列的吧。

《鹤林玉露》云,南宋绍兴时科考试题为"四海想中兴之美赋",陈修有一联云:"葱岭金堤,不日复广轮之土;泰山玉牒,何时清封禅之尘。"刚刚失去了半壁江山的宋朝,有了意淫的图景,因而高宗满意非常,不仅"亲书此联于幅纸,粘之殿壁",而且在金銮殿唱到探花陈修的时候,还关切地问他多大年纪,得知七十三了;又问有几个儿子,得知尚未婚娶,乃诏出宫中"年三十"的女官施氏嫁之,且"赍奁甚厚"。时人语曰:"新人若问郎年岁,五十年前二十三。"这个故事,宋朝典籍中有不同的版本,可见也是"类的现象"。一说为闽人韩南老恩科及第,有人来提亲,韩以一绝示之:"读尽文书一百担,老来方得一青衫。媒人却问余年纪,四十年前三十三!"一说为詹文或詹义,这么写的:"读尽诗书五六担,老来方得一青衫。佳人问我年多少,五十年前二十三!"在陈修那里依然有被嘲讽的意味,在后面,则纯粹地是自我解嘲了。

  作为个案,"一树梨花压海棠"在今天并不足奇,奇的是倡导——尽管并不直接,难道他们"得出结论"之时就没有想过,一旦成为普遍现象,会有乱了社会伦常之虞?前些天,香港科技大学丁学良教授认为中国合格的经济学家不超过5个,引起轩然大波;11月7日《中国青年报》公布的一项调查数据更显示,内地支持率超过10%的经济学家只有吴敬琏一人,另有12.5%的被调查对象干脆谁也不相信。经济学家的"失信于民"岂是偶然?我想,这对其他领域的专家是一个警醒,在公开场合的公开发言,除了迎合与取悦,还要考虑到自己的社会责任感。否则,在所谓专家发言的时代,完全丧失信誉也不是没有可能的。

2005 年 11 月 11 日

高考移民·冒籍

海南高考状元李洋的人生经历今年可谓大起大落。先是因为高考移民(差一个月未移满两年)的身份不准报考本科第一批高校,而与清华大学失之交臂;就在民间无比叹惋乃至义愤、其本人亦准备复读再战之际,又被香港城市大学重金吸纳。李洋的遭遇,引发了关于高考移民的大讨论,论者莫不以为此乃当代产物,其实不然。人们不是喜欢以科举类比高考吗?科举场上的这种做法即比比皆是,只不过名词不一样而已,那时叫作"冒籍",冒充籍贯。李洋是湖北人,为了高考而变身海南人,就属于典型的冒籍。

《万历野获编》之"科场"部分,有许多冒籍的记载。说明初"冒籍之禁颇严,然而不甚摘发"。许是问题到了非整治不可的地步吧,代宗景泰四年(1453)"顺天举冒籍者十二人",礼部主事周骙请照例论罪,于是"已中试者斥不录,未中试者终身不许入试"。这种处理旋即被认为过于严厉,又"令斥回者仍许再试",其中一个叫汪谐的,在接下来的这科还顺利考取了。大抵冒籍的人不少都是这样,未必是没有真本领,而是要利用一下不那么公平的规则。嘉靖时的会稽陶大顺,也是先冒顺天籍夺了经魁,"事发斥归",又在本土中了第四名。

明朝嘉靖年间还发生了这样一件事,杨允绳纠劾胡膏之贪,反为所讦;结果杨允绳论死,胡膏升官。到隆庆时,胡膏事发,杨允绳平反,而当杨之孙与胡之养子王国昌都中了万历戊子科(1588)时,正义之士们不干了,揪住的就是王的冒籍问题。他们说胡膏是余姚人,而王国昌成了徽州人,且此前王国昌曾"以余姚县生员冒顺天通州籍,名胡正道中式,已经参论问革;今安得复冒徽州?"处理结果是王国昌"问斥如前",还是回家待着。但王国昌不服气,到京师据理力争,云自己"既斥于顺天之浙籍,再斥于应天之徽籍;姓胡既不可,姓王又不容,则天壤之间,当置臣何所?"因为王国昌并非胡膏亲生,又因为其人确实有才——"能顷刻成文数十篇,皆铺叙可观",终于"许复试入会场"。单就籍贯问题而言,李洋与王国昌真有神似之处。倘若没有被香港城大录取,选择复读的李洋也将处于两难境地:如果留在海南,明年高考他仍是移民身份;如回湖北,他则成为湖北的高考移民。

对冒籍者的处置,旧时当然并不仅仅不准再考那么简单,以余之所见而言,万历乙酉科(1585)的做法最为酷烈。那是因为顺天考生张元吉的投诉,查出共有浙江冯诗、章维宁等八人冒籍。有人说,张元吉是郑贵妃的亲戚,"又贵妃弟入闱不得荐,故以此修隙"。于是,办事的人"未免迎合内旨,处分遂尔过酷"。怎么处分的呢?冯、章二人"枷示顺天府前"。这年冬天偏偏"凛冽倍常",二人"僵冻几死",赖同乡沈继山"以乡曲怜之,倍予衣食,得不毙"。而沈继山却为此付出了贬去南京为官、降俸二级的代价。枷满日,冯、章二人与其他六人"俱发为民,禁锢终身",其中史纪纯之父被"革职闲住",提学御史、正主考也受到了相应处分。收录此事的沈德符也认为:"自来冒籍受法,未有此严峻且滥及者。"

古人原本是很注重籍贯的,韩昌黎、王临川、严分宜、袁项城,从古到今,各色人等的籍贯往往还成为他们的名字。为什么要冒籍呢?没别的,跟今天一样,录取资源的分布不均衡。看吴宗国先生在《唐代科举制度研究》中考证的冒籍,能够受到许多启发。唐朝科举,报名后先要由县进行考试,然后再由州府考试,合格者始给予解状,送尚书省。因为京兆(长安)、同州、华州(俱在今陕西境内)解送的录取比例最大,而解送名单上列为前十名的,有时全部及第,一般也十得其七八,所以天宝(玄宗年号)后士子"莫不去实务华,弃本逐末"。务华中的一项,就是冒籍,不是那儿的人硬说是那儿的。韩愈感慨:"今之举者,不本于乡,不序于庠,一朝而群至乎有司,有司之不之知宜矣。"所以,下邽人(今陕西渭南)白居易,"始举进士,与侯生俱为宣城(今安徽宣城)所贡";和州(今安徽和县)——一说苏州人张籍,则为韩愈本人在徐州主试时所荐送。

"高考移民"委实是一项文化传统;这传统所以无须弘扬而能保持旺盛的生命力,在于产生这种现象的土壤——"配额"存在严重地区差异这个问题始终没有得到改变。据海南省教育部门的统计,除北京、上海、西藏外,全国其他省市区都在向海南省进行"高考移民",乃至每5个海南考生中就有一个是"高考移民"。人们选择海南,在于它的招生指标多,录取分数低,当然,更在于其户籍制度的宽松,北京的录取条件更好,但一般百姓哪里挤得进去?

2005年11月18日

自贱

11月18日8点18分,第12届CCTV黄金资源广告招标在北京梅地亚中心举行,来自全国各地的企业、广告公司近1000人到场参与了这场品牌盛宴。今年的广告招标由"黄金时段"拓展为"黄金资源",因而没有了以往万众瞩目的"标王"。这要算是今年的新闻点了。尽管一年时间过去了,去年招标说明会上的一件新闻至今不能忘怀。当时,为了说服台下的广告商在央视投放广告,主持的一名"央视名嘴"称自己为央视的一条名狗,这么说的:"一条狗拉到中央台连播30天自然成为一条名狗,我不过就是那条名狗而已。"此论既出,即刻舆论哗然。有人说"央视名嘴"不应"自轻",其实这里说"自轻"有点轻了,换成"自贱"可能更恰当些。

狗是人类最忠实的伙伴,但人类对狗并没有予以相应的回报,表现在关于狗的词语基本上都是贬义的,蝇营狗苟、狗仗人势、狗恶酒酸,等等。明末买官卖官成风,时人也有"职方贱如狗,都督满街走"之谣。汉高祖刘邦把出谋划策的人——比如萧何称作功人,而把具体执行计划的人——比如韩信称作功狗。同样有功,而别以人、狗,后者当然等而下之。韩信在被杀之前叨咕了一句名言:"飞鸟尽,良弓藏;狡兔死,走狗烹。"还真的就把自己比喻成了狗,然在死到临头之际,更有自嘲乃至自贱的意味。

自贱,自己贬低自己,有谁生来就是一副贱骨头呢?应该没有。明朝的刘之纶没发迹的时候,耕樵之余铭己座曰"必为圣人",很有一点儿自傲,乡亲们因此叫他"之纶刘圣人",恐怕是出于调侃,就像芙蓉姐姐亮出了芙蓉教主的招牌,公众乐得奉送这一"雅称"一样。刘之纶在崇祯时考中了进士,后来在与清兵作战时死得颇为壮烈,有一些事迹可寻,但终究并没有成为自诩的圣人。中国自古有谦逊的传统,像刘之纶他们属于自傲的人也比较少见,而东阁大学士文震孟也早就对他"教以持重"。谦逊是国人的美德,然而也有个度,过了头就该属于自贱了。

一般来说,自贱是有一定目的的,往往是为了谀人,讨得相关人等的欢心。还说明朝,正统年间的工部侍郎王某跟太监王振来往比较密切,这个王某"貌美而无须,善伺候振颜色",很能根据王振的好恶来行事。有一天王振问他,你怎么不长胡须呢?小伙子赶快回答:"公无须,儿子岂敢有须。"瞧,干脆借机自贱为王振的儿子。由此上溯几百年,还有人甘愿当人家孙子。北宋时京师流传一句话:"程师孟生求速死,张安国死愿托生。"前一句我在《取悦之道》一文里说过,乃程师孟面谀王安石,说想死在他的前面以得到安石的碑文扬名后世,后一句则是张安国面谀王安石。那是安石的儿子王雱早逝,习学检正张安国"被发藉草,哭于柩前",悲痛得不得了,边哭边说:"公不幸,未有子,今郡君妊娠,安国愿死,托生为公嗣。"想当王雱的儿子,不明摆着要当王安石的孙子吗?给死人讲的话,是给活人听的,张安国无非是想通过自贱来证明自己对王安石的忠心耿耿。不过《东轩笔录》说,王雱是有过儿子的,他跟庞氏女结婚的第二年就生了个儿子,不料"貌不类己",长得很不像他,令他有戴绿帽子的感觉,"百计欲杀之",那孩子"竟以悸死"。倘若属实的话,实际上"公曾有子",而"公"之本人当了凶手。

相比自称为狗,当儿子甚至当孙子,自贱的极至该算是吃别人的屎。北齐皇帝高澄的儿子高延宗在楼上大便,"使人在下张口承之",那是一种仗势欺人的霸道,却也不乏主动的行为。勾践当年卧薪尝胆固然不假,但也尝过吴王夫差的粪。每当夫差闹肠胃病,他都要亲口尝一下夫差的大便,以配合医生用药。据说勾践还因此一辈子都摆脱不了口臭的困扰。不久前央视八套播出的电视剧《卧薪尝胆》据说就有"尝粪问疾"的情节,很有点儿出乎意料。《北齐书》载,权臣和士开病,医生说,你这是伤寒,"进药无效,应服黄龙汤",黄龙汤就是粪清。和士开很犯难,这时有人马上自告奋勇:"此物甚易与,王不须疑惑,请为王先尝之。"说罢"一举便尽"。《资治通鉴》载,唐朝魏元忠病,郭霸来看,也是模仿勾践,"因尝其粪",然后高兴地说:"大夫粪甘则可忧;今苦,无伤也。"勾践"够贱"的举止显然令夫差很受用,迷迷糊糊地让勾践完成了复国大业,而"禀性庸鄙,发言吐论唯以谄媚自资"的和士开,也对自告奋勇者"深感此心"。但同样的行为在魏元忠那里却恰恰起到了副作用,魏元忠非但没有因此对郭霸有半点好感,反而从心底里发出厌恶,"遇人辄告之"。这实际上是在提醒后面打算自贱的人,先得分清对象。

那么,自贱的目的性实际上就是它的功利性。彼时,"央视名嘴"的"名狗"说刚一出口,广告商们便笑得合不拢嘴,应该说立刻便达到了谀人的目的。央视后来是不是因此赚了个盆满钵满,我没大留意,即便成效堪称可观,这种靠自贱来如此博取的行为,不仅与央视的地位不大相称,而且让人感到不是滋味。固然,宋人诗曰:"大家飞上梧桐树,自有旁人说短长。"但作为惹眼的公众人物,一举一动,由不得别人不发表意见。

2005 年 11 月 25 日

蚊子

11月28日新华社有条消息,一个流行病学研究小组通过在美国、英国和非洲的研究发现,蚊子叮人,确实具有很高的选择性,绝非一视同仁。这一研究已发表在英国《自然》周刊上。当然,人家研究的目的并非在此——这样的话就无聊了,而是为了疟疾控制工作,因为蚊子是传播疟疾的元凶。

蚊子乃昆虫的一种,辞书告诉我们吸血的蚊子都是雌蚊子,"雄蚊吸食花果液汁"。但对蚊子,我们时刻都得提防,因为它们嗡嗡飞过来的时候,你不知道那是雄的还是雌的,等到挨了咬,明白也晚了。即使在今天,我们仍然拿蚊子没办法,纱窗再严密,它也能找地方、找机会钻进来。熏蚊香?蚊子可能没受打击,自己倒吸了不少有毒气体。古人对蚊子就更难办了。唐玄宗很赞赏重臣裴光庭,说他"性恶恶,如扇驱蚊蚋"。扇扇子赶蚊子,结果是可想而知的,即便奏效,一旦不扇,也还是不行。苏东坡给米芾写过一封信,说自己那几天不大舒服,"食则胀,不食则羸甚,昨夜通旦不交睫,端坐饱蚊子耳"。没办法,只能给蚊子咬。其实古代晚上防蚊子跟今天差不多,就是用蚊帐。还说宋朝,人们弹劾寇準太奢侈,而寇準表白自己节俭的证据之一,就是"所卧青帏二十年不易",那么多年,家里的蚊帐都没换过,你说我奢侈?

《池北偶谈》云,施愚山守湖西,做了顶苎麻帐寄给林茂之,同时"题诗其上"。寄到之后,"一时名士多属和",围绕施愚山的诗争相感慨,这顶苎麻帐因名"诗帐"。或以为,这顶苎麻帐是文人雅士们的一件道具,没有实用功能;然见"属和"者中有一绝曰:"斗帐殷勤白苎裁,使君亲自写诗来。孤山处士朝眠稳,朝日烘门懒未开。"那么,这顶苎麻帐还是用来给林茂之防蚊子的,"朝眠稳""懒未开"嘛。施愚山是施闰章的号,他是安徽宣城人,顺治年间的进士,清初著名诗人,这也是名士们"属和"的前提吧。施愚山在北京的故居还有,是宣武区重点文物保护单位,不知道现在会不会面临旧城改造的危机。林茂之名古度,也是明清之际的著名诗人,其《金陵冬夜》曰:"老来贫困实堪嗟,寒气偏归我一家。无被夜眠牵破絮,浑如孤鹤入芦花。"看起来,他家太穷,是需要一顶蚊帐的,至少冬天可以御寒。至于写满了诗的蚊帐,还能不能或者还舍不舍得派上用场,就不大清楚了。

宋朝大文学家欧阳修说,他写过一篇《憎蝇赋》,很讨厌苍蝇,但自己"尤不堪蚊子",因为它"自远吆喝来咬人也",声张得很。我没有看过这篇赋的内文,但据李敖先生今年8月在香港凤凰卫视《鲁豫有约》节目里说,鲁迅杂文《夏三虫》与之"太雷同",后者抄袭。不过他的类比依据也仅限于《邵氏闻见后录》中的这句简略记载,可能博览的他也没看过全文。鲁文是怎么说的呢?如果在夏三虫——跳蚤、蚊子、苍蝇这三个令人厌恶的东西中硬要选一个最爱的,"而且非爱一个不可",那么他就选跳蚤。因为"跳蚤的来吮血,虽然可恶,而一声不响地就是一口,何等直截爽快。蚊子便不然了,一针叮进皮肤,自然还可以算得有点彻底的,但当未叮之前,要哼哼地发一篇大议论,却使人觉得讨厌"。这一段话,与欧阳修的那一句话"太雷同",牵强了吧,不就"吆喝"与"哼哼地发一篇大议论"算是有一点"共同"之处吗？好在连李敖自己接下来也觉得说抄，"好像重了一点"。

《全唐诗》载有吴融的一首《平望蚊子二十六韵》，从诗中的"江南""震泽"等字眼判断，平望，可能是指今天江苏吴江市的平望镇一带。别小看这个地方，其见诸历史记载始于西汉，正式建镇则在明朝洪武元年（1368），历史悠久。能把平望的蚊子写成洋洋52句诗，吴融真是感慨良多啊。请看诗的起首："天下有蚊子，候夜嘬人肤。平望有蚊子，白昼来相屠。"哪里的蚊子不是这个品性呢？这样起兴，让我们隐隐地觉得吴融不是单纯地要说蚊子了。"利嘴入人肉，微型红且濡。振蓬亦不惧，至死贪膏腴。"果然，这里流露出了借物咏怀的味道。"吾闻蛇能螫，避之则无虞。吾闻虿有毒，见之可疾驱。唯是此蚊子，逢人皆病诸。"至此，这种感觉不能不渐渐加重。"江南夏景好，水木多萧疏。此中震泽路，风月弥清虚。前后几来往，襟怀曾未舒。朝既蒙襞积，夜仍跧蓬蒢。虽然好吟啸，其奈难踟蹰。人生有不便，天意当何如。谁能假羽翼，直上言红炉？"读罢，你说他究竟是在说蚊子还是在借蚊子说什么人？

平望的蚊子与"天下"的蚊子，不可能有什么不同。对蚊子或者吴融说的"蚊子"，从古到今，驱赶与躲避都是消极的行为，必欲心神安宁，唯有消灭之。

2005 年 12 月 2 日

蚊子(续)

前几天讲到古人对于蚊子,大抵只是用蚊帐之类消极地进行防御。可能是恨之深兼且无可奈何吧,古人对蚊子还不乏以诗文形式进行的口诛笔伐。《平望蚊子二十六韵》只是其一。古人什么动物都可以入诗,《杨文公谈苑》在载有朱贞白《咏刺猬》——"行似针毡动,卧似栗球圆。莫欺如此大,谁敢便行拳。"——的同时,甚至还另附了一首《题狗蚤》,瞧,连寄生在狗身上的跳蚤也可以入诗。当然,古人对蚊子之类不惜重墨,并非闲得无聊,而是以此来抒发心中的愤懑罢了。从朱贞白的嘲咏皆能"曲尽其妙,人多传诵"的事实看,他对刺猬、狗蚤等的感慨显然还引起了时人的共鸣。

《倦游杂录》云,范仲淹监泰州西溪(今江苏东台)盐场税,那里"地多蚊蚋",乃作诗云:"饱似樱桃重,饥如柳絮轻。但知从此去,不用问前程。"蚊蚋也就是蚊子,谁都知道它的特性是吸血,吸人或畜身上的血,因此蚊蚋的另一义项是比喻坏人。韩愈在《与鄂州柳中丞书》里曾经写道:"比常念淮右以麋弊困顿三州之地,蚊蚋蚁虫之聚,感凶竖濡煦饮食之惠,提童子之手,坐之堂上,奉以为帅。"这里就是把蚊蚋当坏人的意思来用的。那么,范仲淹的这一首"咏蚊",虽然看上去是把蚊子醉生梦死的形象描写得淋漓尽致,但是度其语意,分明让人感到是在抨击泰州的吏治,抨击那些得捞就捞、捞了就得、根本不顾后果的腐败分子。

《水东日记》里存有一篇南宋名相虞允文的《诛蚊赋》,对蚊子的嫌恶发挥得更是淋漓尽致。关于虞允文,毛泽东读史时曾有个评价,在《续通鉴纪事本末》或《宋史·虞允文传》上他批道:"伟哉虞公,千古一人。"《诛蚊赋》据说是虞允文早年的手笔,同时他还有一篇《辨乌赋》,以乌乌私情,传人间至孝,文章情真意切,摧肝裂胆,可以媲美李密的《陈情表》。《水东日记》云,《诛蚊赋》由虞允文的五世孙、元朝虞集"偶得此卷,录送上人",今天故宫博物院正收藏有虞集的行书《诛蚊赋》,很可能就是他的这个"录送"吧。虞集也是一位著名的文学家,其《挽文丞相》——"徒把金戈挽落晖,南冠无奈北风吹。子房本为韩仇出,诸葛宁知汉祚移。云暗鼎湖龙去远,月明华表鹤归迟。不须更上新亭望,大不如前洒泪时。"——被认为是元诗中难得的佳作,诗人把自己极为深沉的民族感情、历史兴亡感都融进了严整的艺术形式之中。《南村辍耕录》的作者陶宗仪说:"读此诗而不泣下者几希。"

《诛蚊赋》起首便交代了作赋的动机:"江水乡蚊蚋甚恶,予方穷居,日以为苦,因哀腹笥,得蚊事廿有七。"既然"古圣贤无一言之褒",那么蚊子"是为可诛也"。然后他说,蚊子这东西真不能小看,表面上,它"利觜逾麦芒之纤,狭翅过春冰之薄",孱弱得很;但"其赋形而至眇,其为害而甚博"。就这么个不起眼的小东西,"伺人于燕息,则东家之梦何缘而见姬旦;鬻人于尊俎,则鹿鸣之燕何由而娱嘉宾?"硬是让人睡不安宁,吃不痛快。你看它,一旦发现目标,"载引其类,载鼓其翅,但知进而忘退,不顾害而贪利",直至达到"引利喙以竞进,共呈贪心而自朘"。虞允文因而更极端轻蔑地写道:"可怜尔之轻而贬,不耻人之厌且辱也。"吃饱了、喝足了,自己在那里洋洋得意,浑然不觉或不睬人类的憎恶,真是可悲啊!所以虞允文主张对蚊子必要诛杀之,以"不复使无用之物,无穷之毒,存于世间"。读赋至此,谁还会以为作者单纯地就是在说蚊子呢?

有人说,《诛蚊赋》以蚊蚋为毒人间,暗喻当时完颜氏的金政权"逞威于河内"。很有这个可能。虞允文本人就是个抗金名臣,他在早年使金的时候,见其"运粮造舟者多",且听金主完颜亮曰"我将看花洛阳",回来后即"奏所见及亮语,申淮、海之备"。在以后的战争中,还赢得了采石大捷。毛泽东所以给虞允文那么高的评价,就在于虞允文这一仗以少胜多,创造了中国古代战争史上的一个奇迹。《诛蚊赋》虽然没提到一个"金"字,"但类非出于华胄,实尽衍于毒蛰,宜见憎于世俗,夫岂间于今昔"之类的句子,指向则非常明显。另外,《水东日记》在《诛蚊赋》之后记录了一些前人反响,也很能说明问题。鲁重父说:"观其《诛蚊赋》,所谓'使天下之为人臣者得以安其君,天下之为人子者得以宁其亲',则知公之志诛恶锄奸者,欲以宁君亲也。"柯九思说:"因读《诛蚊赋》,深怜爱国情。"苏大年说:"观雍公少年之作,可以豫见报国之志。"

由蚊子很容易想到贪官。首先他们都是吸血为生,蚊子吸的是生物人的血,贪官吸的是社会人的血。其次他们都危害极大,蚊子传播的疾病达80多种之多,地球上再没有哪种动物比它对人体有更大的危害,而贪官对人类社会肌体的戕害,也是一时无两吧。

2005 年 12 月 9 日

鼓

第六届广州国际美食节已于 12 月 11 日"尴尬收场"。此前的报道说,美食节上将有一面直径 3 米的"天下第一鼓",不知道究竟亮相了没有。把这么大的鼓调来助兴,组委会是动了脑筋的,因为鼓是中华文化的一个符号。作为一种打击乐器,鼓在国外也是常见的,怎么成了咱们的符号呢?举一今一古两个例子来说吧。

今天的,从亚运——1990 年北京亚运会开幕式,到奥运——张艺谋那 8 分钟申奥宣传片,都是名曰威风锣鼓的安塞锣鼓唱主角。向世界展示中国,当然要选中国的特色文化。因此,雅典奥运会闭幕式上的女子十二乐坊备受争议,一点儿也不奇怪,它代表得了"中国"吗?再看昨天的,18 世纪英使马戛尔尼——因为不给乾隆下跪而灰溜溜离开的那位——来华时,咱们来了一通欢迎锣鼓,但那家伙不但不领情,反而认为中国人不懂乐音,谁擂得响谁才最有价值。当然,咱们的人也不欣赏他们的西洋乐器,到他们演奏的时候,在场的清朝官员们根本没人去留心。因此,虽然鼓不为咱们所独有,但却是咱们的一个比较鲜明的文化象征。

鼓有许多用途,作战是为其一。前两天读李零先生的一篇文章,说曹刿是历史上的著名刺客,属于今天的恐怖分子,但我们熟悉他,大抵是因为"一鼓作气,再而衰,三而竭"的作战方略,帮助鲁庄公打赢了仗。曹刿的话是说,打仗的时候,擂第一通鼓,士兵的勇气就振作起来了;第二通,勇气就衰退了;再来,勇气就没了,所以,得趁着劲头大的时候一下子把事情干完。"一鼓作气"也因此成了成语。隋末唐初李世民讨刘黑闼,干脆是直接用鼓来做武器。《资治通鉴》卷一百九十记载,刘黑闼将兵出击李艺,留范愿守洺州(今河北永年)。世民部下程名振乃"载鼓六十具,于城西二里堤上急击之,城中地皆震动"。城里尽管"留兵万人",范愿还是吓坏了,"驰告黑闼,黑闼遽还"。你看,并没进攻,光是擂鼓,就产生了围魏救赵的功效。欢迎马戛尔尼的锣鼓该不会有这么响,但他那样看低我们,恐怕正有心惊肉跳的成分在内吧。

　　福格《听雨从谈》里有一则"太平鼓",说"京师正腊两月,有击太平鼓之戏,以驴羊之皮冒于铁圈,作纨扇式,柄末另有大圈,贯以铁环,随挝随摇"。但福格认为这种鼓声"铮铮聒耳,甚无味也",真的叫噪音了。重要的是,"初只见儿童嬉戏,后则无赖子于上元灯市,百十成群,乱挝乱哄,因缘为奸,俾鼓声以掩之",被利用成了作奸犯科的一件道具。所以,"道光初年乃有禁令也"。另,宋人程大昌《演繁露》云,"湖州(今浙江湖州)土俗,每岁十二月,人家多设鼓而乱挝之,昼夜不停,至来年正月半乃止",目的是"警去鬼祟",功能跟放鞭炮差不多。福格认为这可能就是太平鼓的起源。放鞭炮今天在不少城市禁止,爆炸带来的危险是为其一,其二也是噪音扰民。

　　鼓,尽管是敲打的乐器,但如果没有章法,"乱挝之",是当然的噪音。击鼓比较有名的,是三国时的祢衡。曹操把他招来当鼓史,大会宾客时让他击鼓,结果众所周知,用曹操的话说:"本欲辱衡,衡反辱孤。"《三国演义》干脆在回目上点名:祢正平裸衣骂贼。

几百年后,李商隐还在感叹:"欲问渔阳掺,时无祢正平。"这样的人物到清朝真的又出了一位,事见刘廷玑《在园杂志》:边桂岩"性癖挝鼓,尤妙《渔阳三弄》"。他学鼓的时候,"起居坐卧,饮食瘖寐,惟鼓是念,每常对客两手动摇,作掺挝状,自亦不知也"。刘廷玑认为"正平后千古传心,桂岩一人而已",因此还为之写过《挝鼓词》,颇似白居易描述浔阳江头琵琶女的笔法,"忽惊霹雳下遥天,金戈铁马捣中坚,须臾檐溜雨连连,众语嘈切满市廛,有如长林断续蝉,有如落盘珍珠联",等等。边桂岩担心绝技失传,"思得愿学者授之,而卒无一能师其艺者"。今天的鼓讲究场面的宏大,独敲的恐怕没有了吧。

《唐语林》云名相宋璟"亦知音乐,尤善羯鼓",他跟玄宗切磋技艺,提出敲击羯鼓要"头如青山峰,手如白雨点",脑袋纹丝不动,双手则像雨点那样又碎又急。羯鼓是玄宗年间盛行起来的,他对羯鼓迷恋到了什么程度?何蘧《春渚纪闻》载,玄宗"尝令待诏鼓琴,未终而遣之,急令呼宁王取羯鼓来,为我解秽"。何蘧认为,这正像玄宗弃张九龄"忠鲠先见之言,而狎宠禄山侧媚悦己之奉"。那么,羯鼓引来"渔阳鼙鼓",导致"天宝之乱",也就不是偶然的了。

不久前,媒体纷纷聚焦山西临汾自称为"天下第一门"的华门,其实那个工程历时3年,去年就竣工了,今年10月还举行过中国华门首届锣鼓艺术节。只不过,那时我们还以为就是寻常的建筑,想不到是失意政治明星在自己辖区内的杰作,背后隐含着那么多潜台词。

2005年12月16日

引咎辞职

因为中石油吉化公司爆炸事故导致松花江水污染,而权威部门反应滞后,"错过了解除污染隐患的最好时机",国家环保总局局长解振华已于日前引咎辞职。这个消息是在12月2日由新华社发稿公布的。不过,参阅12月5日《21世纪经济报道》以及12月8日《南方周末》关于解振华辞职的报道,他的去职看上去却不大像是引咎,倒更像是被免职。当年,唐朝姚崇的"频面陈避相位",才有点儿像引咎辞职,虽然那时还根本没有这个概念。

唐朝出了不少"才臣",但乏"清贞"之臣,这是清代学者王夫之的观点。所谓才臣就是干练之臣,所谓清贞之臣就是清白坚贞之臣。王夫之《读通鉴论》云:"唐多才臣,而清贞者不少概见,贞观虽称多士,未有与焉。"甚至像陆贽、杜黄裳、裴度,这些"立言立功,赫奕垂于没世"的响当当人物,也未入他的法眼,当然,也有他们"宁静淡泊,固非其志行之所及"的因素。在王夫之眼里,只有开元时的宋璟、张九龄、卢怀慎够得上"清贞"标准,"宋璟清而劲,卢怀慎清而慎,张九龄清而和",这三个人"远声色,绝货利卓然立于有唐三百余年之中,而朝廷乃知有廉耻,天下乃借以乂安"。王夫之甚至认为,开元之盛,正与这三位带动的风气相关。概因为他们的"清贞",不像"汉、宋狷急之流,置国计民生于度外,而但争泾渭于苞苴竿牍之闲",而是"能清而不激,以永保其身、广益于国"。因此,"璟与姚崇操行异而体国同;怀慎益不欲以孤介自旌,而碍崇之设施;九龄超然于毁誉之外,与李林甫偕而不自失"。

开元时的名相姚崇绝对是个干练之臣。他一度"独当重任,明于吏道,断割不滞"。大臣奏事,倘称旨,玄宗辄曰:"此必姚崇之谋也。"倘不称旨,则曰:"何不与姚崇议之?"至于同时期的宰相源乾曜等"但唯诺而已",形同虚设。然而姚崇至少在两个问题不够"清白",一个是对待子女,另一个是对待亲信,以致影响颇坏,王夫之当然要把他排除在"清贞"之外了。

姚崇非常溺爱自己的孩子,因此而"为时所讥"。他的溺爱超出了家庭界限,到了纵子"广引宾客,受纳馈遗"的地步。魏知古是因姚崇的举荐得到擢升的,而姚崇之子正在他的手下做事,仗着这层关系,崇子"颇招权请托"。其实,魏知古与姚崇"同列"的时候,姚崇心里已经不大舒服了,"稍轻之",魏知古也看出来了,找到这个茬子在皇帝面前打了小报告。但是当玄宗刚一问到他的儿子时,姚崇即"揣知帝意",知道怎么回事了。他先发制人:"知古微时,臣卵而翼之。臣子愚,以为知古必德臣,容其为非。"玄宗本来是要试探一下姚崇是不是袒护自己的儿子,这样一来觉得姚崇坦诚,反而是"知古负崇"了,欲罢其官。姚崇"固请"曰:"臣子无状,挠陛下法,陛下赦其罪,已幸矣;苟因臣逐知古,天下必以陛下为私于臣,累圣教矣。"然知古未几便左迁,正是姚崇的"阴加谗毁"。

在对待亲信上,姚崇同样把握不好。赵诲"受蕃珍遗,事发",玄宗"亲加鞫问",拟"下狱处死",姚崇却积极营救他。如果说上次的"儿子事件"玄宗受了蒙蔽,错判了"葫芦案",那么此番却是他所器重的高官在他的眼皮底下营私舞弊。玄宗"由是不悦",特赦京城系囚时,敕书特地点明赵诲不在其列,且要"决杖一百,配流岭南"。姚崇害怕了,连忙"荐宋璟自代",引咎辞职。

护短、包庇亲信,在姚崇并不常见,但凭上述两点就足以将他摒出"清贞"之列。作为一代名相,姚崇与宋璟并称,一个是才臣,一个是清贞之臣,虽然只是王夫之的个人划分,一家之言,但能够给"本质"还算不错的为官者以启迪,使之提升境界。王夫之还说:"天下之事,自与天下共之,智者资其谋,勇者资其断,艺者资其材,彼不可骄我以多才,我亦不可骄彼以独行,上效于君,下逮于物,持其正而不厉,致其慎而不浮,养其和而不戾,天下乃赖有清贞之大臣,硁硁者又何赖焉?"因此他认为"君子秉素志以立朝,学三子焉斯可矣"。

姚崇的离去实有些引咎辞职的味道。引咎辞职,理论上讲是一种官员"能下"的制度。如今中央还出台了这样的制度。但环顾我们这个事故多发的社会,引咎辞职者本来就凤毛麟角,勉强挂上的还给人责令辞职的嫌疑。想一想并不奇怪,引咎辞职应该属于道德层面上的事情,是一种自觉的个人行为。罢自己的官,又要由自己主动提出,没有一定的道德修养是办不到的。欲其引咎,他在自己的道德观上先要知咎,有自责的意识。而现在究竟有几个官员认为自己居然还有过错呢?

2005 年 12 月 23 日

"举报"

11月21日,兰州市原市长张玉舜被甘肃省定西市中级人民法院一审判决犯受贿罪,判处有期徒刑10年,并处没收个人财产人民币2万元;对追缴的赃款人民币84万余元依法没收,上缴国库。贪官落马,于今丝毫也不稀奇,稀奇的是其中的一些细节。比如张玉舜露出马脚,是因为"举报"时任兰州市委书记王军的结果,却没想到"拔出萝卜带出泥",自己也来了个锒铛入狱。

这场市长和市委书记之争,实际上是权力以及权力寻租产生的利益之争。兰州老城区改造,张(收了好处费之后)推荐的开发老板,被王否决了;而另一个工程又是王推荐的得手了,张却苦于抓不到王的把柄,于是就开始搜罗王的传闻,为日后的"举报"作积极准备。因此,举报尽管是制约官吏徇私枉法颇为有效的一招,但却不能只看结果而不理会动机。生活中有不少小偷"偷出"来的腐败案件,虽然他在客观上也成了举报者,能意味着其行为是可以嘉奖的吗?至于把自身利益放在头等考虑的以及为了明哲保身的"举报",则很有可能酿就恶果了。汉武帝时有个"告缗"令,鼓励人们举报富户隐匿财产,逃漏税款。此令一出,中等以上人家皆遭举报,闹得人心惶惶,概因这其中被举报者的财产有"半与告人"的前提。因此,义纵坚决反对告缗令的执行,对告发的人,他"以为此乱民,部吏捕其为可使者",认为他们都不是好人,并加以搜捕。汉武帝知道后大怒,以"废格沮事"的罪名将义纵弃市。后来天大旱,汉武帝令百官求雨,卜式认为"烹弘羊,天乃雨",其中一个因素就是大司农桑弘羊积极助推告缗令。

与张玉舜的"举报"类似,唐穆宗时,即将放外任的宰相段文昌也有过这么一次,他是"举报"礼部侍郎钱徽。段文昌说钱徽把关录取的十四名进士,"皆子弟艺薄,不当在选中"者。随后重试的结果表明,段文昌所言不虚,钱徽有做手脚的嫌疑。杨汝士、李宗闵与钱徽的关系不错,杨的弟弟、李的女婿都在榜上,很可能与此相关。但段某人的"举报"动机就实非激于对腐败的义愤,而是他自己原本也属行贿的一类,不过因为最终目的没有达到,于是来了个恶人先告状而已。

段文昌事先也是向钱徽递了条子的,他是受故刑部侍郎杨凭的儿子杨浑之所托。杨浑之的礼送得很大,他知道段文昌喜欢书画,就"尽以家藏"献之。杨凭兄弟以文学知名,家多书画,"皆世所宝"。杨浑之这个败家子可不管那么多,"古帖秘画"都不在他眼里,只要自己能"及第"就行。段文昌则乐得消受这份大礼,在他看来,以自己的身份地位,事情没有理由办不成。他先到钱徽的府上当面说情,"继以私书保荐",双管齐下,可谓稳妥至极。然而放榜结果,钱徽居然没有给他面子,段文昌焉能不恼羞成怒!

唐穆宗为求慎重,"访于学士元稹、李绅",但他不知元稹与李宗闵颇有"嫌隙",李绅也是递条子而未被买账一族,二人的口径"与文昌同"基本上不出预料。于是穆宗乃下定决心,"命中书舍人王起、知制诰白居易于子亭重试,内出题目:《孤竹管赋》《鸟散余花落诗》,而十人不中选"。钱徽这弊舞得着实不轻,录取的十四人居然被刷下来十人。而重试的题目并非"于异书之中,固求深僻",都是常识问题,那道《孤竹管赋》便难倒了这些准"进士"。他们大多连"孤竹管"乃祭天乐器也不知,作赋又从何谈起?答上来的,文笔"辞体鄙浅,芜累亦多",取四个都算勉强了。

钱徽、李宗闵、杨汝士因此被贬官。但李、杨不服,撺掇钱徽把段、李所托的"私书"——递的条子拿给穆宗看看,来他个反"举报",起码可以证明他们两个也不是好东西。钱徽没有答应,他比较明智地说,自己本身是有愧的,那些东西又能证明什么呢?钱徽枉法被拆穿,于朝政固是一件幸事,但整个事件的背后,却没有可以乐观的成分。倘若钱徽再"通达"一些,既照顾自己的利益,也把段文昌诸人"放在眼里",倘若段文昌诸人没有搞什么小动作,并无私怨在先,事情又会怎么样?这块肮脏的幕布要靠官员间气急败坏的内讧才能揭开,有什么值得乐观的呢?

在兰州那里也是一样。早在2001年10月,在一次常委会上张玉舜和王军两人为一件工作上的事情吵闹起来。会后,张玉舜气愤地对王军说:"你身上不干净,小心我将你送进监狱。"想不到王军并不是钱徽,他回敬一句:"我要将你送进监狱。"两个人——两个级别不低的官员的争咬,应了我家乡的一句俗语:老鸦落在了猪身上,看见别人黑没看见自己黑。而这句俗语可以用之于官员,折射出官场的肮脏程度,真是令人担忧了。

2005年12月30日

"神仙"

四川自贡市贡井区白庙镇不久前传出一个"惊人"的消息：一个患有先天性小儿麻痹症的3岁男孩因为得到了"神仙指点"，能包治百病。只要患者述说了病痛，他随便在痛的地方摸一下，然后抓把泥土或野草给你拿回去煎水，喝了以后病痛就消失得无影无踪。一时间，方圆几十里地的人慕名而来，这个3岁娃娃被呼为"小神仙"。

这样的"惊人"消息其实我们时常听到。而且，这种纯粹的无稽之谈，往往动辄先被媒体大肆张扬一下，不厌其详，最后才"揭开"所谓真相，其用意不知是否要让人们过足好奇的瘾。古人见"神仙"是件比较常见的事。刘邦军师张子房所以用兵如神，就是一位神仙给了他一卷失传已久的兵书，姜子牙的《太公兵法》。而张良功成名就后的心愿，也是"愿弃人间事，欲从赤松子游耳"，当个神仙。然得道成仙之说，自古以来就不断有人嗤之以鼻，予以驳斥，只是那些神乎其神的传说尽管害人不浅，可笃信的人却始终不绝，且能弥漫于社会各个阶层。

动用国家力量求仙最著的，当推秦始皇和汉武帝了，可以说竭尽所能，登峰造极。为了达到不可能达到的目的，不惜大肆挥霍国家的财力和人力。秦始皇曾派徐福率童男童女和一批能工巧匠入海去寻找仙药；汉武帝即位之后，"常祷祈名山大川五岳，以求神仙"，甚至荒诞到说自己会见过西王母——举办蟠桃宴因没请孙悟空而被搅了好事的王母娘娘——的地步。除了他们，魏文帝曹丕在这方面也颇出名。他作过一首诗，说"殊无极"高的西山上有两个不吃不喝的仙童，"赐我一丸药，光耀有五色。服药四五日，身轻生羽翼"。还有唐玄宗，说自己也常常想到服药求羽翼，但是"何如骨肉兄弟天生之羽翼乎"？话讲得不错，也很有弦外之音，然而讲过之后，照样要"妙选仙经"，以求"神方"。

"初唐四杰"之一的卢照邻是个大才子，文化程度不可谓不高，但他"染风疾"时，却不去看医生，反而"去官"躲进山中，"以服饵为事"。结果那些所谓丹药弄得他"疾转笃"，足挛，一手又废，"不堪其苦"，遂"与亲属诀，自投颍水死"，年仅40岁。研究者认为，卢照邻早年奉儒，追求政治建树，失意而崇道，炼丹服饵；病情的加剧，使长生不能，乃笃信佛法，幻想先成仙后成佛，三者都不成后，唯有死路一条。唐德宗时的高官李抱真早年为国家办了许多大事，是个有功之臣，偏偏晚年"好方士，以冀长生"。有个叫孙季长的投其所好，给他炼金丹，骗他说吃了便得道成仙。李抱真高兴得不得了，甚至天真地以为"此丹秦皇汉武皆不能得，唯我遇之"。但李抱真吃了两万丸以后，非但没有成仙，反而"腹坚不食"，不消化，吃不进东西，垂垂将死；好不容易把肚子里的丹药清理出来，病才稍好一些，孙季长却又说，就要成仙了，"何自弃也！"再吃，"顷之卒"，硬把他给吃死了。

如果说死即是升仙，那么这当神仙的诱惑在某些人面前就打了折扣。南朝齐显祖让人合成了"九转金丹"，并不吃，而是"置之玉匣"。他说得很坦白："我贪世间作乐，不能即飞上天，待临死时取服。"唐相李林甫发迹之前，有个自云在世间已周游了五百年的道士说他"已列仙籍",但如果李不想即刻当神仙,则可以在朝廷当二十年宰相。道士让李林甫回去琢磨琢磨,过几天把结果告诉他,他好去禀告神明。李林甫也表现得非常现实:"二十年宰相,重权在己,安可以白日升天易之乎!"在齐显祖、李林甫之辈的眼中,死,意味着失去享乐,失去权力,成不成仙已经毫无意义。倘若不是本着穷奢极欲的心态,这种认识倒殊为可取。

也有人拒绝神仙的诱惑,是因为看穿了求仙之道近似于恶作剧。东汉有个壶公,"卖药口无二价",说多少钱就是多少钱,并且说吃了他的药不仅能治好病,而且让这病哪天好就能哪天好。百姓都觉得他的药灵,这壶公因而有"日收数万"的进账。市掾——管理市场的官员费长房发现壶公原来是神仙,就请他帮自己一把,也过过神仙的瘾。壶公却是让长房"啖屎",且这屎"兼蛆长寸许,异常臭恶",长房很为难。壶公便"叹而遣之",一点情面也不讲,并且说他"不得仙道也"。在费长房那里,大约仙道如此,不得又有何妨?

《太平广记》里还有个神仙,是唐朝御史大夫魏方进的弟弟,但大家都不知道。魏弟十五岁了,还不会说话,且"涕沫满身",邋遢得不得了,平时就在门外晒太阳、挠痒痒,在人们看来是个十足的傻子。但忽然有一天来了十儿骑"朱衣使者",对他口称"仙师"。今天的"神仙"人抵也都是有缺陷的人,或肢体,或大脑。人间的"神仙"往往就是这副尊容,不知道是不是在亵渎神仙。

2006 年 1 月 6 日

"×个"论

去年岁末,香港科技大学教授丁学良的一句"中国真正意义上的经济学家,最多不超过五个",引起了轩然大波。丁教授随后在接受访问时说,他的话被媒体曲解了,曲解成"中国合格的经济学家不超过五个",被撒了"胡椒",为的是"让别人老远就能受刺激打喷嚏,跑过来看"。媒体好像对丁教授的评价并不计较,干脆再代为归纳成"五个"论。

有人说,这句话可列为2005年最为经典的语句之一,或许可能吧,但是放到历史的长河去考量,这种类似于"×个"论的用法,却是一种很常见的现象。比如说"建安七子",现在我们都认为说的是东汉献帝建安时期除曹操父子之外的七位文学家:孔融、陈琳、王粲、徐幹、阮瑀、应玚和刘桢。其实那是曹丕的观点,曹丕《典论·论文》曰:"今之文人,……期七子者,于学无所遗,于辞无所假,咸以自骋骥骡于千里,仰齐足而并驰。"对此说,同时期的祢衡就不表示认同,他有他的评价标准:"大儿孔文举,小儿杨德祖,余子碌碌,莫足数也。"也就是说,在"建安七子"中,他只瞧得起孔融,那六位,还不如杨修——在曹操面前耍小聪明丢了性命的那位。两人的观点究竟如何,是文学家论证的事,但两人讲话的口吻如果套用丁学良教授的句式,曹丕就等于在说:"中国合格的

（或真正意义上的）文学家，最多不超过七个"，祢衡则抬杠说只有两个。

类似的例子举起来，那是不得了的。宋朝张知甫的《可书》记载了沈晦的"三个"论："自古及今，天下秀才只有三个。孔大头一个，王安石、苏轼合一个，和晦乃三个也。"孔大头，大约是指孔夫子吧，相传孔子的额头超大。《宋史》说沈晦"胆气过人，不能尽循法度，贫时尤甚"。看起来确实如此。敢与孔圣人并列、以为安石东坡加在一起才抵得上自己，不仅胆量惊人，而且脸皮极厚，可以说厚颜无耻。沈晦是什么人呢？不过是宋徽宗时代的一个状元而已。《宋史》还说他"当官才具，亦不可掩"，可见如果徽宗时期评选"本朝真正意义上的官僚"有多少个，他凑个数还差不多。秀才沈晦自诩耳，以为有张文凭就可以沾边了吗？沈晦这"三个"论，跟说梦话没什么两样。

《癸辛杂识》说河间府有个卖烧饼的人，持的是"一个"论。别看他干的行当是卖烧饼，但家里"壁贴四诗"，而且是文天祥的手笔。有人来他家，假装漫不经心地说："此字写得也好，以两贯钞换两幅与我如何？"以为人家什么都不懂呢。主人笑曰，这是我的传家宝，"文丞相前年过此与我写的"，别说一贯钞了，"虽一锭钞一幅亦不可得"，这是真正的宝物啊。其时幽燕大地为宋朝割让出去，河间府百姓早成了异国臣民，在卖烧饼者的眼里，"赵家三百年天下，只有这一个官人"。这等于是说，"宋朝真正意义上的官员，最多不超过一个"。我想，倘若司马光、王安石、三苏、二程、朱熹，乃至李纲、岳飞这些赫赫有名的人物在世，也没必要跳出来质疑"一个"论的"荒谬"。一方面，"公论在野人"；另一方面，这并不是钦定或敕撰，还不至于认真到自己不在其列就气急败坏的地步吧！

明朝的李贽与清朝道光朝,都有"5个"论。李卓吾先生认为"宇宙有五大部文字",分别是《史记》、杜诗、苏文、《李献吉集》和《水浒》。道光朝的那"5个",都是有学问的人,时号"薇垣五名士":龚自珍以才、魏源以学、宗稷辰以文、吴嵩梁以诗、端木国瑚以经术名列其中。卓吾先生的"宇宙观",我们当然是不能计较的,就是他的"5个"论,清初的龚炜也不能认同。他点《水浒》的名说:"若以其穿插起伏、形容摹绘之功,则古来写生文字供人玩味者何限,而必沾沾于此耶?"因为,龚炜在前提上认为,《水浒》"寄名义于狗盗之雄,凿私智于穿窬之手",这种书本身即属于"害人心,坏风俗"的一类。

"初唐四杰""竹林七贤""唐宋八大家""前七子、后七子"……有兴趣的人尽可以开列下去,凡此种种,都可以视为某朝某代、某个领域的"×个"论。中国的文人或者什么学家如果要想生气的话,真是什么时候都有得生。遗憾的是,先人怎么对待这些,没有看到。如祢衡弄出"2个"论的时候,是否也有人说他在"放屁"?或者是否也有人一顶帽子掷过去,说他是在否定"建安文学"的辉煌成就?假以时日也许会看到,但倘若当时的人们信息闭塞,根本不知道也就没有谈及此事,或者知道了仍然以心平气和的态度面对,那就可能永远也看不到了。

丁学良教授后来在接受访谈时说,关于中国真正意义上的经济学家到底有几个,根本不是他那次接受采访的谈话要点,"任何一个理性的人,看一下采访的内容就会知道,我讲的核心是如何使中国的经济研究向经济科学的方向进步的问题"。那么,那么多的经济学家纠缠于"5个"本身,非要对号入座是谁,显然近于无聊了。

2006年1月13日

驴

不久前于上海《文汇报》上读到一篇文章,说光未然(张光年)作词,冼星海作曲的《黄河大合唱》,开篇那句著名的"风在吼,马在叫",原本是"风在吼,驴在叫"。当年,贺敬之在看了张光年写的初稿之后,认为"驴的形象稍逊雅观"而建议改的。为什么张光年会写成"驴在叫"呢?作者分析认为采用的是"现实主义笔法",那时陕北的马都上前线了,"只有驴在山道上奔波"。

老实说,看到这则趣味颇浓的"考证",我是很有疑心的。果然,未几在《文汇报》上又读到了《何来"驴在叫"?》的反驳文章。作者从曾经采访张光年本人,以及《黄河大合唱》诞生的始末出发,详细论证了"驴在叫"说的荒谬。

我的疑心则是自古中来。"马嘶如笑,驴鸣似哭",即使古人不说,我们也知道驴叫是很难听的声音。虽然"驴鸣一声"借指伤悼故友,但"驴鸣犬吠"却是指文章低劣。与马相比,驴的地位向来"低贱",后者的词语构成大抵可归为贬义。驴唇不对马嘴、驴打滚、驴性子、驴年马月,等等。笔者写过一篇《出警入跸》,列举过一系列驴是如何低贱的事例:因为骑驴,皇帝可以扮成庶民,微服私访且可"纵目四顾";同样是因为骑驴,未露真容的高官就要遭遇"开路者"的呵斥。关于驴的地位不高这一点,国外恐怕也不例外。比如,堂吉诃德觅到了侍从桑丘,但桑丘跟着他的前提条件是要带上自己心爱的毛驴,这让堂吉诃德颇为犯难。首先他"搜索满腹书史,寻思有没有哪位游侠骑士带着个骑驴的侍从";记不起有任何先例,勉强"让桑丘带着他的驴子",不过,"等有机会再为他换上比较体面的坐骑"(引文据杨绛译本)。在堂吉诃德看来,自己骑的尽管是驽马,也终究是马,比桑丘的毛驴体面得多。

邵伯温《邵氏闻见录》云,章粢曾经对他说,自己到成都府路上任的时候(粢为转运使),"妻子乘驴,某自控,儿女尚幼,共以一驴驮之",一头驴就把家眷问题都解决了;但看看现在这些刚当上官的,浩浩荡荡,"非车马仆从数十不能行,可叹也"。邵伯温记录此事,在于告诫后来者前辈如何勤俭。由此我们也知道,宋朝官员上任除了携带仆从之外,骑驴还是骑马,也是检验奢侈与否的一个标尺。《曲洧旧闻》亦云,苏东坡自黄州(今湖北黄冈)徙汝州(今河南汝州),路过金陵(今南京),王安石"野服乘驴谒于舟次"。东坡不冠而迎揖曰:"轼今日敢以野服见大丞相。"安石笑曰:"礼为我辈设哉!"其时两人的政见依然不可调和,但并不妨碍相谈的投契,以及共游蒋山(今南京钟山)之乐。安石感慨地对人说:"不知更几百年,方有如此人物。"安石已经退下来了,"野服见大丞相"等已成戏语,不过显然,苏东坡"野服"见丞相与丞相"野服乘驴",都是藐视当时礼法的。陈康祺《郎潜记闻三笔》云清朝还有位"驴车尚书"。那是戴敦元当刑部尚书的时候,有天下着大雪,"公著雨罩,手抱文书,步至街衢,呼驴车乘之"。赶车的也不知道他是谁,等到了衙门,"隶役呵殿而入,公下车,去雨罩,帽露珊瑚顶",才知道拉的是个大人物,吓得"将弃车而逃",戴敦元硬把他拽住,让他收了车钱才走。也就是从此,大家都戏称戴敦元为"驴车尚书"。陈康祺收录此事,也是把戴敦元作为"俭德不可及"的典范。《清史稿·戴敦元传》载,敦元去世时,"笥无余衣,囷无余粟,庀其赀不及百金,廉洁盖性成"。那么,戴敦元打"驴的士"上班,与身份严重不符,却也并不是一时冲动要作秀,而是很自然的一个举动。

不知从什么时候起,说人是驴就等于是在骂人,至少在武则天时已是如此吧。《大唐新语》云,武则天刚革了李唐的命,"恐人心未附,乃令人自举"。于是乎,武周编制外的官员有"车载斗量"之谓,因人设岗,并不规定员额,有多少算多少,"里行"是为其一。一天,有个御史台的令史(低级事务员)骑驴上班,"值里行数人聚立门内",他很有气,下了驴,"驱(驴)入其间"。诸里行大怒,要挞令史,令史说:"今日过实在驴,乞数之,然后受罚。"说罢乃指驴骂"里":"汝技艺可知,精神极钝,何物驴畜,敢于御史里行!"这些史料,即使张光年先生当初作词时没有看到,以千百年来国人对驴的"口碑",想来也不至于浮浅到把它融之于豪情万丈的《黄河大合唱》的歌词中。

"驴在叫"的空穴来风,始于中国作家协会原党组书记唐达成的"依稀记得",这就让人联想到现今推崇的"口述史"的可靠性问题,尽管是亲历亲闻。比如,对晚年乔冠华,章含之回忆的夫君与张颖(外交部原副部长章文晋夫人)笔下的部长,基本上就是两个面目。真相究竟如何,须待《何来"驴在叫"?》那样的有心人了。

2006 年 1 月 20 日

也曾学犬吠村庄

后天就是农历丙戌年亦即狗年的大年初一了。凡事喜欢讲究"意头"的广州市民、商家,即使搜肠刮肚寻找带"狗"字的吉祥语,仍然颇为犯难:跟狗有关的成语或者俗语,大抵都是不好听的话。有人给当保安的朋友寄去贺卡,写着"金鸡歌国泰,义犬报民安",自己认为是贺词,但"义犬"二字令好朋友险些翻脸。

关于狗,宋人的一句诗在脑海中总是挥之不去:也曾学犬吠村庄。那是时人讥讽赵师睪的句子。赵某人名字里的后面那个字太僻,没办法,人家就是这么取的,只能随他。狗是人最忠实的朋友,这一点古人也明白;但人对抽象的狗,历来都是鄙视的态度。把人和狗联系在一起,那是蔑视到极点的用法。好端端地偏要学狗叫,肯定出于某种原因,老赵是为了取悦韩侂胄。韩侂胄当权之时,有天与人游南园,路过一个山庄,指着竹篱茅舍感慨道:这里真是一副农家气象啊,可惜少了点儿狗叫鸡鸣。谁知过了不大一会儿,果然"有犬嗥于丛薄之下,亟遣视之,京尹赵侍郎也"。这是李心传《建炎以来朝野杂记》中的记载。当然,"也曾学犬吠村庄"是后来赵侍郎罢官之后才流行开的,当时,因为此举令"侂胄大笑",旁的人怕还不敢流露鄙夷。

按李心传的说法,老赵还有好多见不得人的事情。再举一例。韩侂胄的老婆死得早,他那四个妾"皆得郡封,所谓四夫人也",另外还有十个地位次于四夫人的小妾,"亦有名位"。庆元三年(1197)有人给韩送礼,"北珠冠四枚",韩很高兴,马上分给了四位夫人,但另外那十个不高兴了,说大家都是人,"我辈不堪戴耶?"这件事给老赵知道了,"亟出十万缗市北珠甚急"。没多久,韩侂胄上朝时分(可能老赵刻意挑的时间),韩府又有人前来送礼,"启之,十珠冠也",于是,"十人者大喜,分持以去"。老赵当然是留了姓名的,没两天,十小妾兴冲冲地对韩侂胄说:"我曹(戴珠冠)夜来过朝天门,都人聚观,真是喝采。郡王奈何不与赵大卿转官耶!"开始替老赵吹风了;"翼日,又言之",结果,老赵从京尹当上了工部侍郎。那么,犬吠村庄,再加上枕边风,老赵的努力终于见到成效。

韩侂胄当权时的南宋宁宗朝,是中国历史上的一段黑暗时期。有人目睹现实,曾"以片纸摹印乌贼出没于潮",当成画儿来卖,"一钱一本以售",结果满大街小孩都在喊:"满潮(朝)都是贼,满潮(朝)都是贼。"还有个卖饮料的,这么吆喝生意:"冷底吃一盏,冷底吃一盏。"冷,寓韩;盏,谐斩。韩侂胄有年过生日,吏部尚书许及之不过来晚了一会儿,韩家看门的人就敢"掩关拒之",不让他进去;结果,"及之大窘,会门闸未及闭,遂俯偻而入"。堂堂吏部尚书都是这般低三下四,别的人就可想而知了。"奸邪谁不附韩王?师羼于中最不臧",道得明白。淫威之下,没有谁可以独善其身,连陆游还要写《南园记》《阅古泉记》来巴结、奉承呢!陆游还"窃伏思公(韩侂胄)之门,才杰所萃也",但为什么偏偏看中自己来执笔,"岂谓其愚且老,又已挂冠而去"? 不是,他认为是自己的笔"庶几其无谀辞、无佞言而足以道公之志"。放翁先生抹不去的这一污点,真令人痛心疾首。但是从"最不臧"来看,在所有主动或被动的依附者中,老赵无疑做得最为过分。

同为南宋人士,叶绍翁却不同意李心传的"犬吠村庄"说。他在《四朝闻见录》中为之辩解道,那是诸生郑斗祥等人杜撰的,目的是贬低老赵,而"李心传不谙东南事,非其所目击,乃载其事于《朝野杂记》"。叶绍翁还告诫"后之作史者当考",不要以讹传讹。他认为赵某人固然依附韩侂胄,"亦岂至是?"实际上他是从逻辑推理出发而不信,觉得一个人即便下作,也不可能到那种程度。同时期另一位叫周密的,干脆认为这是韩侂胄"身陨之后,众恶归焉"的结果,因而"其间是非,亦未尽然"。他认为不仅"犬吠村庄"是无稽之谈,"至如许及之屈膝、费士寅狗窦,亦皆不得志抱私仇者撰造丑诋"。周密还说:"李心传蜀人,去天万里,轻信纪载,疏舛固宜。"周密同样不能证伪,也是出于一种想当然。

以上赵某人诸事,皆出野史,《宋史》中有他的传,不妨也翻开看看。为十小妾购珠、犬吠村庄,皆赫然在目,脱脱诸人,全然没有理睬叶绍翁的告诫。还说"犬吠村庄"令侂胄"大笑久之",显然是开心得很。赵某人其实是宗室子弟,进士出身,就算凭借自己实力,也应该前途无限,为何以"犬吠村庄"而贻笑后世?着实费解。或许,他是嫌寻常途径向上不够快吧。官场上真是太多让人费解之事。狗年要来了,翻出来作为谈资,兼为欲行此道者戒吧。

2006 年 1 月 27 日

花市

春节前的三天,也就是农历腊月廿八到三十,是广州的花市。凭借秦牧先生的名篇《花城》,广州花市的声名不胫而走。"几乎全城的人都出来深夜赏花的情景,真是感到美妙",境况今日依然。在这个人们开始注重生活质量的时代,别的城市也开始出现花市,但是显然都不及广州的著名。花市,无疑于以广州为中心的"文化圈"的一个文化特质,构成广州一种独特的民俗事象。

古代也有花市。据邵伯温《邵氏闻见录》和邵博《邵氏闻见后录》所云,在两宋之交,洛阳曾有花市。洛阳的花,以牡丹最为知名,还留下过与武则天"做斗争"的美丽传说。国人向来公认牡丹为第一花品,故又称之为花王。牡丹在唐代已见于记载,开元中盛于长安,至宋在西南以天彭为冠,在中州则以洛阳为冠,因而洛阳花市的存在实乃顺理成章。两邵的书,便记载了花市的零星片断。顺便说明,邵博乃邵伯温之子,他说过写书的目的就是要续父亲的《闻见录》,故以"后录"名书。

洛阳花市的时间大约不是局限于年关将至之际,而是在农历的三月。《闻见录》云,洛阳"岁正月梅已花,二月桃李杂花盛开,三月牡丹开",人们便"于花盛处作园圃"。这时"四方伎艺举集,都人士女载酒争出,择园亭胜地,上下池台间引满欢呼",玩儿个痛快,也喝个痛快,至于"不复问其主人",这块地方是谁家的也暂不用管。等到天黑,则开始游花市,卖花的人们把花装在竹篮子里,"虽贫者亦载花饮酒相乐"。时人赋诗曰:"风暄翠幕春沽酒,露湿筠笼夜卖花。"呈现出一幅欢乐祥和的图景。花的品种很多,在哲宗元祐年间已达百余,其中自然以牡丹为贵,牡丹则又以姚黄、魏紫为尊,所谓极品,洛阳人根据二花的色泽、形态,还分别昵称它们为王、妃。邵伯温本身就是洛阳人,这一番盛况令他不能忘怀。但在徽宗政和年间,久未回乡的邵伯温路过洛阳,斯时正值春季,却发现往常热热闹闹的"花园花市皆无有",他不明白是怎么一回事。人家告诉他,种不得了,花还没开呢,地方就"遣吏监护";刚一开,马上"尽槛土移之京师",送去讨好达官了,并且还要标上这是谁家种出来的,以后"岁输花如租税"。种花出了名,反倒成了负担,岂非自讨苦吃?据说在王昭君的家乡,"村人生女无美恶,皆炙其面",把孩子的脸先弄丑了再说,大约形同此类。百姓害怕自己的女儿因为漂亮而"出塞",只有未雨绸缪。这么看来,花市之废,是由不合理的"政策"造成的。

至于花市的地点,《闻见录》云,是"择园亭胜地"。洛阳那时的确有不少园亭,《闻见后录》里罗列了许多,并且认为"洛阳名公卿园林,为天下第一"。《杨文公谈苑》里有个叫室种的武夫从侧面印证了这一点。他称赞洛阳"大好",好极了,就是有一点不好,"苦于园林水竹交络翳塞",让他打猎的本领施展不开。他说:"使尽去之,斯可以击兔伐狐,差足乐耳。"在众多花园中,尤以宰相富弼的"景物最胜",所以富弼每退朝回家,"一切谢绝宾客,燕息此园几二十年",尽情享受。相形之下,司马光的则"卑小",不仅没法与富弼的比,甚至"不可与他园班"。其中的读书堂,不过"数椽屋",几间房子而已;这且不算,"'浇花亭'者,益小;'弄水种竹轩'者，尤小"。但司马光自名之曰"独乐园"，他根本就不讲究或不攀比这些，有自己的别种追求。所以邵博赞叹地说，为人钦慕与否，"不在于园尔"。

倘说百姓能到这些王公的园子里赏花，"不复问其主人"，是不可想象的，尽管邵伯温乐观地认为"洛中风俗尚名教，虽公卿家不敢事形势"。果然，在《闻见后录》卷二十五"天王院花园子"条可以窥见一点信息。那该是个神话里什么天王的遗址吧，里面池亭皆无，所以得了"花园子"的美称，是因为那里"独有牡丹数十万本"。每到时令，全城的花农便"毕家于此"，"张幄幕，列市肆，管弦其中，城中士女，绝烟火游之"。等到一切结束，天王院"则复为丘墟，破垣遗灶相望"，可见正是这个废墟般的地方，才是百姓们的享乐所在。邵伯温于款款深情的追忆之中，未免不自觉地美化了逝去的现实。

洛阳的那些园林，最后被"裔夷以势役祝融、回禄，尽取以去矣"，亦即毁于"靖康之难"中金兵的战火。苏东坡的门生李格非为此写过一篇《洛阳名园记》，令邵博"读之至流涕"。李格非写这篇文章的目的，并不是为了拍马屁，艳羡谁家的如何堂皇，而是旨在引起后人的警戒。他问道："公卿大夫，高进于朝，放乎以一己之私自为，而忘天下之治，忽欲退享于此，得乎？"在李格非看来，百姓的欢愉是理所应当的，作为各级官员却不可以一味地惦记着自己的享受，还要想想肩上的担子。

2006年2月3日

元宵节

上周日是丙戌元宵节,我们的重要传统节日之一。这一天,在古代叫作"上元",上元夜则叫"元夜"或"元宵"。"去年元夜时,花市灯如昼,月上柳梢头,人约黄昏后。今年元夜时,月与灯依旧,不见去年人,泪湿春衫袖。"朱淑真或欧阳修这阙脍炙人口的《生查子》,写的就是他们那个时候元宵节夜晚的一个侧面。

元宵节又叫灯节,概因为节日食品是吃元宵,而节日娱乐则是元夜张灯赏灯。"只许州官放火,不许百姓点灯",说的就是元宵节放灯。放火,不是点火或纵火,而是宋朝的时候,我的那位叫作田登的本家作州官,要百姓避讳他的名字——谐音也要避,像唐朝诗人李贺的父亲叫晋肃,所以李贺终身不参加进士考试一样。在田登的辖区内,灯于是全都叫作火。普遍认为,放灯习俗始于汉代,或曰因为汉初在这一天诛杀诸吕,立刘恒为文帝,纪念此"升平"之日;或曰武帝久病初愈,感于太一神的灵验而于这天灯火祭祀,通宵达旦;或曰明帝信佛,为倡导之,遂于上元之夜燃灯表佛。不论传说怎样,元夜在后来已经褪去了"原始"色彩,而完全成了世俗性的公众娱乐节日。凡事以"模棱两可"名世的唐人苏味道,当官虽然毫无原则,但元夜诗写得非常漂亮,"火树银花合,星桥铁锁开。暗尘随马去,明月逐人来。游骑皆秾李,行歌尽落梅。金吾不禁夜,玉漏莫相催"云云。论者以为,该诗写尽了古人元夜游观、彻夜狂欢的盛况。

今天一些人鉴于传统节日的衰落,主张重要的传统节日应当立法成为公众假期,去年全国"两会"还有人递交提案或议案。这一点,古人倒是早就走在了前面的。宋朝《铁围山丛谈》云:"上元张灯,天下止三日,都邑旧亦然。"后来呢,一般的地方仍然热闹3天,京城或者大城市则可以热闹5天。有人说,后来多出的这两天,是"吴越钱王来朝,进钱若干买"的;也有人说,那是因为乾德五年(967)后蜀初平,正值正月,"太祖以年丰时平,使市民纵乐,诏开封增两夜"。《曲洧旧闻》描述了宋朝元宵时的情景:"故族大家,宗藩戚里,宴赏往来,车马骈阗,五昼夜不止。"在这几天里,人们"每出必穷日,尽夜漏乃始还家,往往不及小憩,虽含醒溢疲思,亦不暇寐,皆相呼理残妆,而速客者已在门矣"。女士们更是要精心打扮一番,"首饰至此一新,髻鬓簪插,如蛾、蝉、蜂、蝶、雪柳、玉梅、灯毬,袅袅满头,其名件甚多"。

如果说以上所引的张灯三日或五日,跟放假联系在一起还有点含糊其词,那么,明朝永乐年间关于元宵节放假就说得非常明确了,而且假期达到10天之多,事见《万历野获编》。那是"永乐七年(1409)正月十一日",朱棣觉得自己"继位以来,务遵成法,如今风调雨顺,军民乐业",乃下令"今年上元节正月十一日至二十日,这几日官人每都与节假,著他闲暇休息,不奏事;有要紧的事,明白写了封进来"。看,不急的公务都暂时抛开了。对民间放灯,也极大地体现了宽松,"从他饮酒作乐快活,兵马司都不禁,夜巡不要搅扰生事"。永乐帝并且要以此"永为定例"。到了明宣宗宣德二年(1427),大致的意思又重申了一遍。同样,"诸司堂属,俱放假遨游,省署为空"。街上就更热闹了,"春如红锦堆中过,人似青罗帐里行"。百姓不知怎样,士大夫们是"呼朋命伎,彻夜歌呼,无人诃诘";有权势的,则"先期重价,各占灯楼",至于"尺寸之地,只容旋马,价亦不訾"。

《双槐岁钞》对此还有两处细节上的描述。其一曰户部尚书夏原吉陪着母亲去观灯,不知怎么给永乐皇帝知道了,"遣中官赍钞二百锭,即其家赐之,曰为贤母欢也"。其二曰永乐帝还要借此展示御制的应节诗词,由儒臣奉和,并当场评出等次,"览而悦之,赐以羊酒钞币"。1412年的元宵,陈敬宗得了第一,但这些作品不外是"皓月金门夜,和风玉殿春"以及"愿歌鱼藻咏,长奉万年杯"之类的祥和句子。别的大臣恐怕也会有陪着母亲观灯的,为什么夏原吉得到重视呢?夏原吉在明初曾为钦差大臣专司江南治水,据说他采取的是疏浚吴淞江下游、疏导太湖水出海,以及通过黄浦江来排水等方法,对今天上海港的形成甚至产生了重要影响。那么,永乐帝这一举动,用意该是公开褒扬了。

清朝的时候,元宵节同样热闹,京师有"前门灯市,琉璃厂灯市,正阳门摸钉,五龙亭看灯火,唱秧歌,跳老鲍,买粉团"。有意思的是,"十六夜,女子出游,谓之走百病"。元宵节这些丰富多彩的习俗今天也消失得差不多了,通过立法放假就能够把它们自然而然地唤回吗?包括元宵节在内的传统节日的衰落,原因是多方面的,但根本原因显然不在这里,人们并不是因为工作繁忙才无暇顾及。

2006年2月17日

名片

人的名片冷了,城市的名片开始热了。早几年,有些人在名片上很喜欢罗列头衔,长长的一串。一旦大家都觉得可笑,也就悄悄地没有踪影了。城市名片,其实是城市的"十大"或"×大",换了个名堂而已,犹如"研讨会"的称谓,似乎不够档次了,就代之以"论坛"或"峰会"。可笑的是,有的城市把美女放在名片首位而引起了轰动效应,别的城市就东施效颦般声称:要评选"××男人"。

名片的历史有多久,是专业人士考证的内容,从名片本来叫"刺"或"名刺"这一点来推断,短不了。元稹《重酬乐天》诗曰:"最笑近来黄叔度,自投名刺占陂湖。"黄叔度,东汉名士。显然,当时"暂出已遭千骑拥,故交求见一人无"的元稹,借此表达了缺少白居易酬唱的孤寂。再往前溯,《梁书·江淹传》载:"永元(齐东昏侯萧宝卷年号)中,崔慧景举兵围京城,衣冠悉投名刺,淹称疾不往。及事平,世服其先见。"这里是说,南朝萧齐的平西将军崔慧景起兵反叛,在包围京城不过短短12天的时间里,那些有头有脸的人物以为大势已去,纷纷递上名片表示归附,而这位以"江郎才尽"闻名后世的江淹独独没有,因此大家觉得他很有远见。

刺或名刺,还是东汉时的叫法,缘于纸没问世的时候,人们在拜访通名时削竹木写上自己的名字,所以叫"刺"。名片的历史如此悠久,就免不了留下许多故事。

宋朝张世南《游宦纪闻》云,他家藏有元祐(哲宗年号)十六君子名片。根据这一记载,今天也能知道那时的名片是什么样子。比如秦少游的,"观,敬贺子允学士尊兄。正旦,高邮秦观手状。"黄庭坚的,"庭坚奉谢子允学士同舍。正月、日,江南黄庭坚手状。"据张世南的考证,这个子允名叫常立,"当时亦在馆中"。宋袭唐制设三馆,入馆阁者必须进士出身,"一经此职,遂为名流"。不管子允究竟是谁吧,张世南从家藏总结出,当时的名片"或书官职,或书郡里,或称姓名,或只称名;既手书之,又称主人字;且同舍、尊兄之目",认为"风流气味,将之以诚"。张家这些名片是刻意留还是无意留,不大清楚,同朝周煇《清波杂志》云,他爷爷有不少药方都是写在人家的名片背面,属于无意留。有趣的是,把纸翻过来再用,是宋朝的普遍做法。明朝张萱说过:"余幸获校密阁书籍,每见宋版书多以官府文牒翻其背以印行者。如《治平类编》一部四十卷,皆元符二年及崇宁五年公私文牒、笺启之故纸也。"校注《清波杂志》的刘永翔先生也说:"今上海博物馆所藏宋龙舒本《王文公文集》即以宋人文牒、启札纸背印成,可证张说。"这倒是可以给今天建设节约型社会提供一定的借鉴了。

《菽园杂记》云明朝十三道御史与六部各司之间的公文流动要落款签名,有的御史觉得自己有能跟上面说话的方便,比较牛气,"署名字文寸许",比别人的要大。有位郎官讨厌这种做法,口占一诗:"诸葛大名垂宇宙,今人名大欲何如?虽于事体无妨碍,只恐文房费墨多。"在近人瞿兑之《杶庐所闻录》里,把该诗应用到了名片上,并有进一步的发挥。说清朝的翰林官"用大字名柬,其大几遍全幅",而明朝嘉靖以前"尚只用蝇头小楷",乃讽之曰:

"诸葛大名非用墨,清高二字肃千秋。如今一纸糊涂账,满脸松烟不识羞。"该书还对清朝的名片规制有具体的描述:"名刺用红纸印姓名,字之大小约方一寸,居纸之中而略占于右上。京官所用字稍大,外省则尤小焉。率请时下名手,写而刻之。"另外他说,"外国使领及传教师慕翰林虚荣,亦用大字名刺",这该是中华风尚"同化"的威力了。

1793年,借给乾隆帝祝寿之机、试图与中国建立外交关系的英国使节马戛尔尼,见识过更大的名片,那是受皇帝派遣专门从保定赶到大沽欢迎使团的北直隶总督梁肯堂的。法国作家阿兰·佩雷菲特在其名著《停滞的帝国——两个世界的撞击》中,对此有具体的描述。刚打上交道,梁肯堂"很快就发现英使对礼仪一无所知",因为到马戛尔尼说话的时候,他只顾提自己的要求,而对接待他的皇帝谕旨表示感谢这个礼节问题只字未提,"好像在他看来那是无关紧要的"。于是,梁肯堂奏折照写,什么"该贵使向上免冠辣立"、"极为感激欢欣"、"极诚敬"之类,管它是不是自欺欺人,但事实上已开始跟英使保持距离。第二天一清早,他说拜访马戛尔尼,然而,他"想接见马戛尔尼,而又不愿意被马戛尔尼接见",就送一张大红纸做的巨大名片,多大呢?"把它打开的话,足可把房间的墙都盖上"。

那么大的名片,自然是要吓唬马戛尔尼的,但是,此后仅仅不到50年,英国的坚船利炮就轰开了我们的国门。由此想到,倘若城市还是那个城市,专注于噱头般的名片又能唬得住谁呢?

2006年2月23日

其公廉乎?

朱镕基总理主持国务院工作时,先后在多个场合向官员推荐西安碑林刻录的一则明代官箴:"吏不畏吾严,而畏吾廉;民不服吾能,而服吾公;公则民不敢慢,廉则吏不敢欺。公生明,廉生威。"朱镕基说他从小就会背诵这段箴言,他希望每个官员都能明白这个道理。温家宝总理继任之后,也在多次场合强调这则官箴。

官员如何为政,是一个不知议论了多少世代的问题。所以如此,是因为讲起道理来谁都明白,让他自己讲,更能天花乱坠,可实践起来往往不是那么一回事。前几年修复开放的河南内乡县衙保留有一副对联:"得一官不荣,失一官不辱,勿说一官无用,地方全靠一官;吃百姓之饭,穿百姓之衣,莫道百姓可欺,自己也是百姓。"此联很有意思,对当官应当持有的心态、官员的重要性,以及自己如何摆正位置,认识得可谓透彻不过。但在留给世人的感觉中,衙门从来都是个"有理没钱莫进来"的地方,霸道得很。世人未必感觉错了,而是太多的事实让人不得不作此结论。

内乡的表白有没有代表性,不得而知,因它是全国唯一保存完整的县衙,没法类比,但"正大光明""明镜高悬"之类我们是见得多的。这种自诩或曰承诺,比没有也许要好,但行为正大与否、明镜究竟能不能高悬,光看表白是不行的。为此,明朝的曹端有一个评价标准,叫作:"其公廉乎。"在曹端眼里,口号叫得如何山响他不管,他只看结果,看当官的是不是公正、廉洁。公正与廉洁密不可分,廉洁是公正与否的首要前提。他对自己的观点进一步诠释道:"公则民不敢谩,廉则吏不敢欺。"曹端说得很有道理。一碗水端平,老百姓怎么会嘲笑你甚至骂你;自身没有把柄可抓,手下又如何敢不循规蹈矩?曹端在《明史》里有传,并有《曹端集》存世。有人更考证说,两任总理推介的那则官箴,就是年富任山东巡抚时,将曹端上面的话稍作改动再补增而成,并用楷书书写刻碑立于泰安府衙内,成为我国最早的《官箴》刻石。

"其公廉乎"?事实是最好的回答。宋朝时京城里有个叫王元吉的百姓被人诬告下狱,官吏先受了诬告者的贿赂,逼得王元吉不得不"自诬服",被判个死罪。但在"自诬服"之余,王元吉显然深知官场的潜规则,也来个上下使钱,这一招果然奏效,承办的官员于是"稍见其冤状"。但当后来王元吉仍然被"免死决徙"时,他不干了,当堂大叫:"府中官吏悉受我赂,反使我受刑乎?"这件事后来惊动了皇帝,王元吉才算洗脱了罪名。当时的社会果真是没有法律法规的吗?当然不是,但一桩不难明了的官司,可以靠"阿堵物"来忽左忽右,除了说明廉洁与公正的确是一对孪生兄弟之外,还说明制度的存在与其所要达到的目的,没有自然地画上等号。

王元吉临时抱佛脚,也能奏一时之效,那些事先已经铺垫好了的就会更加明目张胆。《宋史》卷四百九载,高斯得新任湖南提点刑狱,把当地罪恶多端的豪绅陈衡老缉拿归案。陈衡老到庭的时候,怪事发生了,为首的胥吏竟然对他作揖打拱,俨然来了老朋友造访。不仅如此,中央不少部门的官员也早就被陈家买通了。

高斯得这边不为所诱,雷厉风行地一动,那边便"厚赂宦者",绕开他,走上层路线,在宋理宗耳边造他的谣了。好在宋理宗对高斯得还有一定的了解,认为"高某硬汉,安得有是",才没信他们的鬼话。正因为高斯得身上多了个"廉"字,才可能"公",也才可能无畏地开展工作;否则的话,立刻加入到陈家"保护伞"的行列也说不定。

  同样是朝廷的官员,规章制度同样都是写在纸上、挂在墙上,但对不同的人产生的效果可以截然不同。这不奇怪,因为个人的素质、修养在其中起着很大的作用;但是如何为政的话题长此以往地议论不休,不知要议论到何年,是应当感到奇怪的。认识问题的目的是为了解决问题。如果某个地方的官员对为政之道说得头头是道,动辄拍案或怒斥一番,而当地的问题却还是老样子,那么这种高谈阔论不免有作秀之嫌。据说,"公生明"这则官箴经朱镕基总理多次介绍后,吸引了许多当官为宦者前往观瞻。西安碑林博物馆藏馆以拓片手工绫裱方式大量复制,置身宦海的官们纷纷购之、挂之、赠之、勉之,给西安碑林藏馆带来了可观的经济效益。但现实中的行动呢?官员的公与廉是不是好了许多呢?

  把曹端的话当作一把简易的标尺吧,不论到什么时候,也不论官员自诩或承诺得怎样登峰造极,老百姓的心里掌握好自己的衡量标准就行了。前后两任总理如此重视明朝的一则官箴,折射出的可能是公与廉在我们这个现实社会中的极端欠缺!

2006 年 3 月 10 日

只如此已为过分

各地关于领导干部丧事不能大操大办的规定此起彼伏。但这些规定频繁亮相本身,说明此类现象时不时地在各地上演,规定一回比一回发狠,还说明这种现象愈演愈烈。前两年,河南卢氏新中国成立以来的头号贪官——原县委书记杜保乾堪称一个标本。杜保乾的继父去世时,卢氏县所辖的19个乡镇领导、各局委领导及所有二级机构负责人一律赶赴几百里外的杜保乾家乡奔丧,共出动小车120多辆,杜保乾收礼100多万元。

清朝大学士傅恒家办过一次丧事。赵翼《簷曝杂记》云,傅恒当时随驾扈从热河,他哥哥傅成在京城死了,乃"乞假归治丧"。哥哥家的灵堂准备摆三天,此前"已遍讣矣",但没人理这个茬,居然"前两日无一人至者"。而到最后一天,情形则变得完全两样。因为傅恒急急忙忙赶回来了,于是乎,"各部院大小百官无不毕至",虽然不少人与傅成"绝不相识",但也纷纷"致赙而泥首焉"。就是说,来人不仅大送帛金,同时还顿首至地,弄出悲痛万分的模样。来傅家吊唁的人——大小官员究竟多到什么程度呢?"舆马溢门巷,数里不能驱而进,皆步行入",好家伙,都已经排成长龙了。几天之间,前后反差即如此之大,不用傅成家人慨叹世态炎凉,旁的人包括来的人也都会心照不宣。

对于傅恒,人们可能比较陌生,但如果说他是福康安的爸爸,看过电视剧《还珠格格》的人可能会觉得亲近,福康安就是剧中福尔康的原形,当然《还珠格格》纯属戏说,不能当真。尽管民间有"皇帝占相妻,生子福康安"的传说,但正史上明确记载福康安是傅恒的四儿子。大家借傅家的丧事如此巴结傅恒,当然有他们的动机。《清史稿·傅恒传》载,傅恒在军机处呆过23年,"日侍左右,以勤慎得上眷"。这个"上",就是乾隆皇帝。怎么个得"上眷"法呢?"上晚膳后有所咨访,又召傅恒独对,时谓之'晚面'"。那么不难揣测,傅恒哥哥死的时候,瞧大家那个巴结劲儿,肯定是傅恒正在当红的时候。"外廷千言,不如禁密片语",大小官员们显然都意识到了这一点,今后的仕途怎样,很可能取决于傅恒在乾隆那里嘀咕了些什么。所以家里婚丧嫁娶,无论沾上哪样,上门的人都会络绎不绝。杜保乾乃卢氏县委书记,所谓的父母官,说一不二。他成天在会上说:"谁不听我的话,就调你。"这个"调",就是摘掉官帽子。另一方面,通过他的摸底得知,"没想到卢氏人这么爱当官"。那么,600之众齐聚杜家,即有杜保乾淫威的被动一面,更有来之唯恐不及的主动一面。

在赴杜家奔丧者的队伍中,表现最抢眼的是范某、张某、薛某三名乡镇党委书记。此三人携带孝袍孝帽,一下车就穿上,进灵堂后大放悲声,范某、张某还扑在灵前,一口一个"亲爹"地叫。通过报道我们知道,这两个家伙惦记的是空着的建委主任,图谋肥缺是真。结果叫得早的那个如愿以偿,晚的弄了个县委常委、宣传部长,没叫上的,因为捧了盆——本由最孝顺的后代所为,直接得了个副县长。一派乌烟瘴气,令人杳不知今夕何夕!当然,我们绝不能低估淫威的作用。明朝奸相严嵩的儿子严世蕃最喜对人夸耀的是:"天子儿尚行金于我,谁敢不行金者。"那是明穆宗也就是隆庆皇帝还在藩的时候,曾为争取多拨经费对他进行贿赂。徐阶当时就感叹:"世蕃真天大胆也。"严世蕃的确离奇了些,对当朝太子尚且如此,其为人是怎样地贪婪,对下属是怎样地凶狠与压榨,也就可想而知了。严嵩的义子赵文华从江南回来,送给严世蕃的见面礼是一顶价值连城的金丝帐,还给严世蕃的27个姬妾每人一个珠宝髻。这么多礼物,严世蕃还是嫌太少。可以想见,严世蕃家要是办丧事,不发号施令才是怪事;即便不发号施令,没有人趋之若鹜才是怪事。

  清朝的赵慎畛非常推崇康熙时都河右司马赵世显的座右铭——"只如此已为过分,待怎么才是称心",认为"如此"二字得大自在法,"怎么"二字得大解脱法,"守分知足,享受无穷安乐"。这个座右铭确实不妨为当今的各级干部所借鉴。不过,袁枚的《续子不语》有一条曰"张赵斗富",这个赵就是赵世显,说他与里河同知张灏点灯斗富,张灏以"兵役三百人点烛剪煤,呼叫嘈杂,人以为豪",但赵世显一出手,令其"大惭"。又说盐商安麓村请赵世显饮酒,面对"十里之外灯彩如云",及安家"东厢西舍珍奇古玩罗列无算",赵世显"顾之如无有也",直到两个美女捧出"小顽意",打开一看,"则关东活貂鼠二尾跃然而出,拱手问赵",赵世显才哑然一笑,说:"今日费你心了。"那么,这个座右铭不知是赵世显说给别人听的,还是他自己晚年的深刻反思。倘是后者,意义才具备积极的一面吧。

2006 年 3 月 17 日

神花·祥瑞

为期10天、耗资百万的"中国巢湖第十届牡丹观赏节"尚未落幕,即已激起了舆论的非议。巢湖并不盛产牡丹,但此次要观赏的牡丹神奇得很,只有一株,长在离地二三十米的崖壁上,已有上千年了,其神奇之处在于"可预测旱涝"。据说当地的几次大水灾和旱灾,都从花开的朵数被预测出来,因有谚曰:"一朵灾二朵旱,三朵四朵报平安,五朵五谷丰登,六朵六畜兴旺,七朵以上如果花期过长就会发大水。"

类似神花这类的东西,在古籍里比较常见,那时把这叫"祥瑞",吉祥的征兆。翻开历代的《会要》,记载的"祥瑞"都像"职官""仪礼"一样,成为专门的一项,构成不可或缺的一个部分。历代之所以要把它们记载下来,是要证明当时如何感天,本意是要为自己歌功颂德,至于有没有那么回事不是主要的。武则天说过一句话:"但令史册书之,安用察其真伪?"当然她说这话针对的是为宠臣立传,并不是直接针对祥瑞,但她的话完全可以借来一用。巢湖那里为一株野生牡丹如此肯花本钱,是希望借此来提高知名度,打造"城市名片",进而促进地方经济发展。这一层意义,恐怕聪明的、但目光狭窄的古人当初无论如何不会料到。

并且,古人在祥瑞问题上还有那么一点儿愚笨或者说走火入魔,比方看见了白兔、白鹿还好,现实中存在这些动物,偏偏他们动不动还老是"看见"那些属于传说、根本就是子虚乌有的东西,凤凰、麒麟、黄龙等等,倒是象征吉祥了,但未免让人觉得有扯淡的意味,全不如巢湖神花来得实在,花钱买票就能真切看到。不过,古代的祥瑞并不局限于动物,出土了鼎或者玺都算兆头不错,当然也有如巢湖神花类的植物,更多的是所谓"瑞麦"。我们今天见的麦子大抵是一茎一穗,一茎多穗的话就是当时的祥瑞了;不要说一茎三穗、五穗的麦子比比皆是,五代时,"遂州进嘉禾一茎九穗",如果不是造假,那就是当时有人已经深通嫁接技术。

前面说了,祥瑞这种东西在古代没有经济意义,是拿来讨皇帝欢心的,因为皇帝的水平能分出三六九等,对祥瑞的态度也就不一样。比如汉宣帝刘询就信得很,"每有嘉瑞,辄以改元",连年号都依照"看见"的东西改掉,因此他有神爵、五凤、甘露、黄龙等不少年号,三四年换一个。光武帝刘秀是另一种态度,对祥瑞听之任之,手下人说:"岂可使祥符显庆,没而无闻?宜令太史撰集,以传来世。"刘秀没听,不过他内心里还是信的,只是"自谦无德",感到卑微而已。唐太宗李世民和清朝康熙皇帝则是完全嗤之以鼻。

《容斋随笔》云,世民父子起兵攻克隋的西河郡时,只杀了郡丞高德儒,"自余不戮一人"。为什么呢?世民认为高德儒的罪状不在抵抗,而在于其"指野鸟为鸾,以欺人主取高官,吾兴义兵,正为诛佞人耳"。也就是说,高德儒之所以送命,正在聒噪祥瑞。在此前两三年,有两只孔雀曾经"飞集宝城朝堂前",以高德儒为首的十几个人,愣说看到了凤凰。凤凰现身,那可是不得了的太平之瑞啊!虽然事情最后"无可得验",隋炀帝还是很高兴,擢拜高德儒朝散大夫,"余人皆赐束帛",还在那地方造了仪鸾殿。这样看来,高德儒"欺"的饶是以残暴著称的隋炀帝,世民仍然目之为佞人,这样的人留着是祸害。到世民自己当上皇帝之后,有一天也有白鹊在其寝殿前槐树上筑巢,"左右拜舞称贺"。太宗说:"我常笑隋炀帝好祥瑞,瑞在得贤,此何足贺!"说罢让人不仅把鸟窝给拆了,而且"放鹊于野外"。太宗表现出的是一种坚决杜绝此类风气的态度,不过洪迈认为事情做得过分,有点儿作秀。他这么说的:"鹊巢之异,左右从而献谀,叱而去之可也,何必毁其巢?"

《养吉斋丛录》云:"康熙纪元六十一年,从不许人言祯符瑞应。"康熙皇帝为什么产生如此坚决的无神论思想,是一个待考证的问题。接下来的雍正皇帝,"内外臣工以景星、庆云、嘉禾、异梦、灵耆、神芝之属告者,殆无虚月",也就是到了"高德儒"们络绎不绝的程度。雍正的态度是"敬天以实,有而不居,卒未尝因此一受贺也"。但他心里一定很受用,有一年"黄河清",他不是亲自撰文刻碑、亲诵祭文祭告康熙吗?再接下来的乾隆皇帝,则对此笃信不疑了。臣下献瑞,每每不仅自己吟诗称颂,还要把近臣都招来,让他们奉和,借机为自己歌功颂德。

巢湖自1997年起每年都在四月举办一次牡丹观赏节,今年所以引起轰动,恐怕在于耗资问题上,跟"仪鸾殿"的花费有得一比。那牡丹今年花开14朵,乃大涝的征兆,不过,巢湖市气象局高级工程师张克杰说,他们局根据多年的气象资料进行过分析,结果表明花开朵数与天气变数并无必然联系。好在还有一点儿科学的声音,否则封建迷信在当地真要公然大行其道了。

2006年4月24日

能吃

《南方都市报》不久前报道,广州市有一家"八碗"餐馆,在那里,谁要是能在 25 分钟内吃完餐馆提供的 8 碗肉末米饭,这一桌就可以免费白吃。免费的事情是不可能"得来全不费功夫"的,那家餐馆正是如此。人家那 8 碗饭,3 两一碗,三八二十四,2 斤 4 两,了解清楚了"规则",一般人恐怕会吓得连试都不敢去试。

现代人讲究养生,除非是花样百出的"大胃王"比赛,要争个什么冠军,否则很少有这么拼命吃东西的了。不过,古人的胃口好像天生都特别大,比如梁山好汉动辄论碗喝酒、论斤吃肉、论升吃饭。李逵被李鬼打劫之后,"正肚中饿出鸟来",却"不见有一个酒店饭店",好不容易发现两间草屋,恰又是李鬼家——当然这是后来才知道的;进屋时央李鬼的老婆做饭,"多做些个"。妇人问:"做一升米不少么?"李逵道:"做三升米饭来。"在文学作品之外,历史上也有好多按当时标准饭量极大的人,举几个清朝的例子。《庸闲斋笔记》云,闽浙总督孙尔准"身肥大,健啖,食鸡子(鸡蛋)及馒首(馒头)可逾一百"。有一次他到泉州府阅兵,泉州太守崇福给他预备了"馒首百,卷蒸百,一品锅内双鸡、双鸭",结果孙尔准都吃掉了,吃得很满意,告诉别人说:"我阅兵两省,惟至泉州乃得一饱耳。"那意思,其他地方算是怠慢他了。

《归田琐记》云,清初有个叫施健庵的,在京师数十年,饭量"无能与之对垒者"。施健庵告老还乡的时候,门生们摆下酒席,除了欢送还有一个目的:看先生到底能吃多少。到那天,门生们在他身后特地"安一空腹铜人"以试深浅,先生喝一杯,他们就往铜人里倒一杯,"以至肴馔羹汤皆然"。结果呢?"铜腹因满而倒换者再,而先生健啖自若也"。真人和假人,在"胃"容量上当然没有可比性,但"铜腹"装满了两次,而施健庵还在吃,这个人若是今天在世,想来会吃垮"八碗"餐馆的。

《竹叶亭杂记》云曹秀先也特别能吃,人家说他的"肚皮宽松,折一二叠以带束之,饱则以次放折"——倒像是今天的一种行李袋,需要的时候就把底部的几道拉链拉开,拉开一道,袋子便大不少。曹秀先能吃又到什么程度?"每赐食肉,王公大臣人携一羊乌叉(即羊尾骨,也有说塞给他的是羊腿),皆以遗文恪(秀先谥),轿仓为之满"。曹秀先"坐轿中,取置扶手上,以刀片而食之,至家,轿仓中之肉以尽矣",潇洒得很。还有一个叫达香圃的,人极儒雅,也特别能吃,尤其是"食时见肉至,则喉中有声,如猫之见鼠者又加厉焉",那份高兴得要抢的劲头,令"与同食者皆不敢下箸"。

宋朝的张齐贤不仅饭量大,肉吃得多,而且连药都吃得多。常人吃风药黑神丸(据说是东京汴梁的佛寺天寿院所制,很有名,用于祛风活血、疏通经络)"不过一弹丸",张齐贤"常以五七两为一大剂,夹以胡饼而顿食之"。后来,张齐贤罢相知安州,那地方比较偏僻,"见公啗饮不类常人,举郡惊骇",人们甚至认为:"享富贵者,必有异于人也。"欧阳修也认同这一观点,他说晏殊正是这样一个异人。但清瘦如削的晏殊不是吃得太多,而是吃得太少,"每析半饼,以箸卷之,抽去其箸,内捻头一茎而食"。

隋初的贺若弼因为对职位的安排不满意,"甚不平,形于言色",却又不敢对皇帝发火,就拿认为占了他位置的当朝宰相高颎、杨素出气,说他俩"惟堪啖饭耳",就知道吃。至于文帝杨坚在他获罪之后问他,这么说人家"是何意也"?只知道吃,属于"饭袋",除了留下笑料不会有别的什么,那位能吃的施健庵先生则别有声名。他家的藏书楼取名"传是楼",大家都不明白是什么意思,原来,他是鉴于传子孙以"土田货财",子孙"未必能世富";传"金玉珍玩、鼎彝尊斝",又"未必能世宝";传"园池亭榭、歌舞舆马",子孙"未必能世享娱乐",乃指着书欣然笑曰:"所传者惟是矣。"乾隆十八年(1753),京师附近闹蝗灾,能吃的曹秀先出了个主意:"请御制文以祭,举蜡礼(年终大祭);州县募捕蝗,毋(只)借胥吏。"乾隆没有答应,他说:"蝗害稼,唯实力捕治,此人事所可尽。若欲假文辞以期感格,如韩愈祭鳄鱼,鳄鱼远徙与否,究亦无稽。朕非有泰山北斗之文笔,好名无实,深所弗取。"于是,除了前面两项,"余如所请"。应该说,曹秀先不是不明白乾隆说的这番道理,而是拍马屁而没有拍到点上罢了。

《食色绅言》云,吃得多的人"有五苦患:一者大便数,二者小便数,三者饶睡眠,四者身重不堪修业,五者多患食不消化"。拉得多,睡得又多,干不了什么事,还容易得病,实在没有益处。当然,吃多吃少,全靠个人自己来把握,商家是不会从健康角度考虑那么多的。

2006 年 5 月 6 日

白字

　　五一"黄金周"期间开锣的"第十二届CCTV全国青年歌手电视大赛",在歌手的素质考核环节,"循例"闹出了许多笑话。不过,与以往稍稍不同的是,这回闹了笑话的不仅有选手,包括文化素质评委余秋雨、音乐素质评委徐沛东在内,也都遭到了观众的指责。徐沛东关于摇滚的点评,就被网友认为"不懂别乱说"。

　　说一个人的素质如何,实际上是说他平日的修养如何。宋人程师孟有诗曰:"每日更忙须一到,夜深常是点灯来。"同时期的李元规开玩笑说,你这是"登溷之诗"——写上厕所的吧。他当然知道,那个"到"是程师孟每天都到静堂。程师孟知洪州(今江西南昌),在衙门里修了个静堂,"自爱之,无日不到",明明是个官员,偏要学隐居的道士玩儿什么静修,李元规大概很看不惯才这么说他。但许多歌手大赛——不独这个CCTV,需要回答的素质问题,却不像程诗这般让人猜度和费解,用余秋雨先生的话说,并没超出中学课本范围。那么,诸如把什么是"杯水车薪",回答成用一杯水作为给车夫的工钱,比喻贪婪吝啬之极,闻者就难免不瞠目结舌了。子曰"知之为知之,不知为不知",即从这一点来看,歌手们平日里的修养可见一斑。

　　河南南阳一名观众在听到余秋雨先生把"仁者乐山"的"乐"

字念"错"之后,立即给现场打去电话要他公开承认,他觉得歌手出错尚可理解,权威的点评老师却不应该。公平地说,这里"暴露"出的问题与余先生的素质无关。把"仁者乐山"中的"乐(yào)"读成 lè,不是读错与否的问题,而是古音与今音的区别问题——余先生认为是"书面读音"和"口头读音"问题。今天我们读《诗经》,多数篇章一点儿也不押韵,因为我们用的是今天的读音,没必要拾回废弃了的古音。因而我不大明白的是,为什么余先生在遇到"杯水车薪"的时候,又偏偏把"车(chē)"读成 jū。

古人有很多读错字的,而且他们对白字先生也是颇有些刻薄。比如说《可书》云,张鼎为太常博士,把"鸡肋"误成了"鸡肘",大家从此就叫他"鸡肘博士"。这就有点儿拣软柿子捏的味道了,充其量他那是一时笔误而已。丁柔克《柳弧》里有位官员"满口白字",在他嘴里,"民社"读成"民壮","奸宄"读成"奸究","铿訇"读成"坚訇",诸如此类,不胜枚举,大家也没取外号或者怎么样,只是丁柔克感到非常不解,这样一个"滥竽之南郭"怎么就能够"署事、当差多年无恙?"

前面谈到过,《鸡肋编》云林摅把新进士甄彻的"甄"读成了"坚",徽宗说念错了,林摅"呼彻问之",结果是徽宗说得对,林摅因此"以不识字坐黜"。不过,林摅的罢官恐怕不完全是因为寡学,而在于他的"辩不逊",态度上有问题。林摅这人真是幼稚得到家,跟皇帝较真的事情,别说你错了,即使你对了,就会有好果子吃吗?《淡墨录》里还有这样一件事,进士李凤翥奏贺祥瑞的出现,免不了先自谦一番。不知怎的,也许雍正皇帝那天不大高兴吧,专挑他的毛病,说他"既以儒者自居,则陈奏本章,则应加意慎重,不当作游戏之词,⋯⋯若自知不能,而作浮词,凑成自谦之语,陈于君父之前,岂儒者之道乎?"史要命的是,李凤翥把"赍"错成了"赉"字,这下帽子就更大了,"莫非有意讥朕不应赉而赉乎?"赉,赏赐;赍,送东西给别人。赏赐和送,本质上有区别,用"赍"至少是把皇帝看低了。在李凤翥应该也是笔误,所谓"轻慢疏忽";但在雍正看来,就李凤翥这种素质,根本不配以儒者自命。

在青年歌手电视大赛上,歌手但凡对某一问题回答得不对,评委们会当面乃至不大客气地指出错之所在,这是对的,含糊其词可能贻误他们。《谷山笔麈》云,于慎行看到一个臣僚的上疏草稿有"窃鈇"二字,知道他写错了,"铁"当为"鈇"。"窃鈇"亦作"窃斧",《列子》里的寓言,说有人丢了把斧子,怀疑是邻居的儿子偷去了,怎么看怎么像;后来在自家谷堆里找到了,再看邻居的儿子,怎么看又怎么不像。寓言要表达的是目随心乱的道理。于慎行"难于面质",只委婉地说那个字可能写错了,那人"愕然不答";等他的正式稿本出来,于慎行看到"铁"被改成了"鐵"——那人根本没明白错在哪儿,于是"甚悔当时不曾明告,使陷于可笑如此"。

陈丹青先生在自己的博客上对青年歌手大赛的素质考评提出了质疑,他认为:"唱就唱,还要比什么所谓素质……这就是我们知识分子的那点知识,知识用到这步田地,便是反知识。"也是一种观点吧。"CCTV全国青年歌手电视大赛"的素质环节,成了"一道风景"。以恶意猜度,有些人看这节目,就是为了看斯时歌手们出的种种洋相。这也算是娱人了。

2006年5月8日

满城尽带黄金甲

大导演张艺谋新拍电影的一系列片名,很能给人以误导,全不如以前的《菊豆》《秋菊打官司》《我的父亲母亲》等来得直接和朴实。比如《十面埋伏》,人们熟知的是楚汉相争之时楚霸王项羽自刎乌江的惨烈,在他那里则是两位不知什么朝代的捕头与一位盲妓小妹,在"痴色痴情梦一代痴人"的背景下,如何"面对一道解不开的难题"。又比如《千里走单骑》,人们熟知的是三国时关云长过五关、斩六将,如何尽显英雄风范,在他那里则是一个日本父亲来到中国云南帮助儿子完成心愿的故事。因此,他的新片《满城尽带黄金甲》,虽然出自唐末黄巢的名诗,也没有理由认为是写黄巢起义如何导致唐朝灭亡的。事实也正是如此。报道说,这片子讲述的是"男人和女人愈挣扎愈暗沉的'深渊'故事"。

查"黄金甲"一词,如果就作战时穿的护身服装而言,指的是金黄色的铠甲。"黄金"在这里是修饰词,表示颜色,并不是像刚刚被明令禁止的"黄金书"那样属于实指,由黄金这种贵金属本身赤膊上阵,以所谓高雅的名义为行贿者、受贿者巧妙地牵线搭桥,创造便利条件。"黄金甲"又因为黄巢的《不第后赋菊》,代指菊花。"待到秋来九月八,我花开后百花杀。冲天香阵透长安,满城尽带黄金甲。"这首诗虽然像有人说的"充满豪阔的暴戾之气,杀意阵阵",但是在"满城尽带黄金甲"的语境里,"黄金甲"仍然是指菊花,跟打仗并没有直接的关联。不过,在张艺谋的影片未公开前,有记者如获至宝地得到了一张周杰伦的"珍贵造型图",说周董"身着金光闪闪的盔甲,仿佛是全部用真金打造而成"。显然,这是把片名引用的"黄金甲"与披挂上阵的装备混为一谈了。

《韩非子·五蠹》云:"共工之战,铁铦短者及乎敌,铠甲不坚者伤乎体。"这是说即使神话时代作战,兵器短也不要紧,照样能刺到敌人;但铠甲不坚固就麻烦了,会伤到身体。由此可见前人早已经认识到铠甲在战争中的重要性。《水浒传》里,官军呼延灼以连环马进攻梁山泊,宋江他们"正无良法"之际,金钱豹子汤隆站出来献计,说请他的姑舅哥哥徐宁出马准能解决问题。但人家在京城里金枪班教师干得好好的,生活也很滋润,如林冲所说"如何能勾得他上山来"?汤隆出的主意就是把徐家祖传的"雁翎砌就圈金甲"弄来,这副甲是"他的性命",那时,"不由他不到这里"。顺便说一句,有这种亲戚真是徐宁的不幸。上山之时,徐宁曾说了句"兄弟,你也害得我不浅!"没大留意徐宁被连蒙带骗逼上梁山之后,二人的亲戚关系发展得怎样。徐家的金甲确实是宝贝,"披在身上,又轻又稳,刀剑箭矢,急不能透,人都唤做赛唐猊"。

《邵氏闻见录》里有宋神宗穿黄金甲的故事。那是他刚登基的时候,20岁不到,血气方刚,"欲破夏国,遂亲征大辽,御营兵甲、器械、旗帜皆备"。有一天,"帝衣黄金甲"见太皇太后——他的祖母曹氏,不料曹后变了脸色,说:"官家着此,天下人如何?脱去,不祥。"在《铁围山丛谈》里也有类似文字:那是神宗美滋滋地问奶奶:"娘娘,臣著此好否?"曹后迎笑曰:"汝披甲甚好。虽然,使汝至衣此等物,则国家何堪矣。"说得神宗"黯然心服,遂卸金甲"。

当然,北宋那么大的一个框架,却由着小小的辽和西夏欺凌,要给人家纳岁币——输辽银10万两、绢20万匹;输西夏银7万两、绢15万匹和茶叶3万斤,主要在于其积贫积弱,而与皇帝身穿黄金甲的兆头毫无关联。

《可书》记载了南宋绍兴年间的一出杂戏,多少能窥见一点儿宋朝军队装备上的落后。伶人表演道:"若要胜金人,须是我中国一件件相敌乃可。且如金国有粘罕,我国有韩少保;金国有柳叶枪,我国有凤凰弓;金国有凿子箭,我国有锁子甲;金国有敲棒,我国有天灵盖。"粘罕是金军统帅,韩少保即韩世忠,抗金名将,二人是可以匹敌的。柳叶枪与凤凰弓,两种兵器,大抵也属于对等。凿子箭和锁子甲就不同了。有人研究说,凿子箭是将两张或三张弓结合在一起,摇转绞车,张开弩弦的,发射时要由专管发射的弩手高举起一柄大锤,以全身力气锤击扳机。如果说,以肩膀承担重量、不过是用来防护刀剑枪矛的锁子甲,去抵御功力如此强大的凿子箭,虽属以卵待石,但尚为实话实说,那么,以天灵盖抵御敲棒则纯属时人的自嘲了。落后就要挨打,想必宋朝的人感悟最深。

让人弄不大明白的是,既然张艺谋导演要拍"男人和女人愈挣扎愈暗沉"的故事,为什么非要用一个农民起义领袖的诗句来做片名呢?不知从什么时候开始,影视剧流行戏说历史,号称"正说"的也旋即被驳得灰头土脸;张艺谋先生则是连片名一并戏说。大师在任何时候,确实都有异乎流辈的一面。

2006年5月15日

绿帽子

5月12日《南都周刊·非常语》有这样一则:"我竟然被英国副首相戴了绿帽子。"那是现年67岁的英国副首相普雷斯科特承认他与43岁的女秘书特蕾西有一段持续2年多的地下情后,特蕾西同居男友巴利发出的愤怒之语。

巴利的原文怎样不大清楚,但"绿帽子"显然是我们的著名词语。这个词语最早是实指而非虚指,即真正的"绿头巾"。汉朝时,绿头巾乃"贱者所服",亦即身份低下的人才戴的东西。《西汉会要·臣庶衣服》云"汉初定,与民无禁",开始也并没有哪个阶层的人应该穿戴什么颜色的规矩,是文帝时的贾谊看到大家穿戴没个尊卑而生出担忧,弄了个上疏要求区分。李商隐咏贾谊有"可怜夜半虚前席,不问苍生问鬼神"的句子,是在指出贾谊实际上没有被真正重视,没有在政治上发挥应有的作用,说明贾谊是关注"苍生"的。可惜在这里,贾谊关注的苍生非但于苍生无补而且恰恰相反,给苍生制订了清规戒律。成帝永始四年(前13)鉴于"公卿列侯多畜奴婢,被服绮縠车服过制",乃"申饬有司以渐禁之",而"青绿民所常服,且勿止"。那么,西汉即使是通过服饰颜色来区别人的贵贱,"青绿"也还并没有羞辱的成分在内。

《唐语林》云,李封为延陵令,"吏人有罪,不加杖罚,但令裹碧头巾以辱之"——硬给人家戴上"绿帽子"。戴多少天呢,"随所犯轻重"而定,"日满乃释",到时候才能摘下来。他这一招很奏效,"吴人着此服出入,州乡以为大耻,皆相劝励无敢犯"。所以李封在任期间虽然"不捶一人",但"赋税常先诸县",政绩斐然。这就表明,至少在唐朝,"绿帽子"已经有了令人难堪的成分,但与后世的羞辱大抵还不是一回事。元朝的时候,确切地说是元惠宗至元五年(1345)规定"娼妓之家家长并亲属男子裹青巾"的时候,大约就有点儿后世的那个意思了。《清稗类钞》云明朝秦淮旧院曾有一块《教坊规条碑》,曰:"入教坊者准为官妓,另报丁口赋税。及报明脱籍过三代者,准其捐考。"在提到"官妓之夫"时,说他们必须"绿巾绿带,著猪皮靴";不仅如此,还规定他们"出行路侧,至路心被挞,勿论",且"老病不准乘舆马,跨一木,令二人肩之"。明朝还有这样的祖制:乐工(搞音乐的)俱戴青字巾,系红绿搭膊,"常服则绿头巾,以别于士庶"。不过,据沈德符《万历野获编》云,教坊官们也曾有扬眉吐气的时候,"教坊之长虽止正九品,然而御前供役,亦得用幞头公服,望之俨然朝士也"。这让沈德符很看不惯,本来戴"绿帽子"的人,现在"竟与百官无异,且得与朝会之列",真是"吁可异哉"!

明朝嘉靖时郎瑛撰写的《七修类稿》,更在"绿头巾"条明确指出:"吴人称人妻有淫行者为绿头巾。"这就跟今天的含义一模一样了。《万历野获编·侮人自侮》举了个实例,吴中有个"缙绅有文名者",有一次跟给他家盖房子的木工师傅开玩笑,说你干活太辛苦了,"当买一绿绢,为汝制巾裹之",给你做顶绿帽子戴吧。不料木工说谢谢了,不用麻烦你做新的,"但得主翁所戴敝者见惠足矣",戴你戴破了的就行了。民间幽默令那名士哑口无言。显然,两人对"绿帽子"确切含义的理解已是心照不宣了。

五代时的王仁裕留下一册《开元天宝遗事》,那里有则记载也可算是趣事一桩吧。说杨国忠出使江浙,可能日子不算短,至于"其妻思念至深,荏苒成疾"。这不足奇,奇的是有天杨妻居然白日里"梦与国忠交,因而有孕",结果真的生出了个儿子,取名杨朏(《旧唐书》作杨晙,为国忠次子)。杨国忠出差回来后,老婆把这件事跟他讲了——不知道斯时杨朏生出来了没有,杨国忠倒颇大度,对这一现象解释说:"此盖夫妻相念,情感所致。"不过,他们夫妻俩那么好的感情,时人却没有被感动,相反还"无不讥诮也"。其实明眼人都知道那是十分扯淡的事。不错,历史上有相当多的英雄或圣人都是感孕而生,外国的耶稣啊——传说为圣灵感孕,国产的黄帝啊——传说黄帝的母亲望见电光环绕北斗而感孕,等等,但那些毕竟是神话或近似神话的人物。到了汉高祖刘邦的母亲避雨于桥遇龙而感孕,就没有人真正当回事。区区杨国忠又是谁呀?人们所以讥诮,一种可能是讥诮杨国忠不自量力的"攀比",更有一种可能是讥诮杨国忠浑然不知自己戴了"绿帽子"——虽然那时可能还没有这个说法。

李封硬给人家戴"绿帽子"的事,在当朝封演的《封氏闻见记》中先有记载,被封氏誉为"奇政"。其实,根据长官好恶而说一不二的做法,未尝不可归为苛政。

2006 年 5 月 22 日

能喝

不久前《贵州商报》报道,贵州大学外语系一名应届女大学毕业生到贵阳市某房地产开发公司竞聘,通过了包括相貌、身高、身材等等在内的层层考核。而几天后,招聘单位又问她会不会喝酒,在确信不会之后,对方"表示遗憾"。

不会喝酒而"失去"工作,类似的新闻现在基本上年年都能听到。在大学生找工作越来越艰难的今天,会喝酒、能喝酒每成学识之外较量的一种本领。在我们的传统文化里,的确是把能喝酒作为本领的。刘伶的《酒德颂》被誉为千古绝唱,不过,无论后人读出了怎样的弦外之音,文章说的却是那个"行无辙迹,居无室庐,幕天席地,纵意所如"的"大人先生",什么事情也不干,整天就知道喝酒,"止则操卮执觚,动则挈榼提壶,唯酒是务,焉知其余"。李白的"醉圣",不也是一个令人艳羡的雅称?此外还有白居易自命"醉户",欧阳修自号"醉翁",等等。"醉圣"的酒量有多大?其诗中自解曰:"百年三万六千日,一日须饮三百杯。"贵阳那家公司招聘文员的目的,是为了公关,"负责接待客户,要陪客户喝酒",酒量不大恐怕都不行,何况不会呢?但他们需要的可能纯粹是个酒囊。类似"李白每醉为文,未有差误"的本领,大概有没有都无所谓。

古人里能喝的实在太多。宋真宗时的侍读李仲容,周围没有人喝得过他,"欲敌饮,则召公",谁要是想较量一下,就拿他来作为尺子衡量。李仲容的令人叫绝之处还在于,他这人平时没什么话说,记性也不怎么样,然而"酒至酣,则应答如流"。有天晚上,真宗"命巨觥俾满饮",想看他到底能喝多少。结果这回李仲容醉了,但仍然能喝,站起来嘟嘟囔囔地说"告官家撤巨器",要再喝的话别拿这么大杯子。真宗趁机问一个问题:为什么大家把天子叫官家呢?李仲容马上回答:"臣尝记蒋济《万机论》言三皇官天下,五帝家天下,兼三、五之德,故曰官家。"真宗听了,心里美滋滋的。真正醉了的人,其实心里也明白,像李仲容他们脑袋里时刻绷紧一根弦,关键时刻更不会出乱子。

《辽史》里也有关于"巨觥"的记载。那是辽兴宗时,"萧革同知枢密院事,席宠擅权,(耶律)义先疾之",对皇帝说:"革狡佞喜乱,一朝大用,必误国家。"尽管他"言甚激切",兴宗仍然"不纳"。有一天兴宗宴会,"命群臣博(博戏,古代的一种游戏),负者罚一巨觥"。耶律义先正好与萧革交手,但义先毫不客气地说:"臣纵不能进贤退不肖,安能与国贼博哉!"兴宗打圆场说你醉了吧,义先却不依不饶,"厉声诟不已"。第二天兴宗跟萧革商量干脆把耶律义先赶出去,萧革则以退为进,说"义先天性忠直,今以酒失而出,谁敢言人之过?"这一招很奏效,"上谓革忠直,益加信任"。

这两处"巨觥",都有强加的意味。刘廷玑《在园杂志》收录了一次"自觉"。他到提学副使刘琰处作客,"见正席外旁列三几,皆陈列酒器,大小毕具,中有最大一瓢,可容十升"。刘廷玑说,这哪里是酒杯,是酒瓮啊。刘琰说你没见过用这种大酒杯喝酒的吗?好,"吾请先自饮,以博诸君一粲",说罢让人倒满,"两手捧饮"。这一来,不仅"座客皆立视",连戏台上正在演《西厢记》的伶人眼睛盯着他,"亦惊骇停拍"。等到"未几,徐徐而尽",再看台上,"其扮红娘者,所持折叠扇,不觉坠地。吹合诸人,咸住箫管",大家都吓坏了。刘廷玑问他能不能再来一瓮,刘琰并不含糊,但今天是他请客,"当留量相陪,乌可先醉!"刘廷玑又问他明天还能不能喝,刘琰说千里马今天跑了千里,第二天蹄子软了,"不能千里",那还叫千里马吗?

但喝太多的酒却是可能误事甚至误国的,例子也很多。比如南朝刘宋时的鲁爽骁勇善战,号万人敌,人家约他秋天起兵"清君侧",不料使者来时他正醉着,听错了时间,即日就起兵了。结果他被追兵"应刺而倒",轻易丢了性命。《开元天宝遗事》里,有不少唐明皇杨贵妃酒醉、酒醒的记载。"醒酒花"条说有次两个人"因宿酒初醒,(明皇)凭妃子肩同看木芍药",折了一枝说"此花香艳尤能解酒"。"吸花露"条说杨贵妃酒醒之后,每"多苦肺热",怎么办呢?"傍花树,以手攀枝,口吸花露,藉其露液润肺也"。"风流阵"条说二人每至酒酣,"使妃子统宫妓百余人,帝统小中贵百余人,排两阵于掖庭中",相互作战,败了的也是"罚之巨觥"……

李远有诗云:"人事三杯酒,流年一局棋。"唐宣宗因此断定此人不可用,主要是针对他的后半句,认为成天下棋的人当不好官。前半句很难知其确指,但从字面看与今天的情形大约相去不远。招聘被拒后,贵州大学那位同学一直很郁闷,说"为了找到心仪的工作,我是不是应该去学喝酒?"就我们的文化传统而言,亦就教育部负责人之"大学生(就业)应定位为普通劳动者"而言,可能有这个必要了。

2006 年 5 月 29 日

蜀中缘何无大将

易中天先生在央视"百家讲坛"上"品三国"火得很,想起自家也曾有过一篇类似的旧作。虽然不成规模,自觉尚有新意,重新整理一下。

"蜀中无大将,廖化作先锋",这句成语所揭示的原本是三国后期蜀汉人才奇缺的历史事实,后来则引申为泛指因为没有杰出人才,平庸之辈也能侥幸成名,与"山中无老虎,猴子称霸王"意思相近。唐朝魏元忠说:"何代而不生才,何才而不生代?"进而他指出:"士有不用,未有无士之时。"魏元忠说得有道理。人才缺,有种种原因,但根本不出人才的时代、地方是没有的。那么蜀中缘何无大将?是因为或死于非命,或被放逐,内耗而丧失殆尽。使人不可思议的是,他们的遭遇直接或间接地都与号称鞠躬尽瘁的诸葛亮相关。马谡是被他挥泪斩了的,除此之外,至少还有七个这样的人物。陈寿也许意识到这一点了吧,在《三国志》里把他们归为一卷,即卷四十。

刘封,刘备的养子,"有武艺,气力过人"。刘备入蜀打刘璋的时候,刘封才二十来岁,却已"将兵俱与诸葛亮、张飞等溯流西上,所在皆克",堪称一员猛将。刘备很看好这个养子,阿斗没出生时打算把他作为继嗣。刘封因未救关羽,且与孟达不和而使之降魏,受到刘备的责怪。但刘备只是责之而已,且刘封面对孟达的招降毫不为之所动亦可见其忠心。然诸葛亮"虑封刚猛,易世之后终难制御,劝先主因此除之",导致刘备将刘封赐死。

彭羕,刘备称之为"当与孔明、孝直(即法正)诸人齐足并驱",然诸葛亮"虽外接待羕,而内不能善。屡密言先主,羕心大志广,难可保安"。刘备听诸葛亮的,就给了彭羕一个远离京师的太守职位,"意以稍疏"。彭羕对自己被左迁甚感不平,一气之下对问起原因的马超说刘备"老革荒悖",并说了一句很容易引起误解的话:"卿为其外,我为其内,天下不足定也。"马超的觉悟很高,彭羕前脚一走,他后脚就告了密。彭羕在狱中作书与诸葛亮,对自己对主公的不恭先作了千般懊悔,又对那句话作了万般解释,最后还是以37岁的盛年被诛杀。

廖立,曾与诸葛亮、庞统相提并论,且誉为"楚之良才,当赞兴世业者"。廖立也"自谓才名宜为诸葛亮之贰"。刘备死后,廖立分析形势,对当年刘备的不取汉中提出批评;又总结了关羽之败在于其"怙恃勇名,作军无法",使身死之外,"前后数丧师众";又直言评点了几位当朝人物。意见对不对,可以讨论,但这些话到了诸葛亮那里,却都成了罪名。于是把他废职为民,赶去汶山,京城也不让呆了。

与诸葛亮并受遗诏辅佐刘禅、"统内外军事"的李严(后改名为平),则是被徙去梓潼。诸葛亮与李严,表面上惺惺相惜,实则都想斗倒对方,终是诸葛亮技高一筹。"班位每亚于李严"的刘琰,操行不甚检点,"车服饮食,号为侈糜"。但他知道,自己不能见容于诸葛亮不在这点,而在于与魏延不和。他自己很知趣,申请辞职,诸葛亮没有答应,但是同意他从前线调回京师。刘琰遂从此"失志恍惚",终于在老婆问题上出了岔子。刘琰的老婆很漂亮,有一次去见太后,在宫里给留了一个多月。刘琰有气,也怀疑老婆跟刘禅"有私",乃"呼卒五百"去抓自己的老婆,脱下鞋子抽她的耳光。刘琰因此而被弃市,罪名令人喷饭:"卒非挝妻之人,面非受履之地。"

魏延,罗贯中说诸葛亮一早就看出他头上长有"反骨",天生就不是个好东西。此不足信。但诸葛亮确实是想除掉魏延的。魏延常常抱怨诸葛亮胆子小,在他手下做事,"叹恨己才用之不尽"。诸葛亮病重时嘱咐在他死后撤军,魏延不同意:"丞相虽亡,吾自见在。府亲官属便可将丧还葬,吾自当率诸军击贼,云何以一人死废天下之事邪?"但魏延没想到,诸葛亮等人早已谋划好了,撤不撤军都要置他于死地。杨仪看到魏延被斩下的头颅,站起来踩了一脚:"庸奴!复能作恶不!"

但杨仪得意得太早了,他"自以为功勋至大,宜当代亮秉政",不料诸葛亮根本没看起他,丞相的职位早已暗中给了蒋琬。杨仪当尚书的时候,蒋琬还只是个尚书郎,资历比他浅,水平比他低,现在居然倒过来了。杨仪当然生气,至于"怨愤形于声色,叹咤之音发于五内",吓得别人都不敢跟他来往。唯独后将军费祎去看他,杨仪发牢骚说,丞相死的时候,我要是和魏延联手,难道会是今天这个地步吗?"令人追悔不可复及。"不料费祎也是立即跑去揭发。杨仪最终自杀。

上述几人无疑都是蜀汉的栋梁之材。所以"蜀中无大将",不是他们那里不产"大将",而是"大将"们一个个倒在了自相残杀的内部争斗中。在和平时期,这种争斗还只折射出政治生活的乌烟瘴气;在有敌国虎视眈眈的关头,国家的安全必然受到危及。"廖化作先锋",何以担当得起御国的重任?至于诸葛亮本着一种什么心态,不是本文讨论的话题,这里暂且按下不表。

2006年6月5日

汉服

"汉服"最近很热闹,而且好像越来越热闹。4月份的时候,复旦大学的学生身穿"汉服"过了上巳节——一个早就被时代淘汰了的节日。他们还组织了沪上首个汉服模特队。前几天,来自北京几所高校的几十名大学生也在紫竹院公园举行了"穿汉服,过端午"的端午节复兴倡议活动。何谓汉服?苏州的一位醉心于此的人士认为,是汉民族而非汉代的传统服装。这当然是他的一家之言。如果他说得不错的话,那么,与之对应的该是"胡服"了。

我们曾流行过胡服。最典型的是战国时赵武灵王搞的"胡服骑射"。《史记·赵世家》载,赵武灵王云:"今吾将胡服骑射以教百姓。"那是个改革的时代,大家都在改革,魏国有李悝改革、楚国有吴起改革、秦国有商鞅改革、韩国有申不害改革,或变法、或厉行法政。赵武灵王的改革图强措施则是胡服与骑射,在服饰上做文章:让国民戴以羔毛络缝的搭耳帽、穿黄皮制成的皂靴等等,地位显赫的官员,冠上还插根貂尾。据沈长云等《赵国史稿》指出,胡服与骑射虽然总是相提并论,构成一个固定词语,但二者的关系实际上并不大,亦即不是着胡服而便于骑射,主要却是为了招募胡人骑兵,直接用于赵国的对外战争。

唐玄宗天宝之初,也有过一阵"贵游士庶好衣胡服",男的戴豹皮帽,"妇人则簪步摇,衩衣之制度,衿袖窄小"。有人当即指出那是不祥之兆;事有凑巧,十来年后安禄山起兵叛唐。不过,这样说话的人该是事后追溯忆及的吧。赵国胡服骑射,使之很快成为东方最强国;唐朝则因"安史之乱"由盛及衰。这样看来,历史上的胡服委实"功过"参半,倘若谁要是笃信"衣服决定论",以为一种款式的衣服寓意了什么、象征了什么,那可能是要贻笑于人的。

中华文明洋洋五千年,本人还弄不清"汉服"复兴或振兴的会是哪一时段的服饰。苏州那位人士以明朝灭亡为界线,言之凿凿地认为今年是汉服消亡的第362年。按照他的这个逻辑,清朝以前的服装大抵都要算是汉服——不过,肯定还得除去北朝、元朝等那些"胡人"统治的时代。比如朱元璋推翻元朝建立大明帝国后,首先就是禁胡服、胡语、胡姓,继而又下诏衣冠悉如唐代形制。可见元朝人穿的就不是汉服,也可见明朝人眼中的汉服是唐朝的着装式样。今天的"汉服"该视哪个朝代的为正宗呢?20世纪50年代以后在中国历史博物馆蛰伏的沈从文先生,专门研究中国历代服饰,连文字带插图,厚厚一大本,够汉服爱好者研究的。其实即使在同一朝代,因为等级尊卑,服饰也大不一样。官员与百姓穿的不同自然不用说了,读书人与市井小民穿的也大不同。明朝刚开始的时候,因为读书人穿的衣服"无异胥吏",朱元璋曾下令改进,"凡三易,其制始定"。他把这种衣服命名为"襕衫",其用料和形制在《明会要》里有详细记载,"玉色绢为之,宽袖、皂绿、帛绦、软巾、垂带"。在朱元璋亲自试穿之后,"始颁行天下"。那么,要复兴或振兴的"汉服"该以哪个等级为蓝本呢?总不能像古装片那样乱穿一气吧!

报道说,那些穿上"汉服"的先行者,每每引来路人的注目,这是非常正常的现象。比如被称为"米癫"的宋代著名书画家米芾,他好洁成癖,拜石为兄等等都是出了名的,不仅如此,他还喜欢"冠服效唐人"——这又可见,同是汉人统治的唐朝、宋朝,汉服也不一致。明明生活在宋朝,偏要弄身唐朝的衣服穿上,因此米芾也是"所至人聚观之",走到哪人们围到哪。人们把他的穿戴作为"癫"的一种也说不定。《柳南随笔》里还有个教书的钱圆沙先生,晚年坐不住书斋了,"芒鞋竹杖",喜欢周围到处溜达,有时候后面还跟着学生。钱先生"貌既魁梧,衣冠又复古雅"——不知是何时的汉服,同样"路人多属目之"。想来人家也是当稀奇看的,但这老先生不这么认为,人家看他,他就对人家拱手。学生问那是谁呀?他说我不认识。学生又问那为什么对人家拱手呢?他说:"人既目归于我,而我不与为礼,彼得无怼我邪!"不仅服饰古怪,行为都异于常人。

  记得有一年什么地方给孔子搞庆典,庞大祭祀队伍穿的衣服很令专家费解,说得好听一点儿叫作看不出属于什么朝代,说得难听一点儿则叫作不伦不类。"汉服"爱好者认为应该使汉服成为国服,像西装一样在正式场合穿。不过,北京奥运在搞"华服"大赛,前几年 APEC 会议在咱们这儿开的时候,穿的又叫"唐装"。振兴这一服饰文化,可能得先把名称统一了。只不过,不管叫什么名堂,所谓"汉服"充其量只是现代服饰的一个品种吧。喜欢穿你就穿,但别把道理讲得太高深,以为一种衣服能够承载振兴传统文化的使命,就要让人哑然失笑了。我们中国人太喜欢舍本逐末。

2006 年 6 月 12 日

好嗓子

时下通过唱歌来选拔什么的电视节目很多,上至央视,下迄地方台,周末的时候打开电视,大抵都在进行"×进×"的PK。从这类节目中胜出,前提是要有一副好嗓子,虽然有的比赛附以歌手素质考核,但连自家国旗都分辨不清的也照样可以进入决赛,可知这考核跟没有差不了多少。

"十年窗下苦,不及一声喏。"此乃清朝人士对单纯好嗓子人的一句谑语或感叹。当然,他们指的并不是唱歌,但说的是如果有副好嗓子则胜读十年书绝对不错。这句话移来今天,尚未落伍。前几天,950万学子参加了今年的全国高考,考不上的就不用提了,尤其在关键分数上答错的——诸如像羊倌歌手那样错认英国国旗为中国国旗;即使考上的,几年后还得在火爆的就业市场中苦战一番;其实你即使是"状元"之类,大约也不会像超女李宇春那样可以荣登人家《时代》杂志的封面,更不要说"喏"过数声,登时可以赚得盆满钵满。

自古以来,好嗓子都是安身立命的一项好资本。唐朝开元年间的李氏三兄弟(龟年、鹤年和彭年)颇有盛名,他们就一个靠跳舞、两个靠嗓子而深得玄宗宠信。其中,龟年的歌经过杜甫的渲染而千载留名。"岐王宅里寻常见,崔九堂前几度闻",说明杜甫是很欣赏龟年的好嗓子。《开元天宝遗事》另载,玄宗宫里还有个叫永新的宫妓"最受明皇宠爱",她的个人强项在于"每对御奏歌,丝竹之声莫能遏"。玄宗曾对左右说:"此女歌直千金。"这就是说,永新从众多宫妓中能够脱颖而出,好嗓子功不可没。玄宗还有好多妃嫔,多得让他花了眼,经常不知道"幸"哪个才好。晋武帝是散朝之后坐上羊车,车到哪儿去哪儿,惹得宫女们不得不"以竹叶插户,盐汗沥地,以引帝车"。大约由此受到启发,玄宗干脆让妃嫔们头上"争插美花",他自己则"亲捉粉蝶放之",蝴蝶落在谁的头上就是谁。这里面,穷奢极欲当然是根本,但对那么喜欢音乐的玄宗来说,妃嫔里倘有一两个嗓子好的,怕也用不着争着装扮即可胜出。

《水浒传》里的梁山一百单八将,各色人等齐备,自然也少不了嗓子好的,那就是铁叫子乐和。用他自己的话说,所以得"铁叫子"这一绰号,在于"人见我唱得好"。这个人虽然"说起枪棒武艺,如糖似蜜价爱",但却从来没见他这方面的本领如何施展,给人印象最深的就是亮嗓子。梁山好汉排定座次之后有天庆祝重阳节,宋江叫宋清安排大筵席,会众兄弟同赏菊花,"但有下山的兄弟们,不论远近,都要招回寨来赴筵"。于是乎,马麟品箫,乐和唱曲,燕青弹筝,梁山上其乐融融。不讨,当乐和在宴会上高唱宋江"□时乘著酒兴"作的《满江红》时出了事情。到"望天王降诏早招安,心方足",武松先嘟囔了句一天到晚想着招安,"冷了弟兄们的心";黑旋风则不管三七二十一,大骂"招安招安,招甚鸟安",然后"只一脚,把桌子踢起,颠做个粉碎"。气得宋江当场把李逵"监下",事后权且在其项上"寄下一刀"。记得在上个世纪评《水浒》的时候,这一段是梁山革命路线反对投降路线的生动事例。通观《水浒》,这里似乎是乐和唯一展示才艺的地方,不过也就是亮了亮好嗓子而已。

　　光是唱歌就没得说了，否则，单凭一副好嗓子取人很容易看走眼。《世载堂杂忆》说，民国时曹锟的发迹即得益于好嗓子。袁世凯小站练兵，"一日静坐幕中，闻外有肩布走售者，呼卖声甚洪壮，异之，使人呼入，即曹锟也"。于是，袁乃"劝其入小站投军"，因为"成绩甚佳，屡蒙不次之擢"。在权大势大之后，曹锟甚至想弄个总统干干。怎么办呢？袁世凯敢派军警组织"公民团"包围国会，胁迫大家投他的票，否则谁也别回家吃饭；曹锟没那个胆量和魄力，但是有钱。于是，据说花了 1350 万，便当上了"贿选总统"。不过，当时的国会、议员也分别赢得了"猪仔国会""猪仔议员"的诨号，在民国史上留下了丑陋的一页。前几年我在北京看望一个新华社的朋友，意外地发现"猪仔国会"旧址就在他们宿舍的院子里。

　　"十年窗下苦，不及一声嗥"，事见《养吉斋丛录》。古人动辄祭祀，清初连明朝皇帝的陵墓亦如此对待。乾隆认为，明朝不是亡在了崇祯手上，而是亡于万历、天启，那两朝太"昏庸失德"。祭祀时诵读祭文，要求"声音洪亮，高下得宜"。诵读者本来是"临时简派"的，后来有了专人。于是，"习其业者，日夜演赞，务极宏远之音。累月经年，乃就娴熟。选充斯职，即获翎顶"；如果工作没出什么毛病，"多有晋品秩、换花翎者"。明白了这些背景，你再咀嚼那句谚语，是不是精辟至极？

2006 年 6 月 19 日

纳小妾、包二奶（续）

山东一所高校的一名女大学生认定自己的父亲"包二奶"，乃自去年6月以来两次只身进京到中纪委举报父亲，强烈要求党组织"清除这个党内败类"。事情究竟如何尚待定论，自古道"清官难断家务事"嘛。但早两年有一组数字说了，腐败的领导干部中60%以上与"包二奶"有关。

冯小刚电影《手机》里有个作家费墨，因为欲"包二奶"败露而感叹"还是农业社会好"，以为从前通讯不发达，偷鸡摸狗之后，"啥子理由都成立"。其实，古人纳妾是一件比较正常的事，"包二奶"也不一定光明得起来。《唐语林》云韩愈有两个小妾，一个叫绛桃，一个叫柳枝。韩愈先是喜欢柳枝，还给她写了首嵌字绝句："风光欲动别长安，春半边城特地寒，不见园花兼巷柳，马头惟有月团团。"不知什么缘故，柳枝后来"逾垣遁去"，却又并没有跑成，而是被"家人追获"，于是，韩夫子再来绝句就换了"口味"，改嵌绛桃了："别来杨柳街头树，摆弄春风只欲飞。还有小园桃李在，留花不放待郎归。"这意味着柳枝靠边站，"自是专宠绛桃矣"。

宋室南渡以后，高宗赵构一度起用李纲为相。李纲一上任，便"首陈十事"，决心重整朝纲，收复失地。即使对这样的名臣，纳妾也是正常现象，但显然，李纲出了点儿格。李心传《旧闻证误》

转引朱胜非《秀水闲居录》云:"李纲私藏过于国帑,厚自奉养,侍妾、歌僮,衣服、饮食,极于美丽。每飨客,肴馔必至百品。遇出,厨传数十担。"李心传认为李纲乃渡江后名相,"此所云殊不可解"。倘若以为一个人在某个方面出众,就举手投足方方面面都是典范,就有挖掘不尽的事迹,那是李心传的片面理解。韩愈、李纲他们纳妾,如果没有"私藏过于国帑",就都属于正常的事情。

妾与"二奶",显然是有区别的。妾,是男子在妻之外娶的女子,公开而且"光明正大";而"私蓄"的那种妾,才应该属于今天的"二奶"。去年出版的第5版《现代汉语词典》收了"二奶"词条,释义为"有配偶的男人暗地里非法包养的女人",这正是"私蓄"的意思。因为"二奶"与"娶"字无涉,所以是"包",得像那60%领导干部那样,至少在公众眼里是偷偷摸摸。这就注定"二奶"——无论现代、古代,她们的日子大抵都不会好过。《万历野获编》云,明朝抗倭名将戚继光在外面"包二奶"生了两个儿子,戚太太知道后气得不得了,"欲手刃"那两个野孩子。后来,戚太太杀人的念头虽然打消了,必须得正视既成事实了,也还是"杖而收之",到底得揍一顿出口恶气。

往前追溯一下,唐朝有个高官张裼也包过"二奶",也是生了儿子之后不敢带回家。他想了一招,"与所善张处士为子",假装过继过去,让人家给他养着,自己"常致书问其存亡,资以钱帛"。谁知这孩子长大后一点儿良心也没有,把养父抛在一边,"窃其父与处士缄札,不告而遁归京国",归宗来了。其时张裼已死,"兄弟皆愕然",不知道他是从哪里冒出来的后人;但张夫人记得此事,还假惺惺地做了一番检讨,说自己"年少无端,致其父子死生永隔",度其语意,显然她曾经非常激烈地干预过,否则"无端"从何说起?《明史》与《旧唐书》分别有戚继光、张裼二人的本传,这两件事均不见记载;即使在野史中,也是作为妇人"性妒"来举例说明的。许他们那么干,而不许舆论那么说或者历史那么载,勉强提了提,还是他们老婆的不是,可见当时的社会对"包二奶"完全是纵容的态度。

顷读《苌楚斋随笔》,知陆游陆放翁先生亦曾"包二奶",虽然说是纳的小妾。那是陆游初客于蜀,宿于驿站,见墙壁上有首诗写得非常漂亮,"询之,知为驿卒女,遂纳为妾"。那时候唐琬"不能见容于婆母",二人已经离了婚,陆游续娶了王氏。把驿卒女带回来后,陆游不敢领回家,"蓄之别室,率数日一往"。而陆游"偶以病少疏",一段时间没来,"二奶"以为他变心了,"放翁作词自解",但那"二奶"显然很不满意,即韵答之,上阕曰:"说盟说誓,说情说意,动便春愁满纸。多应念得脱空经,是那个先生教底?"看起来,放翁先生还是个情场老手,很会来些甜言蜜语。果真如此的话,《钗头凤》的情感度几何,是要存疑的。不到半年,因为"夫人王氏妒,竟逐之",驿卒女被打发掉了。

清朝有个叫潘伟儒的巡抚,60岁的时候看上去还像40来岁,人家向他讨教养生之道。他说没什么,"无边套耳"。边套即如夫人,就是自己不纳妾,更别说"二奶"了。当然他这是开玩笑,实际上他有自己的保健食方:"以红皂、苍术、黑芝麻、茯苓四味研末,加入饭米锅巴,随意为丸散",每天早晨就吃这个,不间断。但潘伟儒拿"无边套耳"来谐谑诸人,想来当时的官员大抵都是妻妾成群的。今天的官员落马一个,同时就曝光其有一个或几个"二奶",何以到了如此肆无忌惮的地步?在他们风光之时,那么多监督机构果真都没有丝毫察觉吗?不见得吧。

2006年6月26日

避暑

入夏以来,除了开头连绵不断地飘雨,广州的气温一直在不断攀升。上一周,广州市的用电连续5天挂出红色预警信号,用电负荷创了历史新高,其中空调用电占了总负荷的三成多。空调,是现代人避暑的主要设施,那么,在各方面条件远远不及的古代,人们该怎样度过难耐的酷暑呢?

五代时王仁裕留下一本《开元天宝遗事》,说杨贵妃不仅在冬天天冷的时候"泪结为红冰",而且在夏天天热的时候还流"红汗"——据此有理由相信那时的化妆品质量马马虎虎。"环肥燕瘦",杨贵妃的胖众所周知,因为胖,更加怕热也就在情理之中,为此她"每至夏月,常衣轻绡,使侍儿交扇鼓风"。光靠扇扇子肯定不济事,这在我们今天并不难体会,因此杨贵妃时时感到"犹不解其热"几乎是必然的。正因为脸上抹了东西,而且不少,所以杨贵妃出的汗往往"红腻而多香",用手绢擦一下,"其色如桃红也"。看起来,酷暑是令杨贵妃遭了大罪了。

明朝王士性《广志绎》云南朝刘宋"造华林园在盛暑",何尚之"谏宜(让工人们)休息",那混蛋皇帝却说:"小人常自曝背,不足为劳。"根据《宋书》里的明确纪年,此事发生在元嘉二十二年(445),也就是宋文帝刘义隆时代。那一年他还在都城南京改造了玄武湖,"欲于湖中立方丈、蓬莱、瀛洲三神山",也正是因为何尚之的固谏而止。但盛暑施工则显然没有听进去。辩证地看,这似乎也怪不得刘义隆,盛夏高温时建筑工地禁止室外作业,还是近两年才有的"人本"之事,不少工地还不能执行呢,哪能苛求一个1500多年前的封建皇帝?但刘义隆的那句话,说得太没人味儿。在刘义隆时代有所谓"元嘉之治",说他在位时"役宽务简,氓庶繁息",不错,两次下令减轻以至免除农民积欠政府的"诸逋债",然而"常自曝背,不足为劳"的话,真不知该如何解释才对。大人物的龌龊小节,无伤大雅?

《开元天宝遗事》里同时也有好几则关于避暑的记载,当然,说的都是王公贵族,非关普通百姓。如说元宝家用一个皮扇子避暑。那皮扇子很神奇,"每酷暑宴客,即以此扇置于座前,使新水洒之,则飒然生风"。于是乎,"巡酒之间,客有寒色,遂命撤去"。这跟今天的空调差不多了,在当时不啻宝物。它还有个名字,叫作"龙皮扇子",连贵为皇帝的唐玄宗都没有,因此"曾差中使去取看,爱而不受",喜欢归喜欢,并未利用权力据为己有。唯其如此,亦以其工作原理、产生的功效神奇如此,使人疑心此乃子虚乌有之物,幻想出来的而已。所以即便古人真正想要避暑,还得借助"现实"的手段。于是我们更多地看到他们的方式:用冰避暑。这门生意似乎为杨国忠家族所垄断,他们"每至伏中,取大冰,使匠琢为山,周围于席间"。这样,"座客虽酒酣,而各有寒色,亦有挟纩(披着棉衣)者"。不仅在请客的时候如此,杨氏家族因为素好"以奸媚结识朝士",还把冰当成礼物到处馈送。——垄断根据正在于此。这时候,他们还要把冰装饰一下,"镂为凤兽之形,或饰以金环彩带置之雕盘中,送与王公大臣"。据说,"惟张九龄不受此惠"。然洪迈《容斋随笔》云,张九龄去位十年,杨国忠始得官,

"而云九龄不肯及其门",实为舛谬。真相如何,要待历史学家们考证了。

从杨贵妃也要扇扇子降温来看,这种"冰山"在当时也跟宝物差不了多少。不过,弄不来"冰山"但是有钱的那些富家子弟,也有他们的避暑方法。他们"每至暑伏中,各于林亭内植画柱,以锦绮结为凉棚,设坐具",而且还"召长安名妓间坐"。都是有钱人,大家便轮流做东,"递相延请,为避暑之会",乃至"时人无不爱羡也"。这种避暑,充其量是遮阳、利用自然风而已吧,时人爱羡,恐怕主要是羡慕能把长安名妓招来;再一层,是羡慕他们在暑天可以啥都不干,专门避暑吧。

杨家以"冰山"为笼络工具之一种,时人亦曾喻之为"冰山",当然那是引申了另外一层含义。杨国忠权倾天下之时,"四方之士争诣其门",有个进士叫张彖的却不来这一套。"人有劝令修谒国忠可图显荣",张彖说:"尔辈以谓杨公之势倚靠如泰山,以吾所见,乃冰山也。或皎日大明之际,则此山当误人尔。"安如泰山,形容的是安稳牢固,不可动摇;冰山呢? 形状可能也很高大,但是太阳一出来就融化了。别说一座孤零零的冰山了,最近十来年,因为全球变暖越来越严重,南极那么寒冷的地方,冰山的高度也在急剧下降。张彖说那话,显然是预见到了杨国忠的垮台。

2006 年 7 月 3 日

录取

高考录取正在进行之中，像去年一样，今年继续推行"阳光工程"，也就是公开透明。这实际上等于承认，以前在这一点上做得是不够的。的确，那个时候，是各个高校的录取人员奔赴各地，生杀予夺，大权在握，加上去的人良莠不齐，碰上毫无责任感、兼且胃口大的，"暗箱操作"乃至借机腐败就不可避免。在古代，与之类似的科举录取就更不用说了，当然，在程序上二者是两码事。

明朝的弘治皇帝特别看重人名，所以录取时就有因此而走运或倒霉的。丙辰科（1496），他拆开呈上来的卷子，对"朱希周"很感兴趣，首先因为这人姓的是"国姓"，旁边的人又见风使舵，"其名希周，周家卜年八百"，寓意也相当不错，于是，朱希周就得了那科的状元。其后的嘉靖皇帝也是如此，甲寅科（1554）录取，因为他头天做梦听到了雷声，第二天发现卷子里有个叫"秦鸣雷"的，就把他钦点成了状元。那么，名字"有问题"的，显然就要靠边站了。像永乐甲辰科（1424）的孙曰恭，因为"曰恭"两个字合起来看是个"暴"（直排）字，透着一股戾气，成祖就把他和阅卷大臣们拟定的第三名"邢宽易"来了个对调，委屈就委屈吧，谁叫你名字没取好？还有个徐鎋，他的"鎋"字拆开看则是"害今"，兆头同样可怕，也与状元失之交臂。

除了这些因为皇帝意志钦定的之外,还有一些录取即属于"关节"因素,就是像前些年录取那样,通过打招呼、递条子等利用权力、关系的行为达到目的。还说明朝吧,正德年间杨廷和的儿子杨慎、万历年间张居正的儿子张懋修都中了状元,但他们的状元得来也都不那么光彩,有他们老子能量的释放。这两件事在《万历野获编》上都有记载。杨慎在殿试之前,"首揆长沙公(李东阳)先以策题示之,故所对独详"。考官把考题先给泄漏出来了,已然不战而胜,"所对独详"几乎是必然的。后来杨廷和率领群臣"争大礼"时,对手们攻击他,"亦微及前事",正是把他的这次舞弊行为当作一件武器使用。张居正家的事情就干得更离谱了,"人谓乃父手撰策问"。好么,自己家今年有人考试,居然由自己家的人出题,连这点儿起码的嫌也不想避——也可能刻意如此。张居正死后被"下旨追夺官秩,查抄家产",甚至要"斫棺戮尸",张懋修自然不能幸免;而当他"被劾削籍"之时,"人皆云然",没有丝毫同情,也许大家对当年他如何录取的那种恶劣做法记忆犹新,愤懑之情仍未消除吧。

相比较之下,主修《明史》的大学士张廷玉很懂得不要激起众怒。雍正十一年(1733)殿试后,大学士尹泰等将策十卷进呈,雍正看到第五本时,发现答卷"字画端楷",某一议论虽寥寥数语却"极为恳挚,颇得古大臣之风",就拔置一甲三名也就是探花。拆卷再看,原来是张廷玉的儿子张若霭,更高兴了,说张若霭能秉承家教至此,"非独家瑞,亦国之庆也"。但张廷玉知道后,却再三恳辞让把儿子降一等。他说:"普天下人才众多,三年大比,莫不相望鼎甲。臣蒙恩现居政府,而子张若霭登一甲三名,占寒士之先,于心实有不安。"所以尽管儿子得到赏识依靠的是实力,他仍然觉得在自己的强势背景下儿子位居一甲不妥,名列二甲"已为荣幸至极"。经过他的坚持,最终雍正到底把张若霭与二甲一名沈文镐对调了过来。

但是,因为那时的录取根本谈不上公开,单纯依赖高官或考官修养,结果也就很难做到公平和公正。所以我们在历史上看到的,更多是科场弊案;一旦舞弊面积太大,超出举子们的承受极限,必然酿成事件。顺治十四年(1657)的丁酉案非常典型,顺天、江南、河南、山东、山西,五个地方同时出了问题。江南乡试榜发之日,诸生哭于文庙。这一科的题目是"子曰贫而无谄",有人就此作《黄莺儿》词:"命题在意中,轻贫儒,重富翁。诗云子曰全无用,切磋欠工。往来窍通,其斯之方能中。告诸公,方人子贡,原是货殖家风。"对孔方兄在录取中的作用揭示得一针见血。最后的结果是两大主考"赴西市"(砍头),另外"房考十八人皆议绞"。但这终究只是收到一时的震慑之效,否则,其后就不会发生康熙五十年(1711)的辛卯科场案、咸丰八年(1858)的戊午科场案了。

除了录取,嘉靖皇帝还曾把以名取人运用于官员的选拔,就更显出了其荒谬绝伦的一面。那是要增加阁员,"会推数人,俱不当上意",忽然便钦点了张治、李本两个不可能成为候选人的人,令"举朝骇之"。后来大家才明白,原来言官进言的起语为"重治本事",他对此表示欣赏,就擢拔了名字里带"治"、带"本"的人。明朝不亡于崇祯,又添一例。

2006 年 7 月 10 日

避暑（续）

前些天曾经谈论避暑，有意犹未尽之感。上回说了权势熏天的人物如何避暑，现在不妨再看看普通官员以及皇帝如何避暑。

先看普通官员。金埴《巾箱说》有一则说到了地方官员在盛夏时节如何办公。那是他爸爸在山东兖州府当官，天热的时候，"辄移簿书于松间棚下，研朱判事"，室外办公，借助树荫和凉棚来避暑。批完公文，"则投足一榻，视松荫，东摇则从东，西摇则从西"，始终躲在树荫底下。有一天他们家正要切瓜吃，忽然孔府送冰来了，"冰大如轮，盛以巨盎。盎碧冰清，松翠欲滴"，看着都凉快。金父对金埴说："古人朝受命而昔饮冰，乐天诗'三年为刺史，饮冰复食蘖'。"这是说，金父从乐天的诗意中看出了孔府送冰行为的不寻常意义，认为"不仅为予消暑而已也，其教益不诚多乎！"通观乐天全诗，对此理解得会更加清楚。"三年为刺史，饮冰复食蘖。唯向天竺山，取得两片石。此抵有千金，无乃伤清白。"饮冰，极度惶恐焦灼之意。蘖，树芽也。那么金父理解孔府送冰，是要其廉洁为官，不伤清白。也许，孔府本意确是要为他们避暑，金父想得太多，拔高了孔府的行为吧。曲阜那个时候归兖州所辖，孔府前来送冰，是两家原本有交情，还是孔府对地方政府官员的一种惯例呢？从金父受宠若惊的表现来看，恐怕属于后者。

再看看皇帝。《唐语林》里有盛唐时的皇帝们怎么避暑。说唐玄宗非常怕热,建造了一座"凉殿",而此前拾遗陈知节认为奢侈,曾有"切谏"。这让玄宗很不高兴,于是殿成之后,叫高力士把他找来谈话。那天"毒暑方甚",热得很,而玄宗的凉殿里,则"水激扇车,风猎衣襟"。陈知节来了,先被"赐坐石榻"。这可真称得上是凉殿,"阴霤沉吟,仰不见日,四隅积水成帘飞洒,座内含冻"。陈知节给冷得不大舒服,但这时又被"复赐冰屑麻节饮",这是一种什么饮料搞不清楚,但令陈知节"体生寒栗,腹中雷鸣"。他想上厕所,"再三请起方许",结果"才及门,遗泄狼藉",狼狈不堪不说,肚子也一直闹了好几天。但是玄宗呢,"犹拭汗不已",还觉得热。等到陈知节折腾完了,玄宗才对他说话:"卿论事宜审,勿以己方万乘也。"那么,陈知节何以得到这样一番"礼遇",原因也就不言自明了。玄宗是在给他一个教训,那意思无异于是说,你是你,我是我;你不怕热,我怕。但从这件事我们不难看出,唐玄宗这个人心眼很小,连大臣非议一下"起凉殿"都要用阴招压制,说到朝政上的事岂不更要小心一点,不能"瞎说"?

唐玄宗这么讲究解暑,终究还是有讲究的条件,说造凉殿就立刻能造凉殿,证明"开元盛世"并非浪得虚名,国库里有大把银子可以动用。于慎行《谷山笔麈》云,五代时后唐庄宗也是"苦禁中溽暑",但是"欲择高凉之所,皆不称旨"。手下人不由得怀念旧时的好光景:"长安全盛时,大明、兴庆楼观以百数,今日宅家曾无避暑之所,宫殿之盛,不及当时公卿第舍耳。"于慎行认为:"盛衰之迹,此其可见者也。"在我们看来,那时的老百姓已到了实在没油水可榨的地步了,因为在国家衰微之际,统治者穷奢极欲的实例并不少见,哪里可能连皇帝找个避暑的地方还"皆不称旨"呢?

《清稗类钞》有乾隆皇帝避暑的故事。说他晚年"恣意游畋,特建避暑山庄于热河"。有一天游至苍石,"四顾茂林修竹,绿草如茵,清风习习,几不知盛暑之至矣",乃洋洋自得地对身边的侍卫说,这地方真不错,"大胜京师,洵无愧避暑山庄也"。侍卫说确实如此啊;不过他话锋一转,接着说,您这是在宫里才能说这个话,要是到街上走一趟,就知道真正怎么回事了,"若外间城市极狭,房屋亦低,小民半多蜗处其中,且户灶衔接,炎暾(刚出来的太阳)之盛,十倍京师"。在侍卫看来,不是承德这地方夏天天然凉快,也不是生活在本地的人们处于福地,一切都是建造得如此富丽堂皇的山庄起的作用。侍卫还朗诵了当地的一则民谚:"皇帝之庄真避暑,百姓仍是热河也。"兴致勃勃的乾隆听了很不高兴,"亟挥之使出"。热河虽然是地名,但显然被借用言事,因而从这则民谚完全可以体现当地百姓对避暑山庄的怨气。

唐文宗有诗曰:"人皆苦炎热,我爱夏日长。"柳公权续之曰:"薰风自南来,殿阁生微凉。"当时有人认为柳公权在拍马屁;后世的周密则认为柳公权是在讽谏:"盖薰风之来,惟殿阁穆清高爽之地始知其凉。而征夫耕叟,方奔驰作劳,低垂喘汗于黄尘赤日之中,虽有此风,安知所谓凉哉?"的确如此。那么这个养尊处优的唐文宗,与那个"何不吃肉糜"的低能的晋惠帝,真可谓殊途同归了。

2006 年 7 月 17 日

胖子

关于肥胖及减肥的新闻总是不少。上一周,有个减肥成功的"北漂燕子"在网上贴出33张图片,每张都注明体重和拍摄地点,直观向网友们展现她在3个半月内体重从172斤减到84斤的变化。还有位河南许昌的小男孩,只有4岁,体重却马上要突破40公斤,他妈妈为此很苦恼,因为无论他走到哪里,"回头率都是100%",成了"明星"。现代研究发现,肥胖带来的问题不仅涉及外形的美丑,关键是会使人的心脏负担过重,还可能造成思维迟缓。

《礼记·大学》云:"富润屋,德润身,心广体胖。"说的是一个人具备了"富"与"德"这两者,就能够安泰舒适,尽享人生。这里的胖,显然不是肥胖,连读音都不同,这里读pán,阳平。但从古代起,真胖子就比比皆是,尚肥——以肥为美的时代比如唐朝就更不用说了,最著名的当推杨贵妃,所谓"环肥燕瘦"。吴趼人《二十年目睹之怪现状》里有一段描写很有意思:"我"在元宵节晚上猜灯谜,其中一条是"杨玉环嫁王约",猜一县名。"我"说谜底可是"合肥"?出谜语的车文琴拍手道:"我以为这条没有人射着的了,谁记得这么一个痴肥王约!"不用说,王约这个胖子估计一度也比较著名。但《二十年目睹之怪现状》(人民文学出版社,1993年)

注释"王约,元人,曾任大学士",恐有商榷余地。浏览所及,历史上有好几个见诸记载的王约。《太平广记》卷二六四"沈昭略"条,即有沈昭略与王约二人互开玩笑的记载:沈昭略"尝醉,负杖至芜湖苑,遇琅琊王约,张目视之曰:'汝王约耶?何肥而痴!'约曰:'汝是沈昭略耶?何瘦而狂!'昭略抚掌大笑曰:'瘦已胜肥,狂又胜痴。'"这里的沈昭略和王约,都是南朝宋齐间人。另外,《全唐诗》卷七七九存有王约的一首《日暖万年枝》,虽然他的"爵里世次俱无考",肥瘦还不知道,但不能排除这两个王约都是谜语所指。不过,车文琴已经点得很透了,"谁记得这么一个痴肥王约",与沈昭略口中的"何肥而痴"何其相似乃尔?其谜底的王约,显然应当就是这个南朝的王约;沈昭略又说"瘦已胜肥",可见南朝并不尚肥。

  唐朝因为尚肥,记载的胖子也就特别多,有许多实例可以佐证。比如说,杨贵妃堂兄杨国忠冬天的时候,"常选婢妾肥大者,行列于前,令遮风"。——看这小子生活腐化到了什么程度。然"婢妾肥大者",冬季遮风充其量只是权一时之用,属于杨国忠另外"开发"的一种功能,而"婢妾肥大者"能进他的家门,说明正合乎他的"口味"。又比如说,唐玄宗有一天酒喝多了,问李白国家现在跟武则天时相比怎么样,李白马上说他们那时候没法比。他举了用人的例子,说我们现在用人"如淘沙取金、剖石采玉,皆得其精粹者";而他们那时候呢,"任人之道如小儿市瓜,不择香味,惟拣肥大者"。李白的话肯定有拍马屁的成分,但以此亦不难推断出,武则天朝中的高官一定有不少胖子。此外,搅乱唐朝天下的安禄山也是个著名的大胖子。《安禄山事迹》说他"晚年益肥,腹垂过膝,自秤得三百五十斤"。安禄山来京城觐见,都是骑驿站的马,驿站为了给他备马简直伤透了脑筋。在买马的时候,先要

"以五石土袋试之,能驮者,乃高价市焉",不经此考验的马,根本驮不动他。他骑上了,还要在"鞍前更连置一小鞍,以承其腹",看这家伙胖到了什么程度。饶是准备工作如此充分,还得在两个驿站之间"筑台以换马,不然马辄死"。不过令人惊奇的是,这么肥胖的安禄山,"玄宗每令作《胡旋舞》,其疾如风",却又灵活得很。这个时候,你就分不清楚他平常走路的时候,要"以肩膊左右抬挽其身,方能移步",究竟是真是假了。

身肥之外,亦有"心肥"一说。《啸亭杂录》云,乾隆"既诛讷亲,知大权之不可旁落",乃倚重傅恒,每每"特命晚间独对"。有一天傅恒来晚了,"踉跄而入",跑得上气不接下气,侍卫就开他的玩笑:"相公身肥,故尔喘吁。"那是说他太胖,所以才跑得气喘吁吁。岂料乾隆哼了一句:"岂惟身肥,心亦肥也。"心肥,有人诠释说是指贪心不足以及权力欲极强,未知确否,但乾隆这句话令傅恒"免冠叩首,神气不宁者数日",恐怕也的确不是一句好话。傅恒有为人称道的一面,但也有为人唾弃的一面。比如他的所谓"恩怨分明",在于"有诋之者,务为排挤",利用皇帝的红人关系,顺我者昌,逆我者亡。其本人还"颇好奢靡,衣冠器具皆尚华美,风俗因之转移"。他的家奴栾大更倚仗他的权势,"招徕无赖辈,肆行市衢间,无人敢讨而问者"……

如此看来,"心肥"的危害比"身肥"要大很多。后者伤及的只是个人,前者危害的则是社会。

2006 年 7 月 24 日

赈灾

5月8日,台风"碧利斯"给广东带来了超百年一遇的洪水,紧接着赶来的"格美"又火上浇油,全省上下,抗灾赈灾成为首要任务。在今天,如洪水等自然灾害尚不可避免,在古代就更不用说了。那个时候,治水与赈灾往往是许多地方官上任后的一件主要工作。在更远,远至还没有文字记载的时候,洪水传说基本上是世界不少民族溯源时的必然"记忆"。

先说两个治水的个案。《北游录》云,明朝永乐年间,知县王彬因为"河决未及筑堤,民居尽没,痛不能救,投水死"。从后面百姓怀念他的文字来看,王彬是个责任意识非常强的官员,自己治水无方,乃以死谢罪。《今言》云,明朝景泰三年(1452),"沙湾堤坏,遣训导陈冕修筑"。陈冕原本是靠修沙湾堤的功劳起家的,现在堤又不行了,显然不是工程质量问题,而是年头长了。面对重修,他讲了自己的经验之谈:"欲息斯患,在用人。"但工部的人听了很不高兴,觉得陈冕在挖苦他们,就建议把陈冕直接派去当山东巡抚。表面上看,既然你老人家懂得用人,那就亲自出马吧,看看你怎么个用法。实际上他们的用心比较见不得人,因为陈冕如果同样无功而返,面临的后果将是要"械送京师"。上面的旨意下来后,给事中陈嘉猷非常看不过眼,他说朝廷让大家对治水献计献策,没人吭声,陈冕说句话就遭工部嫉恨,"必欲置诸有罪之地",这样下去,"其他利病甚于此者,孰肯复言!"因此他建议只是让陈冕协同修堤而不是负总责,"上从之"。由这些事实来推断,昔日治水,不仅谁也没有把握马到功成,而且风险系数相当之大。

  再说两个赈灾的个案。有了水旱等自然灾害,就要有赈灾,这在历朝历代几乎都是一种必然。有学者指出,看至元(元世祖忽必烈年号)年间的历史,给人的感觉就是一部连年灾害、连年赈灾史。赈灾以国家力量为主,也需要民间的力量。《竹叶亭杂记》里有一则要富人"出血"的事情,做得很绝,也很有意思。说是有个叫励守谦的翰林"曾以腊月宴客"——他要赈的大约不是洪灾,专门对那些"有貂裘"的人发出邀请。到了那天,先把屋子布置得"重帘幛风",围了个严严实实,然后让大家"围炉炙火"。等到入席的时候,"益以火炉",搞得"客热甚"。接着再"加以酒",使大家无不感到"愈热",于是"客皆脱裘而饮"——励守谦等的就是这个结果。等到客人们酒足饭饱要走的时候,全都找不着各自的高级大衣了,"喧咤间,主人出他裘一一衣客,且人与质票一纸",对大家说:"岁事迫人,无以为计,诸君貂裘俱已借入质库矣。"质库就是当铺,也就是说,不管那些有钱人乐意不乐意,励守谦已经把他们的貂皮大衣给当掉、换成普通大衣了。这件事"一时传为佳话",但恐怕这只能是非常人物在非常时期的非常之举。不过,我们也不能过于责怪励守谦的"蛮横",如何鼓励富人积极投身包括赈灾在内的慈善事业,是一个在今天咱们也还没有解决的问题。美国的首富比尔·盖茨、次富沃伦·巴菲特相继慷慨解囊,后者还创造了美国和世界历史上最大一笔慈善捐款的记录——自己财富的85%,约合375亿美元。但他们的行为只是给他们的富豪做出了示范,我们的大多还无动于衷,大抵认为与自己并不搭干吧。

《履园丛话》里还有一则关于赈灾的"公督私藏法",认为"可以行之一里一乡一镇"。这种办法讲究防患,其指导思想是赈灾"必以丰年为始,思患预防"。具体执行步骤大致如下:先公举里中长者一人,遍告有田之家,"凡有良田若干,捐米若干,铺户典押则捐钱文"。把这些基本情况摸清之后,"听里长者开明数目,立一簿存于公家",而"其所捐之钱米,仍听各家自为藏积",这就是"公督私藏法"。没灾没难的时候,捐出的钱粮一概放在各家,遇到水旱凶荒之年,"凡里中有寒不能衣,饥不能食,病不能药,死不能葬者,则请里长者查明,将簿上所捐钱米酌量济之"。灾害是一种常态,赈灾也就相应地成为一种常态。那么,这种里中自救的模式正所谓有备无患,应当比动辄急来抱佛脚更有先见之明吧。

今天的赈灾方式要简单得多,就是动员社会捐款、捐物,不少单位还都要搞个仪式,以期在报纸上、电视上露一下脸。可惜的是,尽管社会各界一再呼吁公开透明,人们所捐款物的去处仍然缺乏公开透明,没人给个交代,用没用到灾区也无从知晓,仿佛那些接下来的事,献爱心的人就不用管了。然而,亵渎带着人们心口温暖爱意的现象却是时有发生。这个应该不算难的问题不知拖到什么时候才能解决。

2006 年 7 月 31 日

后裔(续)

上海70岁的老人柳明湖最近找到了一本300年前的家谱。兴奋之情自不待言,更让他没有想到的是,借助家谱才发现:自己原来还是柳下惠的后裔。其实,这在今天都不应算作新闻,大抵隔不了多久,就会出现类似的惊人"发现"。通过族谱来"认祖归宗",在如今已比较习见,虽然不断有专家学者指出注意其中的"冒认"现象,但并不能打消后来的人言之凿凿地把自己依附于历史名人身上的欲望和行动。

柳明湖老人固然姓柳,在许多人看来,柳下惠也是"姓柳",后人之说大抵在逻辑上是成立的。然而,追溯一下"姓氏"这个概念比较有意思,也能够便于明了问题。姓与氏在今天构成了一个词语,专指姓,而在战国以前却是分开的,"男人称氏,女人称姓"。为什么这样?二者所要表达的功能不同,"姓所以别婚姻,氏所以别贵贱"。著名的孟姜女,就不是一个人的名字,且该女士也并不姓孟,而是"姜家大小姐"的意思,姜是她的姓,孟则表示排行。孟仲叔季,从是老大到老四的排序。说到这里,几天前忽见中国社会科学院文学研究所一位人士信誓旦旦地说,"孟姜女"的意思即相当于今天说的"靓女",颇感惊讶,杳不知从何说起。姓和氏,古人分得一清二楚,但在我们今天已经相当困难,一如让只讲普通话的人辨认什么是入声字。但借助例子，就可以生动起来。袁庭栋先生说，对孔子，不可以说姓孔名丘，因为孔是他的氏，他的姓则为"子"。同理，屈原绝不是姓屈名原，屈是他的氏，他姓芈。

先秦的姓极少。顾炎武在《日知录》里统计，"见于春秋者，得二十有三"，不过就是姬、姜、姚、姒、妫等。人类学的一种观点认为，姓中的"女"旁，代表了母系氏族社会的残留。氏的来源之一，即卿大夫及后裔以受封的邑名。《汉书》说屈原的祖先"受屈（地名）为卿，因以为氏"。柳下惠也是如此，他的食邑为柳下，死后谥惠，后人才称之柳下惠，实际上他叫展获，字季，又字禽。那么，如果说自战国以后氏姓合一，则其后人似应姓"柳下"才对。当然，"柳下"简化为"柳"，也并非没有可能。

柳下惠是春秋时鲁国的大夫，但他最为我们熟知的事迹，乃是坐怀不乱。相传"柳下惠夜宿郭门，有女子来同宿，恐其冻死，坐之以怀至晓不为乱"，没有发生非礼行为。尽管明朝的于慎行说，那并非柳下惠的大节之处（详见前文《居官必如颜真卿》），但能够做到这一点，在咱们的文化中足以青史留名，成为榜样。陶宗仪《南村辍耕录》云，秦昭"妙年游京师"，好友为他饯行。喝着喝着，好友"舁一殊色小鬟至前"，说是为朝里一位主事买的妾，让秦昭随船给带过去。"妙年"的秦昭不敢答应，好友说就算你顶不住，自己留下了，"亦不过二千五百缗耳"，出钱就是了，推脱什么呢？秦昭没办法，"勉强从命"。到了夜里，河上的蚊子太多，秦昭过意不去，"内之帐中同寝"，就这样航行了几千里路。到了京城，主事听说秦昭自己并没带眷属同来，"意极不悦"，认为自己一定戴了绿帽子。但只过了三天，就上门来谒谢曰："足下长者也。"不用说，他证实了秦昭确有柳下惠的遗风。

明朝的曹鼐就更知名了。他为泰和典史时，"因捕盗，获一女子,甚美,目之心动。辄以片纸书'曹鼐不可'四字火之;已复书,火之。如是者数十次,终夕竟不及乱"。秦昭的子孙有不少成为显宦,曹鼐更在后来中了状元,古人认为这都是因为"不犯邪淫的善报"。而后人津津乐道于秦、曹,总不免溯及柳下惠,柳的"后裔"想必更是引以为自豪的。然而,也有一些名人的后裔没有这么"幸运"。比如《池北偶谈》转引《说听》云,明朝嘉靖初年,秦桧后裔"宰汤阴(岳飞故里),绰有政声"。他想去拜谒岳飞祠,但始终有顾虑,终于在任职即将期满后,他鼓足勇气对同僚说:"少保虽与先世有恶,岂在后嗣耶?且吾守官,无愧神明,往谒何害!"据说,他去了后,到底还是"拜不能起,呕血数升而死"。年羹尧的后裔"因惧祸",还不得不把"年"姓改为"生"姓。清朝雍正年间还有这样一件事,岳锺琪"以一等公总督川陕",不知怎的,好多人都告他的状,用雍正的话说,"不但谤书一箧,甚有谓锺琪系岳飞之后,意欲修宋金之报复者",这个用意就相当恶毒了。好在嗜杀的雍正倒还清醒,认为"其荒唐悖谬,至于此极",否则岳锺琪很可能因为"后裔"的身份沾光不成,反而掉了脑袋。

  族谱里喜欢攀附名人,是我们的一种文化现象,拭目以待,类似的事情今后还会层出不穷。最近,湖南浏阳又"发现"了唐太宗李世民的后裔,葛剑雄先生的"第一感觉是":无知,无聊,无趣。"乱哄哄你方唱罢我登场",太多了的话,可不就让人如此感觉?

2006 年 8 月 7 日

昭君出塞

央视八套正在播出电视剧《昭君出塞》,看了第一集,不仅没什么兴趣,而且有看不下去的感觉。比如匈奴那边有个小家伙,十来岁的年纪吧,境界却很高,对自己这边的人老是去汉人那边抢掠十分不解和不满,并发出不少诘问。如此的"认识"和"觉悟"就令人诧异。虽然等不及看王昭君出场,但对昭君出塞还是可以一说的,毕竟电视剧不是我们获得历史知识的所在。

昭君出塞,从国家层面看是奉行和亲政策——利用婚姻与胡人结亲和好。当然,欲结的"亲家"往往是势力比较强大、令自己无可奈何的一方。明朝万历年间,李如松征倭,他家的塾师诸龙光因为自己的欲望没有得到满足,曾经"上急变"污蔑主人"私许日本与天朝和亲"。在证实纯属子虚乌有之后,诸龙光被立枷枷死。但时人对这件事的看法很有意思,叫作"未闻岛夷敢萌此念"。就是说,日本人连念头都不会有、不敢有,所谓李如光"私许"又从何说起呢?一言以蔽之,和亲在本质上是示弱的一种表现。不难看到,就算发明了此法的汉朝,在卫青、霍去病的时候也不会去和亲,两人具有后世岳武穆"笑谈渴饮匈奴血"的强悍本领,交手即令你大败而归,和什么亲?谁跟谁和?后人代说了:你敢有此种念头乎?昭君出塞,发生在西汉衰落之后的汉元帝时期才不足为奇。

从昭君个人层面看,出塞则有其郁郁不得志的因素。当然,曹禺先生的历史剧《王昭君》不这么认为,他让观众看到的是一个前所未有的为胡汉和好而自愿请行的"笑嘻嘻"的王昭君,叫作义无反顾,非我莫属。可惜历史上并不这么记载,相反,流露出的意味相当悲壮。《后汉书·南匈奴列传》载:"昭君入宫数岁,不得见御,积悲怨。"于是趁着呼韩邪来,"乃请掖庭令求行"。王昭君靓丽异常,"貌为后宫第一",为什么元帝却没看上呢?野史中则有这样的说法,据说正为电视剧所采信:因为她没有给画工毛延寿塞红包,被那黑心的家伙在画面上做了手脚。《西京杂记》云,元帝后宫的人数太多,需要画工们把她们的样貌都画下来,"案图召幸之"。毛延寿的红包收得很大,"多者十万,少者亦不减五万,独王嫱不肯"。沈德潜曰"无金赠延寿,妾自误平生",看起来并不是那么回事,是王昭君不愿意便宜了那个贪心画家。昭君临行前辞别,"丰容靓饰,光明汉宫,顾景裴回,竦动左右",令那皇帝老儿悔得不得了,"意欲留之,而难于失信",至于把"画工皆弃市"来解恨。

昭君出塞发生在汉元帝竟宁元年(前33)。《汉书》记载,这年春正月,"匈奴呼韩邪单于来朝",而"竟宁"这个年号亦因此而生。按应劭的说法,从此"边竟得以安宁,故以冠元也"。颜师古进而注曰:"古之用字,境、竟实同";但这个"竟",还有终极的意思,"言永安宁也"。双方成了亲家,边界也和谐了。对一桩婚姻寄予如此厚望,只能是时人的奢望。后人吟咏此事,退了一步:"若使胡儿能念母,他年好作倒戈人。"不过清朝学者王士禛认为此"真三家村学究见识,可为喷饭!"这个"三家村",当然不是20世纪60年代吴晗、邓拓、廖沫沙三先生构成的那个,而是"偏僻的小山村"之意,唐朝王季友有"山上双松长不改,百年唯有三家村"句。王士禛显然认为,连可能"倒戈"的说法都是扯淡。

和亲政策的成效交给专家们去研究吧。千百年来,咏昭君的诗句及其戏曲、小说等文学作品,汗牛充栋。白居易的"汉使却回凭寄语,黄金何日赎娥眉?君王若问妾颜色,莫道不如宫里时",被宋人罗大经誉为"高出众作之上"。王昭君,一度也叫王明君,那是为了避那位路人皆知其心的司马昭的讳。众所周知,古人名字犯了后世帝王级人物的讳,管他是谁都要"易以他音"。汉明帝叫刘庄,庄子就一度叫过严子;唐高祖叫李渊,陶渊明就一度叫过陶泉明。"骊山举火因褒姒,蜀道蒙尘为太真。能使明妃嫁胡虏,画工应是汉功臣。"这是明朝李诩《戒庵老人漫笔》里收录的一首诗。这是说,如果昭君不出塞,给元帝或成帝喜欢上了,西汉后面那四十年可能要改写,还是出塞更好。持这种观点的人为数不少,而王安石实话实说的"汉恩自浅胡恩深,人生乐在相知心",却被罗大经认为"悖理伤道甚矣",足见其定为熙宁变法的反对派。

王昭君在塞外的余生究竟是怎么过来的,史载非常简略。"强来前帐看歌舞,共待单于夜猎归"(储光羲句);"天低海水西流处,独有琵琶堪唤语"(胡稚威句);"胭脂零落倍销魂,急雪严霜泣暗吞"(那彦成句);而"极目胡沙满,伤心汉月圆。一生埋没恨,长入四条弦"(文同句),更令留下《容斋随笔》的洪迈,"读之飘飘然感慨无已也"。诸如此类,自然都是后世文人的想象。但王昭君眷恋故土是无疑的,呼韩邪死后,"昭君上书求归,成帝敕令从胡俗",这边硬是把她的那点儿不算过分的心愿打消了。这一切,《昭君出塞》不知道怎么表达,可惜,笔者对当下历史题材的电视剧实在提不起兴趣,大约不会再看。

2006 年 8 月 14 日

海归

如今在不少地方,海归变成了"海待",面临就业窘境。为什么如此?央视《东方时空》年初有个调查:洋文凭含金量总体下降、海归增多、期望太高以及国内学历竞争力上升。海归,即从海外回来的留学人员,一度是"人才"的同义词,不管他或她在国外混得怎么样。不过,大量活生生的事实不断在给人们上课。前几年,一个"客串"海归弄了几个基因样本回来——以学术打假闻名的方舟子先生说在美国市场上任何人花上几千美元都可以买到,但这件寻常之事却把我们这里弄得兴奋异常,至于有院士出面捧场、央视报道助阵,且毫不吝惜地掷过去一顶"基因皇后"的桂冠。没多久即证明,"皇后"等人着实愚弄了我们一回。

海归变成"海待",该是社会对海归的认识有了回归理性的征兆吧。所以说回归,因为这种态度并不是今天才有的。在钱锺书先生的笔下,海归就不那么光环耀眼,诸如《围城》里方鸿渐、韩学愈式的海归,在半个多世纪前不是已被钱先生辛辣嘲讽得灰头土脸了吗?不过是后人以为那属于文学作品的虚构,没有引起注意罢了。殊不知钱先生当时也是学府中人。杨宪益先生说过:"钱锺书先到西南联大,把人全得罪了,闹翻了,呆不住了。钱锺书后来就和以前不一样了,取了个号叫默存。也就是默默地还能够存在。后来他就比较好了,锋芒也不像年轻时那样毕露。"(李辉:《钱锺书与黄裳的趣事》)那么,以钱先生的个性,有没有理由认为他对若干海归的嘲讽属于空穴来风呢?

石霓女士有一部研究晚清留美幼童的著作《观念与悲剧》,其中所涉及的应该是中国最早的海归。1872年,中国向美国派遣了自古以来由政府派遣的第一批官费留学生——留美幼童,加上此后三年派遣的,幼童总共有四批共120名。其中,除了第一批的谭耀勋、第二批的容揆因为信教且剪辫被查出、被勒令遣送回国接受处罚而避难他乡,再除了另外三名幼童客死异国之外,其余的都是海归,属于海归的鼻祖。在他们当中不乏优秀分子,以罗国瑞、詹天佑后来在铁路上的贡献最大,此外,还产生了中国邮电业的奠基者、中国第一代矿冶工程师、中国第一代留学生外交官等。但是比较而言,剩下的多数海归无疑还是寂寂无闻的。

《芟楚斋四笔》云宣统元年(1909)《时事报》刊登了一篇《拟考试人员上唐宝锷书》,有趣得很,不妨录来解颐。那是天津审判研究所考试,唐宝锷出了道题:《唐明皇以诗书赐吐蕃论》。但那帮来考试的家伙想必就是走个过场,通过这种并不能证明什么的方式,"证明"自己的专业素质如何"过硬"以淆乱视听,让社会认为他们不是吃干饭的。然而,不要说答题,他们却连题目也看不懂,"不知唐明皇为何人,吐蕃即今为何国",至于"搜索枯肠,不得其解"。这件事情的有趣之处不在于此,而在于出题者唐宝锷自己也懵懵然。他说:"唐明皇即鉴书内之唐太宗,吐蕃即今之俄罗斯。"但这帮来考试的人当中,毕竟还有明白的,即所谓"不识时务之优贡某,不知自谅,竟敢出而辩难",他说吐蕃明明是西藏、明皇明明是玄宗嘛。他说的的确不错。该文揶揄道:"此等无据之谈,诚如公(宝锷)所云:尔于中学则致力矣,历史地舆之学素未讲求,毋庸争辩，致误真解。"瞧，不懂装懂反而还理直气壮呢。

这个唐宝锷就是海归。该"上书"起首便交代得清楚："公非所谓留学毕业生耶？公非所谓毕业考取翰林者耶？"喝过洋墨水，还是"竞争上岗"的，委实不过如此，而"以如此之翰林，有如此之认识，此足见留学生之特色，令人崇拜之不暇"。以偏概全，这话说得有些过分，但应该也道出了若干实情，有些文凭不过就是属于钱先生发明专利的"克莱登大学"的而已。《茶楚斋四笔》里的另一则似可作进一步诠释。"光绪末年及宣统初年，国朝名器之滥，为历代所未有，动辄赏几品京堂，或调部授丞参。乳臭未干者，多亦蒙此恩泽，庞然自大"。这当中，"洋翰林、洋进士、洋举人喷喷在人耳目，尤可笑者，日本留学生多有未入学堂，只购各校讲义一部，作为校外生，不知如何，亦得文凭"。这么看，方鸿渐倒是非常老实的呢！有个早稻田大学毕业的海归致书馆职，"前辈"误为"前辇"，"研究"误为"研究"。可能是一时的笔误吧，但时人没有放过，作联嘲之："辇辇同车，夫夫意作非非想；究究同穴，九九还须八八除。"

应当承认，晚清那个时候人们对出洋留学在观念上是有认识偏颇的成分的，最早的留学生绝没有权贵人家、富豪人家的子弟就是侧面的生动例证。但一些南郭海归的"成色"，也的确是人们所以诟病、所以能诟病的重要原因之一。

2006 年 8 月 21 日

农人不饥而天下肥

央视《焦点访谈》前几天报道了这么一件事,宁夏回族自治区固原市原州区为了建设"万亩蔬菜基地重点示范区",规定在划定的区域内只能种菜,否则强行铲除。并且他们说到做到,农民们偷偷种下的小麦、向日葵、胡麻等,被当地的干部用一种叫作旋耕机的东西把青苗连根铲掉。这种看起来荒唐透顶的行为已非止一次、一地发生,放远一点看,更非今天才有的"新鲜事"。

《永宪录》云,清朝雍正皇帝说过,"朕以民间膏腴之壤,栽种烟叶,抛荒农务,谕令督抚劝导,使之务本";然而,有些地方官"竟有将民间已种之烟叶拔去者,不能领会明旨,又使农禾两失"。雍正指出的这种现象,跟固原发生的事情就差不多,不同的是,强拔已种之烟尚属于下级会错了意,而固原那里的出发点本身就颇为蛮横。结果,到了收获时节,蔬菜却卖不出去,辣椒、西红柿等都烂在了地里,曾经豪情万丈的决策者也傻了眼。李昌平先生说"农民真苦",各级地方官员未必不知。明朝的宣德皇帝谒陵归来,"道中遥见耕者,以数骑往视之,下马从容询其稼穑之事",同时还"取所执耒耜三推"。这一体验,你说他是作秀吧,毕竟令他心生感慨,对侍臣们说了几句心里话:"朕三举耒,已不胜劳,况常事此乎?人恒言劳苦莫如农,信矣。"你看,连猫在深宫里的皇帝都知道农民真苦。劳作苦,再加上瞎指挥的苦,农民可真是苦不堪言了。陆放翁有篇家训,给后辈指出了上中下三条出路:"吾家本农,复能为农,策之上也。杜门穷经,不应举,不求仕,策之中也。安于小官,不慕荣达,策之下也。舍此三者,则无策也。"他怕子孙把这一告诫当成书生之见,还续了个尾巴说:"汝辈今日闻吾此言,心当不以为是,他日乃思之耳。"这就可见,放翁说话的时候,所谓务农为上策,已经不合时宜。真想知道,放翁后人他日思之,果然以之为是吗?

乾隆二年(1737),滇抚张允随有个条奏,说"州县牧令熟谙农功者少",不如要农民"自治"。他的办法是先定十条标准:一曰"筋力勤健",二曰"妇子协力",三曰"耕牛肥壮",四曰"农器充锐",五曰"耘籽精良",六曰"相土植宜",七曰"灌溉深透",八曰"耘耨以时",九曰"粪壅宽裕",十曰"场圃洁治"。然后呢,把具备这些条件十之七八的人家,定为"上农",再从中"选老成谨厚之人专司教导(农活)",每年秋收后由州县进行考评。"如果地辟民勤,谷丰物阜",就"觞以酒醴,给以花红(即奖金),导以鼓乐,以示奖励"。这个条奏"经部议准通行",但不知通行的范围如何。条奏的精华,在于由"上农"以自身的致富经历来示范,避免官员为了自己政绩、辖区"景观"而罔顾现实,肆意胡来。张允随属于有责任感的一类官员,更多的却是相反。《柳弧》早有则笑话云:有位官员致仕还家,打开箱子,忽然从箱子里钻出一个老人,"庞眉皓首"。官员吓坏了,问老人是谁。老人说,我是什么什么地方的土地神——《西游记》里孙大圣走到哪里动辄唤出来的那位,"君临行刮地皮时,误将我刮入箱中",所以我就来了。这种辛辣的嘲讽,正是某些官员的活写真。

说回雍止。他讲上面拔烟叶的那番话,是想褒奖河南巡抚

（后加兵部尚书、授为河南总督）田文镜，认为这样的官员才是"忠诚爱民"的一类。但从浙江道监察御史谢济世弹劾田文镜贪赃枉法来看，田文镜其实也是属于刮地皮的一类。他惯于迎合，上面禁止什么，他这里就已然杜绝了什么，全凭自己的一张嘴，"上禁赌博则奏河南独无，上勤赈恤则报丰收"。诸如"兰阳水旱八年，人民逃散，致妇女应有司追比"之类的事情，他就"匿不以闻"了。而且他"每年必以休嘉入告"，有一年居然进"瑞谷一茎十五穗"，还说怪不得自己那里"路不拾遗"，这种预示天下大治的兆头好啊。这一切很令雍正受用，"由是别省相效报闻"，可见示范作用有多么的坏。但当浙江李卫仿照田文镜的手法献天生锦、"言蚕吐丝而成"时，奇怪雍正忽然又明白了，说一定是"先界定其尺度，以蚕网丝，何谓天生？"看起来雍正不是不明白，只是对宠臣做的事装糊涂罢了。雍正还说过："田文镜秉公持正，乃天下督抚中所罕见；谢济世于天下督抚中独参田文镜，不知何心。"因此革了谢济世的职，并"严讯其朋比"。乾隆继任后，田文镜事发，他恨恨地说了一句："幸伊（文镜）早死。"那么谢济世何心？无非在于对雍正尽忠罢了。

唐朝刘轲留下一篇《农夫祷》，内中有句云："农人不饥而天下肥，蚕妇不寒而天下安。"对我们这个农业大国来说，一千多年前的话至今没有过时。

2006 年 8 月 28 日

"节俭"

8月31日,新华社受权发布了《国务院关于加强节能工作的决定》,提出解决中国能源问题,根本出路是坚持开发与节约并举、节约优先的方针。必须看到,即便不是构建节约型社会,力行和弘扬节俭也是必要的。但具体什么是节俭,不同的人有不同的表现。晚清名将僧格林沁"每至一处,马褥一床,席地而眠。麦饼数枚,开水一碗,即为夜膳",这是他的节俭。而宋仁宗"好服浣濯之衣",宋哲宗夏天拿的是纸扇子,在我们看来均属寻常之事,在他们那里则已属于节俭的行为了。因此,将来对照《决定》考核的时候——假如进行的话,要分清性质才行。

宋朝那两位皇帝节俭的事,见于朱弁的《曲洧旧闻》。仁宗"当未明求衣之时,嫔御私易新衣以进,闻其声,辄推去之"。看,底下的人想给皇帝换件新衣服都得偷偷地,怕他知道,这样的皇帝该有多节俭?据说仁宗穿衣服不大讲究,"遇浣濯,随破随补",居然到了补得"将遍"的地步,弄得全身上下都是补丁,"犹不肯易",至于"左右指以相告,或以为笑"。《宋史》记载,仁宗的确节俭,"有司请以玉清旧地为御苑",他说:"吾奉先帝苑囿,犹以为广,何以是为?"尽管如此,《曲洧旧闻》的这一段也还是太夸张了,近乎扯淡。哲宗用纸扇子的时候年纪还很小,对节俭什么的未必有意识。那是"御讲筵,诵读毕,赐坐,例赐扇"之后,文彦博忽然发现小皇帝"手中独用纸扇"——不知道大臣们手里的是何种材质,乃"率群臣降阶称贺"。宣仁太后当天晚上即以此教育小皇帝,你知道大臣们为什么对此称贺吗?"用纸扇,是人君俭德也。君俭则国丰,国丰则民富而寿。大臣不独贺官家,又为百姓贺也"。太后的话自然是小中见大,但以文彦博为首的大臣们的起兴,却难逃马屁的嫌疑。另一方面,倘若帝王级的人物小处俭而大处奢,或者俭的时候给大家"看到"了,而奢的时候"漏掉"了,还是可称之伪节俭吧。

《曲洧旧闻》还有一则讲一些地方官员如何节俭的。说以前的州郡"虽有公库,而皆畏清议,守廉俭非公会不敢过享",不敢肆意动用公款。其中的典范莫过于"灭烛看家书"的故事。当时有位极廉洁的官员,收到公文后"发缄视之",最后发现其中还有一封家书,"即令灭官烛,取私烛阅书。阅毕,命秉官烛如初"。在拙文《诈与诚》中,曾谈到寇準之奢的证据之一就是他大量地使用蜡烛,欧阳修《归田录》对此描述得很详细:"公(寇準)尝知邓州,而自少年富贵,不点油灯,尤好夜宴剧饮,虽寝室亦燃烛达旦。每罢官去,后人至官舍,见厕溷间烛泪在地,往往成堆。"而另一位名臣杜衍则不同,他也是"在官未尝燃官烛",平常就是"油灯一炷,荧然欲灭,与客相对清谈而已"。欧阳修说,二人"俭奢不同如此",但最后杜衍"寿考终吉",而寇準"晚有南迁之祸,遂殁不返",即便与蜡烛没有必然关系,也足令后人引以为戒。不过,对寇準的这一段历史,清朝的福格表示不相信。他说,就算寇準性好奢侈,断不至于连家里的厕所也不打扫一下吧。他为寇準申辩,是想借此提醒"史官载笔,不可不慎",担心"今之撰大臣列传者,俱系翰林,翰林中又多江浙人,往往秉笔多存党异……于爱之者,则删其谴责,著其褒嘉;恶之者,则略其褒嘉,详其谴责"。福格认为"史为万世公器,岂容去取抑扬?"因而他"深愿秉笔者,一空积习,传信后人,庶乎犹存是非之公也"。福格对史册应该如何书写极有见地,但为寇準辩诬,显然完全是由此及彼的主观推断。

王应奎《柳南随笔》说到他家乡有两个节俭得超过了常情的人,一个叫陈察的极贵,另一个叫谭晓的极富。这两位老兄节俭到了什么程度?陈察在巡抚南赣的时候,每天吃的菜就买只鸭蛋,分成两半,一半给家里的塾师吃,另一半再分两半,他们父子吃。谭晓更夸张,"每饭熟一卵",敲开个小口,筷子刚刚能伸进去,"借而啜之"。还不一下子吃完,要把蛋口封上,"再饭三饭乃尽"。在王应奎看来,陈察的所谓俭是"出于矫",做给别人看的;而谭晓的所谓俭则是"吝啬使然"。在王应奎生活的时代,巴尔扎克笔下的葛朗台尚未问世,吴敬梓笔下虽然已经有了严贡生,但这两个经典人物的"孤寒"全然不及谭晓,可惜谭晓却没有被"抢注"成吝啬的代名词。这两种"节俭",在我们今天也值得注意区分。

时人说,宋仁宗的"俭德"出于天性。但他这样做了,效果很好,"当时不惟化行六宫,凡命妇入见,皆以盛饰为耻,风动四方"。朱弁说:"比之崇俭之诏屡挂墙壁而汰侈不少衰,盖有间也。"也就是说,身体力行,比无休止地出台什么、强调什么、重申什么更为奏效。

2006 年 9 月 4 日

交白卷

今年高考结束后,河南考生蒋多多的"白卷"一时间引起舆论强烈关注。蒋多多属于故意违规:使用双色笔答题,并把自己的笔名写到密封线外,同时还在数学卷子上写下了"对于高考制度的一些看法"。结果,试卷被判为零分。当然,这也正是她的"目的"。她所以采用如此偏激的表达方式,在于希望教育部门对她反映的情况能够引起重视。

蒋多多的"白卷"并不白,科举时的"曳白"才是真白。比如唐玄宗时他人通过安禄山检举揭发的张奭,因为他是新贵御史中丞张倚的儿子,考官们就敢把这个不识一字的家伙忽悠成状元。玄宗亲自主持复检,结果"状元郎""手持试纸,终日不成一字"。这种白卷白得真是彻头彻尾。当代最著名的"白卷英雄"张铁生,交的也不是严格意义上的白卷。打倒"四人帮"后那份卷子的影印件我看过,记得在"下列变化属于物理变化还是化学变化"那道题目,张铁生答对了几个,印象中得了6分。而且,张铁生在考卷上写了那封所谓"发人深省"的信,影响了一时的教育制度,就更谈不上"白"了。

古人在科举时也有不少考生在卷子上写些与答题无关的文字。《清稗类钞》里就有好几则,有乡试的,有殿试的,太平天国时候也有人这么干。乡试讲的是马世琪,这个人"素以工制举文名于江南",就是说做八股文乃是他的拿手好戏。不过,这样一位名士在某年乡试时意外地马失前蹄,交了"白卷"。那年的题目是"渊渊其渊",《中庸》里的句子,并非难题,但"马求胜之心太切,不肯轻易落笔",可能想象同朝的王石谷作画一样,"一落笔即思传世"吧。然顾此失彼,这老兄浑然不记得还有子曰"过犹不及"。这一"思"过了头,至于"至次日,尚无一字"。该交卷了,"举子纷纷出闱矣",他老先生没办法了,乃口占一诗"题于卷",道是:"渊渊其渊实难题,闷煞江南马世琪。一本白卷交还你,状元归去马如飞。"题罢"扬长而出",潇洒得很。《清稗类钞》说他"至后科,竟联捷,大魁天下"。就是说,这一科马世琪虽然交了"白卷",但是三年之后卷土重来,他连战连捷,最后考中了状元。

殿试讲的是一个富豪子弟。他此前参加乡试、会试都是"倩人捉刀,遂魁两榜",请了枪手。不过估计他还是到场比画一下的,枪手乃事前预做了几篇文章,正好押题给押中了。那个时候,科举入场时的搜检非常严格,至于有的举子以这种做法令人蒙羞而卷铺盖回家,宁可不考了;但夹带的方式仍然防不胜防,举子们"或写蝇头书,私藏于果饼及衣带中",甚至还有"帽顶两层靴底双屉者"。在地方,这一套都行得通,到殿试的时候,富豪子弟遇到麻烦了。那天,"策题既下,侍卫露刃立阶下,毛发森竖"。因为监考太严,令他"不敢复萌故态"——当是不敢从怀里把夹带的东西掏出来抄吧。眼看着"搜寻腹笥,日晡未成一字",也是实在没办法了,把卷子铺开,他写了几句实话:"臣对臣闻,知之为知之,不知为不知,是知也。臣不知,臣不敢妄对,臣谨对。"不知道,那个靠作弊过了两关的富豪子弟的命运最后如何。

太平天国的时候也搞科举,初入武昌,即开始开科取士,由东

交白卷　213

王杨秀清任总主考。黄冈的刘鹏"年少能文章,科试不入选",然而考太平天国的,一家伙就中了"经魁"——前五名,不过大家私下里都叫他"伪举人",意思是他那个举人并不算数。光绪十六年(1890),快70岁的刘鹏参加了张之洞主持的科举考试,又中了,大家这才认为他的举人是名副其实了,但不忘其前科,只是改口叫他"真伪双料举人"。太平天国考试出题目,大抵围着他们自己转,"太平天国天父天兄天王为真皇帝制策"之类,显然他们需要得到的是中听之语,于是,答"三皇不足为皇,五帝不足为帝,惟我皇帝,乃真皇帝"的刘某,就成了状元。录取之后,杨秀清也是乱来,"状元授职天官右丞相,榜眼授职地官右丞相,探花授职春官右丞相",但这些"无官之丞相,天王所特授也",也是有名无实。太平天国还有一年出的题目为"四海之内皆东土",有个叫郑之侨的也是在卷子上写了首诗,起句云:"四海皆清土,安容鼠辈狂。人皆思北阙,世忽有东王。"结果,当然惹得杨秀清勃然大怒,至于"支解之"。还有个叫夏宗铣的,也是因为"终卷有骂詈语"而被磔,也是把躯体分裂。但夏宗铣是"被胁就试",说出刺耳的话纯属正常。

当今的时代大背景基本上是"一考定终身",蒋多多以一己之力与制度抗争,勇气令人钦佩。尽管她自己含泪说"做这件事不后悔",但是"旁观者"还是不免为之惋惜,至少在现在。

2006年9月11日

过生日

利用生日敛财,是如今一些官员的惯用招数。为此,有的充分利用历法分出阴阳的特点,一年过两次生日。有的还嫌不够,老婆孩子乃至丈人丈母娘的生日,也要大操大办。谁都知道,这种时候对本单位职工发出的"热情"邀请,其实是凭借权力公然腐败的行为,但是在权力的淫威之下,许多人还是不得不"缴械投降"。

生日即一个人的出生之日,也指每年满周岁的那一天。《云麓漫钞》云:"魏晋以前,不为生日。"说南北朝时江南有个风俗,孩子一周岁的时候,"随男女以纸笔针缕置前,观其所取,号为试儿",于是"每至此日,饮酒宴乐。后人因为生日"。这可能是生日的起源吧。皇帝也有生日,但过法不同。梁孝元帝于生日时,"常设斋讲"。唐穆宗继位初年即宣布:"七月六日,是朕载诞之辰,其日,百寮命妇宜于光顺门进名参贺,朕于门内与百寮相见。"要大家来给他祝贺,他也可以借机和大家联络感情。好玩儿的唐玄宗更是如此,他把自己的生日——八月初五定为千秋节,"令天下宴集休假三日",弄成了公共假期,"花萼楼前春正浓,蒙蒙柳絮舞晴空,金钱掷罢娇无力,笑倚栏杆屈曲中",欢乐得很。在千秋节这天,不但群臣、王公贵戚要给玄宗进献千秋镜,而且玄宗也要铸

"千秋镜"进行回赠。这是一种铜、锡、铅合金铜镜,"铸得千秋镜,光生百炼金。分将赐群后,遇象见清心"。关于"千秋镜"实物,考古发现已有为数不少。唐太宗是不喜欢过生日的,有一年他说:"今日吾生日,世俗皆为乐,在朕翻成伤感,……奈何以劬劳之日,更为宴乐乎?"

清朝状元毕秋帆于古人中最佩服苏东坡,因此他当了官、可能是手里有了公款消费的资本之后,每到农历十二月十九日东坡生日那一天,都要给他"做生日会",成为当时的一件盛事。届时,他把明朝大画家陈洪绶画的东坡像悬于堂上,"命伶人吹玉箫铁笛,自制迎神送神之曲,率领幕中诸名士及属吏门生衣冠趋拜",然后还要"张宴设乐,即席赋诗者至数百家"。这种生日会是发自内心的,并无功利可言,至少不像好多别的生日那样,场面热闹得很,但过生日的及贺生日的在觥筹交错之际,各自都盘算着自己的小九九。

南宋权臣韩侂胄有一年过生日,"群公上寿",吏部尚书许及之来晚了,把门的人"掩关拒之",不让他进来,把许及之弄得很难堪。然而"会门闸未及闭",许及之觉得还有机会,"遂俯偻而入"。韩侂胄的生日,不来不行,何况许及之还有自己的目的。《建炎以来朝野杂记》云,在吏部尚书的位置上干了两年没得到升迁的许及之,后来找韩诉苦,"叙其知遇之意及衰迟之状,不觉涕零,继以屈膝"。这之后没几天,许及之就如愿了,因而时有"由窦尚书,屈膝执政"之语,传以为笑。《谷山笔麈》更指出,诉苦这件事就发生在韩侂胄生日那一天,那么,这是许及之趁着韩某高兴提条件了。从许及之进门的姿态来分析,韩侂胄家的门很像今天店铺常见的卷帘门,研究卷帘门历史的人不妨深入探讨一下。

明朝正统年间,宦官王振一手遮天,军政大权尽握手中。这样的人过生日,当然不得了。《寓圃杂记》云,"诸大臣皆往贺",偏偏祭酒李时勉"独不往",把王振气得够呛。后来他找了个"擅斫文庙前古木为不敬"的罪名抓了李时勉,置"百斤枷"来惩罚相干人等;其中"有一枷特重数斤,为先生(李时勉)设也",李时勉差点儿因此丧命。瞧,王振一生气,后果很严重,前提不过是因为一次生日没来——当然是属于故意没来。明朝天启时的另一个宦官魏忠贤过生日就更惊天动地了。《玉镜新谭》云,他六十大寿的时候,不仅皇帝要"随礼"——赐金玉、羊酒"甚厚",而且"天下督抚、总镇竞投密献、异宝、谀辞",大臣自三公起,"衣紫拖金,填街塞户",正所谓"擅作一己之威福,而劫千万人之慑伏","剥削千万人之脂膏,而供一己之喜怒"。

清朝的孟超然督学四川时,也赶上过总督的生日。孟超然知道总督正是欲借生日敛财的一类,便故意在他生日那天"书楹联为祝",又"以己署衔款为言",总督觉得很好笑,睬都不睬。孟超然于是搬把椅子坐在督署门外,"各属送寿仪者,悉为簿录而却之"。他故意说,总督大人清廉,不收礼,你们瞧,"我送微物且不收,何况所属?"并且他严正声明,谁要是敢变着法子或偷偷摸摸地送,"我必立揭部科"。就这样在门口一坐坐了三天才离开,硬是搅了总督的好事。

像孟超然这样的反腐败行动基本上没有可复制性。但是显而易见,制约官员借生日敛财,仅仅单凭制订些如何不准的规定摆在那里,想必也无济于事。

2006 年 9 月 18 日

×奴

前几天北京《竞报》有一篇文章,说现在98%的房贷人有焦虑情绪,心理诊所已为"房奴"挤爆。房奴,虽然并没有权威的释义,但人们都知道是指那些因为买房而影响了生活质量和生活心情的人。奴与主相对,沾了"奴"字的边,大抵有被役使的意味,奴婢、奴才、奴隶、奴仆,诸如此类。旧时的青年女子,往往自称曰奴、奴家。《长生殿·春睡》中,杨玉环出场时有一段道白:"奴家杨氏,弘农人也。父亲元琰,官为蜀中司户。早失怙恃,养在叔父之家。生有玉环,在于左臂,上隐'太真'二字。因名玉环,小字太真。"如今说一个人是"×奴",谐谑之余,也有实指的成分,为"×"所驱使,"卡奴""车奴"等均不例外。

还说唐朝的"奴"吧。五代王仁裕的《开元天宝遗事》里提到了两个,一曰"飞奴",一曰"烛奴"。飞奴指的是鸽子,说张九龄年轻的时候,"家养群鸽,每与亲知书信往来,只以书系鸽足上,依所教之处飞往投之"。张九龄因此把鸽子叫作飞奴,字面上可以理解为"会飞的奴仆"的意思。而"飞奴"一语,在后来——直到今天一直都成了信鸽的别称。检索《辞源》,"飞奴"条的例句也用的是这件事,那么,"飞奴"的"专利权"要归属曲江先生吧。鸽子在今天已变身为和平的象征,在1896年举办的首届雅典奥运会开幕式上,鸽子就已在运动场上空展翅翱翔。毕加索笔下的"和平鸽"形象,更是世人所熟悉的名作。行业神崇拜是我国民间信仰的一大类型,不知道信鸽业是不是在以张九龄为祖师,按照规律推断,应该是。可惜,尽管是和平的化身,但鸽子同样不能逃过人的大快朵颐,各地的吃法简直就是眼花缭乱。粤菜里的乳鸽几乎逢宴必上;山西用鸽子为主料、经汽锅蒸制而成的那道菜,干脆直呼其名曰飞奴。前两年,留学英国的中国学生,还因为偷吃人家的鸽子,引起了不少纠纷。

"烛奴"之典则关联玄宗的庶兄李成义。《全唐诗》里收有一首张九龄的《三月三日申王园亭宴集》,诗的后半部是"藉草人留酌,衔花鸟赴群。向来同赏处,惟恨碧林曛"。诗题里的申王,指的就是李成义,从诗的内容看,九龄与他的关系相当不错。李成义像他的堂弟一样,"亦务奢侈",王仁裕说"盖时使之然"——由此可以看出当时的社会风气坏到了什么程度。然李成义究竟怎么个奢侈法呢?"每夜宫中与诸王、贵妃聚宴,以龙檀木雕成烛,童子衣以绿衣袍,系之束带,使执画烛列立于宴席之侧",这个雕刻成人形的烛台,就被李成义唤为"烛奴"。显然,"烛奴"比"飞奴"更形象、更直接一些。奢侈的李成义一旦开了头,"诸官贵戚之家皆效之",后来,凡是烛台索性都叫了"烛奴"。比如明朝人编的《幼学琼林》是古代蒙学读物中影响最大、编得最好的品种,所谓"读了《增广》会说话,读了《幼学》走天下"。《幼学琼林》里面就有"香炉曰宝鸭,烛台曰烛奴"之句,这是"烛奴"概念的从娃娃抓起了。

飞奴、烛奴,还只是生活中的"奴",官场上还有一种不知该如何定义的"奴"。汉高祖除了呼张良为"子房"还有点看重之外,其他人一概瞧不起,"骂詈诸侯群臣如奴",这是建立在淫威基础上的居高临下。还有一种则是自下而上的,自己先看低了自己。沈德符《万历野获编》有一条"武臣自称",说的就是官场称谓上的奴性表现。说以前浙江有个姓牛的副总兵,上公文给张璁(其人嘉靖时当过首辅;曾请行编审徭役,此为一条鞭法的前身)时,自称"走狗爬见"。这种自贱,连牛某人的外甥屠谕德也以之为耻,"至不与交",不跟舅舅往来了。不过在沈德符看来,"此右列常事耳",官场的普遍习气,外甥根本用不着就此生舅舅那么大的气。另外,在张居正掌权的时候,文武官员"皆以异礼礼之",所谓"异",也是自称上面的文章,比如"边将如戚继光之位三孤,李成梁之封五等",见张居正的时候谦卑得要说"门下沐恩小的某万叩头跪禀"。沈德符感慨道,这些大人物见到更大的人物都是一副奴相,"又何怪于副将之走狗耶?"

《永宪录》云,雍正皇帝曾经下令,禁止八旗大臣奏事称奴才。他有他的道理,说奴才既然自称为奴才,而大臣也自称为奴才,那么真奴才跟大臣不是就没什么区别了吗?"甚不合体",因而禁止;后来,"惟革职职官可以此称"。这样来看,时下辫子戏里动辄洋溢着兴高采烈的"奴才遵旨",编导的心理大概跟那位牛副总兵差不多吧。不过,今天的"房奴"挤爆心理诊所,预示着疯狂上涨的房价已让民众不堪重负,前提背景,应当说跟官场上任何时候的奴相都有着本质区别。

2006 年 9 月 25 日

能喝（续）

8月23日国家审计署发出通报，确认媒体关于盐山审计员酒店猝死案的报道属实，将追究有关负责人的责任。此前，在河北省盐山县城网电力改造审计中，沧州市审计局委派的审计组连续接受电力部门招待，一名审计员因连续几日饮酒过量导致猝死。而第二天，审计组其他成员和电力局领导踏上了去扬州游玩的旅程，审计局领导说死人事件谁也没有责任。此事在当地影响很坏。

与官场觥筹交错纠缠在一起的醉酒新闻，严格来说已经算不上是新闻。早两年还很有几个因喝酒身亡而知名的"烈士"。国人钟情于酒热耳酣，在于借此能够表达出夸张的情感，平时套不上的近乎可能套上了，不敢说出来的话可能敢说了。这在古代也不例外。《辽史》载，人言泰宁王察割有谋反之心，一日侍宴，萧塔剌葛便借着酒酣揪住察割的耳朵"强饮之"，曰："上固知汝傲狠，然以国属，曲加矜悯，使汝在左右，且度汝才能为。若长恶不悛，徒自取赤族之祸。"察割给戳到了痛处，只有强笑曰："何戏之虐也！"像这类话，就只有醉酒或假装醉酒的时候才说得出来。明朝的成化皇帝"眷汪直不衰"，大家谁说什么都听不进去，有个演滑稽戏的阿丑有一天就在皇帝面前扮演"醉者谩骂"。骂着骂着，人家(剧中)告诉他圣上来了,他那里"谩如故";人家又说汪太监来了,他假装赶快跑掉了。阿丑想通过这个情节告诉成化:"今人但知汪太监也。"不过,"帝听然而笑,稍稍悟,然廷臣犹未敢攻(汪)直也"。当然,喝醉的时候,人们听到的更多是言不由衷的奉承、恭维。像宋徽宗曾赐饮蔡攸,"频以巨觥宣劝之",且云:"就令灌死,亦不至失一司马光也。"在现实生活中应当是非常少见的。可是,徽宗虽尊崇司马光而鄙薄蔡攸,"然光已死,不免削夺,而攸迄被眷宠",这又是非常难以理解的。

欧阳修《归田录》云,宋真宗时的鲁宗道非常喜欢喝酒,他住的巷子旁就有一家仁和肆,"酒有名于京师",是家品牌店。鲁宗道"往往易服微行,饮于其中"。有一天,真宗有事急召他入朝,"使者及门而公不在,移时乃自仁和肆中饮归",原来是跑出去喝酒了。使者要先回去禀报,跟他商量:"上若怪公来迟,当托何事以对?幸先见教,冀不异同。"意谓咱俩得统一说话的口径。这显然是为鲁宗道着想,岂料鲁宗道并不在乎,直说我喝酒去好了。使者说,皇上岂不是要怪罪?鲁宗道说:"饮酒人之常情,欺君臣子之大罪。"见面后宋真宗果然问他"何故私入酒家?"鲁宗道答:"臣家贫无器皿,酒肆百物具备,宾至如归,适有乡里亲客自远来,遂与之饮。然臣既易服,市人亦无识臣者。"横竖看去,这都是假话、瞎话,但真宗默认了,只是笑曰:"卿为宫臣,恐为御史所弹。"这又是扯淡,皇上都一笑了之了,御史尽管有监察职能,又敢怎么样?这段记载里面的一个细节很有意思,就是鲁宗道的"易服"被提到了两次,后一次鲁宗道自己更有强调的意味,很可能当时也有不得着某类工作服装进酒肆,或者工作时间什么行业的人不得饮酒的规定吧。

清人王有光编过一本《吴下谚联》,"博采谚语,详加注释以成者"。他的后人整理时,认为该书"参诗史遗意,以美刺寓劝惩,发人深省"。有没有那么神奇,当然见仁见智,但其中辑录的一些,确实有些意思。比如"遇饮酒时须饮酒"条,是这样"详加注释"的:"此随遇而安,不遇不必贪杯,既遇何辞一醉,下一须字,何等从容自在。东坡云:'酒能乱性,佛家忌之;酒能养性,仙家爱之。'吾于无酒时作佛,于有酒时成仙。"不过,明朝顾起元的《客座赘语》也辑录了不少"于人情世事有至理存焉"的谚语,其中一则云:"酒在口头,事在心头。"对贪杯之徒而言,显然更应当叨念后一则。尤其是官员,倘若自家为了成佛成仙,公事成了甩手掌柜,那么即便前脚迈进佛门仙门,后脚恐怕也会被踹出来。

　　罗大经《鹤林玉露》里还有一则东方朔偷"不死酒"的故事。说岳阳有座酒香山,相传古有仙酒,饮者不死。汉武帝好不容易弄到了,却让东方朔给偷喝了。武帝气得想杀了他,东方朔说:"陛下杀臣,臣亦不死,臣死,酒亦不验。"罗大经认为东方朔寥寥数语,"盖讽武帝之求长生也"。汉武帝为了当神仙,有时真像一个白痴,酒喝多了人即使不至醉死也不是什么好事,哪有喝了反而可以不死的道理? 自 2004 年 1 月 1 日起,国家新颁布的《工伤保险条例》已经正式实施,条例虽然放宽了对工伤认定的条件,但明确指出,"醉酒导致伤亡的"不能认定或视为工伤。这条例显然是针对先前那些喝多了跌进粪坑淹死的那 类官员制订的。但我们谁都清楚,即便是醉酒而死的官员,如果人家想要认定工伤的话,总有它的办法。

2006 年 10 月 2 日

复建圆明园

不久前,从浙江横店集团传出消息,该集团将筹资200亿元,耗时5年再造举世闻名的"万园之园"圆明园。但要劳"圆明园"搬个家,搬去横店。他们初步规划占地面积350公顷,跟真的圆明园一般大小。消息即出,不知已发生了几度的圆明园是否需要复建、能否成功复建的争论,再次成为焦点。

如果要追溯的话,早在圆明园被英法联军焚毁还没有多久的时候,复建的声音就出来了。当然,那个时候的圆明园还不是今天的破败模样,山东画报出版社出版的《老照片》第四辑有一组摄于圆明园"火劫"十年左右的照片,从中可见圆明园现在残存的西洋楼一带,"虽惨遭破坏而依然楚楚动人"。糟糕的是后来圆明园又经历了"木劫"和"石劫",这就是各色国人包括官方的"杰作"了。经过这样"三劫",清初盛世之际苦心经营了150年的这个湖山之胜才彻底沦为遗址。陈康祺《郎潜纪闻初笔》云,最早的复建声音出在清朝同治皇帝继位的时候。

刚开始,"同治初政,满御史有建议修复(圆明园)者",结果是遭到"严旨切责"。为什么?没有细说,但接下来这一回,差点儿行动起来。同治十一年(1872),广东人李光照"具呈内务府,请报效木植,重修淀园",意思是说,如果重修圆明园,他愿意把所用的木材承包下来。同治皇帝"正思两宫（慈安、慈禧）听政过劳,无娱游休息之地",立刻"俯从光照请",亦即复建圆明园。然而李光照开的是皮包公司,他根本就没有资本,干的是买空卖空的行当,倚仗攀附上的权力,"冀以近悻为护符,得游川、楚、江、浙诸产木之区,勒索肥己"。没多久,李光照的行为露馅儿,"置光照于法,民间获免骚扰"。但复建圆明园的旨意即出,朝野莫不感到错愕,朝中以沈淮为先,上书力争不能复建。同治很生气,立即召见沈淮,他搬出的是"孝义"一类的大道理。沈淮平时说话就不大利索,单独面对皇上更有一点儿害怕,除了坚持认为"兴作非时,恐累圣德",说不出别的。退朝后他拜访陈康祺,陈给他出了个主意,说可以"补草一书",写这样一些内容:先戴高帽子,"天子以天下为养,凡可以博亲欢者,何敢顾惜帑项？"接着指出问题的实质不在这里,而在于"淀园之毁,非由天灾,今时事艰难,仇人在国,即国库充溢,亦不当遽议兴修"。他不是说复建是为了尽孝吗？再告诉他,"皇上自强不息,时时以继志述事为念,则所以仰慰文宗（咸丰）及两宫皇太后者,于孝道尤为光大",这才是真正的尽孝。沈淮次日果然照办,没多久,又有大臣游百川"袖疏廷诤,谔谔数百言,声震殿瓦",导致同治皇帝"虽未遽收成命",但"卒罢经营"。在强烈的反对声浪下,当年的这次复建就这不了了之。

《清稗类钞》里有一则"寇连才直言被诛"。寇是清末有名的忠义太监,他之所以被杀,在于向慈禧太后条陈十则。清朝祖制规定内监不准言政事,这一点不用慈禧发问,寇连才也知道,何况他又是言辞激烈,更不可能为慈禧所容。寇连才都说了些什么呢？在第一条"请归政皇上"之后,第二条便是"请勿修圆明园以幽皇上",其余是:请止演戏,请废颐和园,请罢修铁路,请革李鸿章职,请续修战备与日本战,"余数条,亦人所不敢言者"。事实上寇连才早已置个人生死于度外。上疏前几天,他"请假五日归,诀其父母兄弟";回宫后,"分所蓄与小珰",抱定必死的决心,一切都安排好了。在他就义的时候年甫18岁,但是"神色不变"。

《清稗类钞》里还有一则"安乐渡",说皇帝平时在圆明园御舟徐行的时候,岸上的宫人"必曼声呼曰:'安乐渡',递相呼唤",一个传一个,"其声悠扬不绝",直到船抵对岸才停下来。当英法联军逼近北京之际,咸丰皇帝"方园居",旋即从这里仓皇出逃热河。那个时候同治(载淳)还抱在怀里,不知道国家发生了什么事情,"安乐渡"的呼声既起,小孩子仍然"戏效其声"。咸丰抚摸着小载淳的头说:"今日无复有是矣。"说罢,潸然泪下,"内侍等皆相顾凄惶不已"。咸丰皇帝就是在圆明园出生的,他的感慨应该更异于常人。这是清朝历史上第一次皇帝出逃;40年后,咸丰的妻子——慈禧太后率领他的侄子光绪皇帝,又有了第二次。弱国无"安乐",一味高喊不已,掩耳盗铃罢了。

火烧圆明园是中国近代史上的一页痛史。复建它,是要再现所谓盛世辉煌,还是借助人造景观为旅游经济助推?纵使有一千个理由吧,圆明园毕竟是整个民族的,它的重生与否不能由几个有钱的人说了算。盛世也并不是靠一两座园林撑起来的,何况这个所谓的盛世结晶又是如此不堪一击。我们一些人为什么老是想着用"美容"的手段,硬要抹平这道刻在民族心底的疤痕呢?

2006年10月9日

后堂恐有未眠人

诗坛最近挺受关注。先是诗人赵丽华及其"梨花体"引发了网络狂潮,接着又有"先锋诗人"苏非舒在"挺赵"诗歌朗诵会上一件一件地"脱掉了16层衣服",准备一丝不挂地朗诵。《南方都市报》10月10日刊载了对苏诗人的采访,按他的解释,当众脱衣象征"诗歌应该是直接、简单的"。

热闹在诗外。在莽汉诗、下半身、废话诗等多个诗歌流派之外,梨花体看来又占定了一席。"赵又霖和刘又源/一个是我侄子/七岁半/一个是我外甥/五岁/现在他们两个出去玩了。"这种诗体的文字倒是浅显至极,如同——或者正是日常的大白话。《清稗类钞》云乾隆皇帝"每一诗出,令儒臣注释",当场不得原委没关系,"许回家涉猎",即便这样,仍然"多有翻撷万卷莫能解者"。可见乾隆是喜欢寻僻的一派,颇有卖弄的成分。近代陈三立(寅恪父)作诗,也是"避俗避熟,力求生涩",今天的研究者说他好用僻字拗句,以"生涩奥衍"的诗句替代"习见语",虽然源出众家,然"求起句之奇,求对仗之反差,或一句含多层意,则自成面目"。散原先生如此,则被看作是"为古典诗作了体面收束"。

不管怎样,古人其实还有一种"诗文不必寻僻"的理念。李调元《雨村诗话》云:"诗不可用僻事,亦如医家不可用僻药。"鲁迅先生在《呐喊·自序》中谈到他为父亲买药,讽刺说"因为开方的医生是最有名的,以此所用的药引也奇特:冬天的芦根,经霜三年的甘蔗,蟋蟀要原对的,结子的平地木……多不是容易办到的东西。然而我的父亲终于日重一日的亡故了"。这些奇特的药引大抵就可归入"僻药"之列,李调元如此类比,非常形象。清朝学者钱泳在其著作《履园丛话》里嘲笑一位孝廉,说他作诗好用僻典,因其"尤通释氏之书,故所作甚多",虽然多,却"无一篇晓畅者"。有一天,孝廉拿两首新作给钱泳看,钱泳"口噤不能读",根本明白不了,没办法,乃对旁人调侃:"记得少时诵李、杜诗,似乎首首明白。"闻者无不大笑。钱泳就此感叹道,诗文"用意要深切,立辞要浅显",古人的诸多名篇,不就是"将眼面前数千字搬来搬去,便成绝大文章"吗?钱泳觉得大白话完全可以入诗,"用得合拍便成佳句"。今天的赵诗人也是这种观点,而且她认为"床前明月光"、"飞流直下三千尺"等名篇,在唐代就是大白话。

  不过,有一点显而易见,同样是大白话,即使不拿脍炙人口的唐诗作参照,就是用唐朝张打油的打油诗与近人韩复榘、张宗昌的诗作相比,也有相当大的意境和寓意区别。且看安禄山大兵逼近,张打油作的那首:"百万贼兵困南阳,也无救援也无粮。有朝一日城破了,哭爹的哭爹,哭娘的哭娘"。虽然就是几句大白话,但是勾勒出了南阳城堪忧的现状及前景,让人会心一笑。再看看韩复榘的《游济南大明湖》以及张宗昌的《笑刘邦》之类,那是让人哑然失笑,虽然作者毫无让人聊博一笑的意味。前诗为:"大明湖,湖名大,大明湖里有蛤蟆,一捶一蹦达。"后诗为:"听说项羽力拔山,吓得刘邦就要窜。不是俺家小张良,奶奶早已回沛县。"因此,同样是大白话入诗,不成佳句,就可能成笑谈,粗俗不堪的就更不用说了,"妆点山林大架子,附庸风雅小名家"。

唐人姚汝能的《安禄山事迹》云，"安史之乱"中的那个"史"——史思明虽然不识字，但是好吟诗，当上土皇帝后更乐此不疲。史思明有个坏毛病，"每就一章，必驿宣示"，利用权力强行进行传播，具体是要"郡国传写，置之邮亭"，使百姓都知道，这种效果跟今天上网该差不多吧。但史思明实在不是写诗的料，因而作品往往"皆可绝倒"。他都写些什么呢？比如《石榴诗》是这么写的："三月四月红花里，五月六月瓶子里。作刀割破黄胞衣，六七千个赤男女。"史思明最有名的诗，当推他赐樱桃于儿子朝义和大将周贽时所吟的那首："樱桃一笼子，半赤一半黄。一半与怀王，一半与周贽。"当时一旁有个叫龙谭的小吏很不知趣，还出主意要把后面两句掉过来，说这样则"声韵相协"。史思明听得挺糊涂："韵是何物？"他想的只是"岂可以我儿在周贽之下！"举手投足，不忘的是地位和级别。

"吟至夜深人自爱，后堂恐有未眠人。"余不懂诗，但感觉今天的诗坛虽然总是吵嚷着如何振兴，其中的很多作品已然称不上诗，而诗人却偏偏以为自己是在写诗。如果一句话不是一口气说下来，不断停顿，写出来分成几行，这就叫诗的话，那恐怕会写字的乃至会说话的，都可以称作诗人了。清朝梁章钜说，作诗如果不能"质而韵、简而赅"，则"转不如藏拙矣"。他这个说法，值得诗人、准诗人们咀嚼。

2006 年 10 月 16 日

改地名

10月25日,河南周口市第二届中华姓氏文化节即将开幕,目的是再次扩大周口在全国的知名度。周口市淮阳县旅游局一位副局长就此认为:"与其如此花大力气,不如将周口市改名为陈州市,这样名气会来得更快。"按他的推算,"陈州"的招牌价值100亿元人民币。这么值钱的根源,在于著名的包公在那里铡过国舅,开仓放粮,救了数万生灵。在传统剧目中,《陈州放粮》《包公下陈州》《铡国舅》等包公戏久演不衰。

通过改地名来提高知名度,进而达到发展地方经济的做法已经不算新了。粗粗数过去,就有云南的潞南和中甸分别改名石林和香格里拉、湖南的大庸改名张家界、四川的灌县改名都江堰、福建的崇安改名武夷山、海南的通什改名五指山、四川的南坪改名九寨沟、安徽的徽州改名黄山、辽宁的锦西改名葫芦岛……再开列下去,会有长长的一串。古人也改地名,但在社会承平之际,大抵是可以排除"经济"因素的,或许这正是古人不及今人聪明的一个表现。但有一点比较类似,那就是作为后人的我们,对他们那个时候所以改地名抱之以讥笑,而我们这个时候改地名,不少声音即时已然流露出不屑。

且看古时吧。《永宪录》云,雍正时把湖北景陵县改为天门县,原因是避讳,因为康熙的陵寝就叫景陵。皇帝的陵寝都有名字,十三陵被发掘了的万历墓,叫作定陵;现在老是吵吵嚷嚷一会儿要挖一会儿又说不能挖的武则天墓,叫作乾陵;杜牧"乐游原上望"的那个昭陵,是唐太宗李世民的陵;如此等等。陵名与县名重了,雍正不仅"见之恻然",还"严饬督抚不行奏避"。其实,这很有一点儿不讲道理,毕竟县名在先,陵名在后。作为县名的景陵,在五代后晋天福元年(936)就出现了,不过也是避讳而来。景陵原名竟陵,竟陵的历史更早,秦始皇统一中国后就设了竟陵县,然而由于后晋那个"儿皇帝"叫石敬瑭,敬、竟同音,就把竟陵县改为了景陵县。但是,对雍正那种不讲道理的事情不必计较,历史上的相应事例数不胜数。唐玄宗名李隆基,在他前面的刘知幾就不得不改称字,作"刘子玄","基"与"幾"也是不同字但同音;但因为清朝的康熙皇帝又叫"玄烨","刘子玄"又只好改叫"刘子元"。不仅把这位著名史学家折腾得够呛,而且这样的事情多了,也给后人阅读史书设置了许多人为的障碍。还有一些避讳简直莫名其妙,比如宋钦宗叫赵桓,不知道为什么百姓连"丸"字都要避。鲁迅笔下的阿Q,因为"头皮上,颇有几处不知于何时的癞疮疤",所以讳"癞",学皇帝的样子推而广之一切近于"赖"的音;接着牵涉到了"光"和"亮";再后来波及了"灯"和"烛",虽然好笑,至少"脉络"是清楚的。但宋钦宗并不管那么多,不理解的也要执行,至于"科场韵脚,用丸字者皆黜落",反正后果自负,谁也别拿前程随便开玩笑。

两汉之际外戚王莽建立了一个短命的新朝,改名改得更是惊天动地,那是因为他迷古,认为从前的那一套万能。王莽一上台,不仅大改地名,而且举凡官名、爵名、人名,什么都改。中央从此有了四辅、三公、九卿、六监,地方的太守改成了大尹,县令改成了县宰；诸侯王改称公，"四夷"城王者改成侯；还有"匈奴"改"降奴"，"单于"改"服于"，诸如此类，不惮其烦。有人统计，西汉末共有103个郡国，名字被王莽改了的有75个，占了73%；总共1587个县，被他给改了名字的有730个，占了46%。因此我们在阅读《汉书·地理志》时就会发现有些很搞笑的地方，那就是在大量郡县名字的后面，都有小字标注的"莽曰"，也就是王莽时期叫什么。举广东所在的"南海郡"为例，郡辖六县：番禺、博罗、中宿、龙川、四会、揭阳，其中在"揭阳"的下面，小字注释"莽曰南海亭"。也就是说，王莽把秦朝既已设置（且沿用至今）的"揭阳"，硬生生地叫了一阵子"南海亭"。就在当时，因为有的地方一年改名达五次之多，弄得连当地人都闹不清当地该叫什么名字了，下诏书时还得同时附上原名，荒唐程度真是到了极点。

改名在今天变得非常热衷，除了改地名，还有改学校名，即所谓"升格"，于是有的名牌高校被改得听起来好像野鸡大学。改名得以大行其道，根本原因在于"拍脑袋"的人想改，为了"政绩"、衔头还是其他，总之有一把小算盘。他想改，就可以改，无须征求辖区人们的意见就可以改成，这也是中国的一个特色吧。虽不至于重蹈王莽的覆辙，但把大家改得糊涂了是很有可能的。

2006年10月23日

济物之心

医生索取患者的"红包"一直为社会舆论所诟病,媒体每每提起这个话题,立即会引来大量患者及其家属的强烈共鸣,占据多数的是愤懑与无奈。这个问题不知国外是怎么解决的。古希腊医生希波克拉底有个著名的誓言,据说古代西方医生在开业时都要宣读。到20世纪中叶,世界医协据此誓言还制订了国际医务人员的道德规范,要求每个医生必须恪守。不知道这个规范对我们的医生有没有约束,倘若有,又约束得如何。《希波克拉底誓言》的内容不少,其中"为病家谋幸福,并检点吾身,不作各种害人及恶劣行为",好像针对的就是"红包"问题。

放眼望去,"红包"问题并不是个新鲜问题。《清稗类钞》有个耕云子,"顺治时隐于楚江之西"。他是个杏林高手,因为"隐",别人不知道,但"人扶病过其前者,见而即止之",就是说,有病的人走过他面前,他能看出来,本领就这么神奇。把病人截下后,"语其故,治以药草,遂愈"。看好了病,人家"酬以钱",耕云子却不要,他说:"吾非医者,恶用此!"像耕云子这样境界的医生,在古代也是典范,多数人则不然。宋朝张邦基《墨庄漫录》云,有个叫段承务的也是"医术甚精",但人品就不怎么样,而且极无医德,"非有势者力不能屈致",眼睛专门盯着患者的来头。没权

济物之心　233

没势的呢?那就先拿"红包"来。一次有个富人病了,来找他,段承务知道有油水:"此病不过汤剂数服可愈,然非五百千足为酬不可。"千,千钱也,一千钱为一贯;足,泛指足额的钱数。就是说,这病在段承务看来虽然是举手之劳,然而如果不拿五百贯出来,一切免谈。那家人跟他还价,表示愿出一半,岂知段承务立刻"拂衣而去",你讲价吧,我干脆不睬你。人家后来满足了他,也还没算完,等到开药的时候,明明五十星(银子一钱为一星)的药资,"段复求益,增至百星,始肯出药",硬是又涨了一倍。

《清稗类钞》里还有一则类似的故事。说雍、乾间有位名医叶天士,十分了得。偏偏既生瑜又生亮,同时还有个同乡叫薛一瓢的,与之齐名,二人因而"相忌"。两位名医内斗起来,病人可就犯难了,请谁看病,自己得拿定主意,搞不好就得罪了另外一个。因为如果到叶天士这里,必要被问:"曾就一瓢乎?"到他那儿看过没有呀?到薛一瓢那里,也必要被问:"曾就天士乎?"叶天士气得大书"扫雪"二字,制成牌匾挂在自家厅堂上,显然是借《红楼梦》里"丰年好大雪"——以"雪"谐"薛"那种用意;不料薛一瓢知道后不以为意,认为"扫雪"与己无干,大笑之余径书"扫叶"二字,也挂在了自家厅堂上,针锋相对。一次有两个人比赛吃东西,结果赢的那个吃撑着了,到叶天士那儿看,天士说没办法了,办后事吧。家人便哭着把病人抬回家,这时有人说,再到薛一瓢那儿看看吧,"乌知其不可救耶"?家人"复异就一瓢"。刚开始薛一瓢也说没办法,忽然他问你们到别人那儿看过没有;听说去过叶天士那里,他又问天士说些什么;得知叶天士也说没得救了,他来了精神,让人家把病人留下,"一试吾技"。说完钻进里屋,"有顷出,手药一器,其色纯皎,以饮病者,复以黑药一器继之。病者腹如雷鸣,大泻而愈"。从治疗过程看,这病没什么大不了的,为什么叶天士治不了呢？问题正出在"钱"上。叶天士之所以"不乐为"，是因为要用到人参，他看出"病者家贫，不能备参，故告以无能为"。而薛一瓢的心地并没有善良多少，他"实为嫉妒所迫"，为了压倒叶天士才咬牙出了点儿血。

　　严格地说，段承务、叶天士他们索取的不能算是真正的"红包"，那里面毕竟还有酬金，但这种见了钱才肯干事的态度，与今天一些医生接受"红包"的行为着实无异。段承务这一次敲诈富人得手后，总觉得不踏实，接着做了一个梦，梦到有个穿着大红衣袍的人物教训他："上帝以尔为医，而厚取贿赂，殊无济物之心。"那人随后下令，对他"杖脊二十，牵而鞭之"。段承务梦醒之时，"犹觉脊痛"，让人看一下，"有捶痕"，吓得够呛，"归家未几而死"。这故事颇具神话色彩，不必当作实有其事。真做了这种梦，段承务也不会讲给外人听。况且里面的"上帝"，虽然个不是基督教里的那个 God，但指的是天帝，也是一个神。《国语》里有"天子祀上帝，公侯祀百辟"；李白《枯鱼过河泣》诗有"谁使尔为鱼，徒劳诉天帝"，说的都是这个神。古代大约没有法令制约段承务的行为，或者即使有，也早被当成了耳边风。而面对这种令人不齿的行径，人们要发泄情感，只好借助于鬼神，给后来者一个警戒。

　　医者的痼疾，定要由医者本身来医治，是不大可能奏效的，必须有外力的强劲干预。在段承务他们那个时代，鬼神的监督无疑比任何监督都效率更高、成本更低，该"疗法"成为首选，也就毫不出人意料。这就可见，监督，贵在找到方法。

2006 年 11 月 11 日

过三峡

10月27日,三峡水库成功实现了156米的蓄水目标。举世瞩目的三峡工程共分三期建设,为配合工程进度,水库按135米、156米和175米分期蓄水。中国长江三峡工程开发总公司总经理李永安说:"蓄水156米高程,意味着三峡工程将由围堰挡水发电期转入水库初期运行期,比初步设计提前了一年,这在三峡工程建设史上具有里程碑意义。"照我们外行来看,三峡水位抬高,长江上游航道变宽,急流险滩消失,航行条件得到了长足改善。但是水利专家指出,这些改变并不意味着船舶安全有了充分保障,随着航行条件的改变,航道尺度、水文条件、障碍物等又会出现新的情况和变化,船只过三峡时必须正视这些新问题。

古代过三峡无疑更是非常危险的。谚云:"滟滪大如襥,瞿塘不可触;滟滪大如马,瞿塘不可下。"滟滪,说的是堵在三峡之瞿塘峡口的一块巨石。后人根据水流淹没该石的状况,又衍伸出了"滟滪大如象,瞿塘不可上;滟滪大如牛,瞿塘不可留;滟滪大如龟,瞿塘不可窥;滟滪大如鳖,瞿塘行舟绝"等歌诀,总之意思无非是说,在多数时候过瞿塘峡,都是十分危险的。这块滟滪巨石直到1958年整治河道时才被炸掉。明朝王士性《广志绎》云,三峡也不是什么时候都如此湍急,"霜降水涸,仅如溪流,自四月至九月,石险水深"。而在石险水深的时候过三峡,全要仰仗艄公的技术,所谓"纸船铁艄公"。王士性说三峡那里的篙师,"其点篙之妙,真百步穿杨不足以喻,舟船顺流,其速如飞,将近崖石处,若篙点去稍失尺寸,则迟速之顷转手为难,舟遂立碎,故百人之命悬于一人"。这一段描写,真令人有说时迟、那时快的窒息之感。

宋朝范成大《吴船录》云,他当年过三峡的时候,一大早先派人去查看瞿塘峡的水势,发现"仅能没滟滪之顶,盘涡散出其上",暂时不出发。这种现象也有个说法,叫作"滟滪撒发",属于大水的前兆。果然,夜里"水忽骤涨",天亮了再去一看,"滟滪则已在五丈水下"。等到终于可以走了,尽管至"瞿唐(塘)口,水平如席",过滟滪石的时候还是危险万分。斯时,"摇橹者汗手死心,皆面无人色。盖天下至险之地,行路极危之时,旁观皆神惊";而"每一舟入峡数里,后舟方敢续发。水势怒急,恐猝相遇,不可解拆也",因此"帅司遣卒执旗,次第立山之上,下一舟平安,则簸旗以招后船"。这种万分小心不是没有道理的,《北梦琐言》云,唐昭宗时刘昌美典夔州,过瞿塘峡正赶上"峡涨湍险",乃"行旅辍棹,而候水平去焉"。这时朝官李荛学士带着全家也在这里,要去江陵。郡牧说水势正恶,歇一歇再走,但人家催得急,李荛还是"坚请东下",大家谁也劝不住。然而,"才鼓行桡,长揖而别,州将目送之际",突然"盘涡呀裂,破其船而倒,李一家溺死焉"……

《世说新语》也有一则记载,说东晋穆帝永和二年(346)桓温率兵伐蜀,过三峡的时候目睹"绝壁天悬,腾波迅急",慨叹曰:"既为忠臣,不得为孝子,如何?"很显然,桓温认为仗根本不用打了,大军连三峡都未必过得去,性命此番已提前休矣。此前,西汉有个叫王尊的益州刺史,已有桓温这种心态,但却比桓温积极得多。《汉书·王尊传》载,先是,琅邪王阳为益州刺史,行部至邛崃九折阪（今四川汉源、泸定、荥经之间），叹曰："奉先人遗体，奈何数乘此险！"后以病去。及王尊为刺史，至其阪，问吏曰："此非王阳所畏道邪？"吏对曰："是。"王尊乃叱其驭曰："驱之！王阳为孝子，王尊为忠臣。"一副凛然气概。

即使过三峡的状况那么危险，古人里也有非常潇洒的，李白的"轻舟已过万重山"当属此类。不难想见：同船的人可能都吓得够呛，他却在那里兴致勃勃地欣赏"两岸猿声啼不住"的壮美景观。唐朝的另一位杜悰也是如此。杜悰位极人臣，富贵无比，但他跟同僚说平生有三件事不称意：第一件是为沣州刺史——大概嫌官太小；第二件是贬司农卿——大概是官场不得志；第三件就发生在过三峡时，那是他"自西川移镇广陵，舟次瞿塘，左右为骇浪所惊，呼唤不暇，渴甚，自泼汤茶吃也"。范成大也是同样，他想得开，"余已在舟中，一切付自然，不暇问，据胡床坐招头处，任其荡兀"。

不过，那位杜悰杜邠公却有些潇洒得过了头，凡事都不放在心上。对那些"贫困尤甚"的亲戚，他睬都不睬，"至于节腊，一无沾遗"，有个亲戚甚至跑到他的衙门口来骂他。这是私事。公事也没好多少，"凡莅方镇，不理狱讼，在凤翔洎西川，系囚毕政，无轻无重，任其殍殣"。《旧唐书》给他的评价是"甘食窃位而已"。不过，很奇怪，他的爷爷和儿子却都非常有才华，也比他有名。他爷爷是留下了史学名著《通典》的杜佑，论者以为，《通典》的问世，改变了古代历史的编撰格局，是史学发展的又一次重大转折。他大儿子则是留下了"霜叶红于二月花"的诗人杜牧，人所熟知，无须赘言了。

2006 年 11 月 18 日

虽有为霖之志

王辟之《渑水燕谈录》云,宋朝夏竦17岁的时候作过一首《渡口》诗抒发抱负:"渡口人稀黯翠烟,登临尤喜夕阳天。残云右倚维扬树,远水南回建业船。山引乱猿啼古寺,电驱甘雨过闲田。季鹰死后无归客,江上鲈鱼不直钱。"余不懂诗,但亦觉得"后之题诗,无出其右"的评价,不知从何说起。且不论它。综合夏竦的一生,时人指他那句"甘雨过闲田"说,其人"虽有为霖之志,而终无济物之泽"。就是说,夏竦年轻时立下的志向虽然有为百姓的意思,但是后来当上官了,并且当了那么多年,却始终没有落实到行动上来。

这也让我们看到了今天不少官员的影子。在一些地方,许多信誓旦旦要为百姓造福的事情还没有影,已经是标语写在墙上、口号喊在嘴上了。尤其是贪官,落马之后往往要被翻出旧账来个言行对比,让他自打耳光。其实倒未必只有贪官才如此,不过对他们多踹上几脚不会惹什么麻烦就是了。本人在这里同样不能免俗。比方河南省卢氏县原县委书记杜保乾,曾于1996年在4平方公里的城区搞了夜景工程、绿化工程、隔离带工程、人行道铺花砖工程等10个重点建设项目。从表面上看,似乎是为百姓着想的,可算有"为霖之志";但是后来的详细披露却吓人一跳。卢氏县是个国家级贫困县,那时的卢氏人民还没有稳定脱贫。那么,大搞"工程"耗去的1396万元,非但不是"济物之泽",反而是雪上之霜了。而且其所谓的"绿化工程",就是在县城里建7条不同风格的街道,把过去几十年已长大的梧桐树一律砍掉,代之以棕榈树一条街、云杉一条街、垂柳一条街什么的。据当地群众反映,这些花木大多数是从杜保乾家乡购买的,不仅价格高得惊人,而且成活率较低,几百元一棵的棕榈树死了刨,刨了再植,植了再死。这样再一看,杜保乾有不可告人的目的在内,连所谓"为霖之志"也谈不上。

从"为霖之志"到"济物之泽",应该是口惠而实至的过程。如果一个准官员、官员只是嘴上功夫了得,不仅有欺瞒之嫌,而且危害国家和社会。夏竦这个人在《宋史》中的评价极低,除了广东人说的"口花花"之外,干出来的事情连为官、为人起码的品德都阙如。在工作作风上,"所在阴间僚属,使相猜阻"。你看,人家都千方百计团结部下,增强凝聚力,他则相反,这可能要算是非常变态的了。在生活作风上,他到陕西巡边,斯时朝廷和西夏的对峙正是剑拔弩张之际,这家伙却"置侍婢中军帐下",仍然声色犬马,至于到了"几致军变"的程度。这一切,尽管"上面"不清楚——或充耳不闻,"下面"的人可都是看在眼里的。所以有一年他要从地方提拔到中央,谏官们交相弹劾,甚至质问宋仁宗:"用奸诈不忠之臣,何以求治?"夏竦死后,仁宗拟赐谥"文正",朝臣的非议更大。刘原父上疏说,"谥者,有司之事",给什么人盖棺定论,有专业机构负责,不是您老官家该管的;"且竦行不应法,今百司各守其职,而陛下奈何侵之乎",大家又没有尸位素餐,为什么要剥夺司职部门的定谥权力呢?司马光更义愤地说:"谥之美者,极于文正,竦何人,可当?"意思是说,"文正"历来是个好得无以复加的谥字,而"世以为奸邪"的夏竦根本不配!在刘原父"疏三上"、司马光"书再上"等的强烈坚持下,夏竦的谥才终于改成了"文庄"。

《清稗类钞》里有一则"官之做法",那是嘉庆、道光年间京都流传的民谣,道是"小官大做、热官冷做、俗官雅做、闲官忙做、男官女做"。为了便于理解,每种做法都举了实例,比如说,一品要员卢荫溥还只是个小小仪曹郎的时候,即显示了不凡风度,"气宇轩昂,议论宏畅,杂之各长贰中,无以以辨,故曰大做";龚自珍的爸爸龚丽正呢,"值枢垣,不以奔竞趋走为事,故曰冷做";爱写诗的杨芳灿"由县捐入户部,而与名流唱和无日,故曰雅做";"周采川专以应酬为事,终日奔走不暇,故曰忙做。蔡銮扬好作艳体诗,时复顾影自怜,故曰女做"。几种"做法",真把官场生态刻画得入木三分。而除了卢荫溥的"大做"、龚丽正的"冷做",所谓"雅做""忙做""女做"等等,听者莫不以为极大讽刺。但就夏竦一类人来说,似乎还不能在这几个"做"中"归类",还要再辟出一项"舌官不做"才行,此意无他,直接"巧舌如簧"而已,这类官员只是能说会道。

对一个官员而言,有"为霖之志"是必要的,这是还有良心的官员为官的前提。但是仅此又是远远不够的,评价的标准终究还是要看他有没有"济物之泽",这是检验官员是否夸夸其谈、是否真正干出政绩的最重要尺度。

2006 年 12 月 11 日

超标·僭越

针对换届中一批领导干部到新岗位可能会配备超标车的现象,陕西省有关方面日前联合发出通知,要求严格执行领导干部配备和更换公务用车标准和备案制度,配备超标车的将被追究。这样的通知已经听到不知多少个了,或是其他省市,或是把"车"换成"房"——住宅、"吃"——接待标准,总之是你一个我一个,走马灯似地在眼前晃荡。所以,单纯地把陕西拿来说事,严格地说有欠公允。

突破自己"级别"所不应该用的礼仪"标准",在古代叫作僭越。僭,超越本分的意思。所谓本分,都是有一定之规为前提的;而所谓规定,也并不一定就是天经地义,起先可能有约定俗成的成分,后来渐渐地则由当权者说了算。就像谁该当皇帝,自诩为"正统"的或者当成了的,往往就斥责人家僭越。典型的要算南北朝时,同为中央政权,宋、齐、梁、陈谓北为"索虏",魏、周、齐则指南为"岛夷",互相瞧不起,谁的语意里都有对方僭越的意味。李延寿的《南史》《北史》把他们全部"正名",平等对待,这种在历史撰述上不再强调南、北对立和华、夷界限的认识和做法,还成了该书的一大亮点。

但在当皇帝之外,确是有许多成规的。比如衣食住行,什么级别的人该穿什么衣服,该住什么房子,该坐什么车,甚至该吃什么,自古迄清,都有明文规定,不仅见于历代礼书,而且还编入法典。超过了这些规定,就是"正宗的"僭越,也叫僭用。从某种意义上看,这是统治阶级内部的约束。所以这样说,在于官民之间原本鸿沟一道,商人在社会宽松的时候还能冒一下头,老百姓限于社会地位和经济能力,也根本没有僭越的"本钱"。"贵贱"这两大阶层易于辨别,难于衡量僭越与否的,只是官场中划分得叫人眼花缭乱的品或级。比如关于吃,《国语·楚语下》对"庶人"只说了一句"食菜"就够了,"肉食者"中才有什么"天子食太牢,诸侯食牛,卿食羊,大夫食豚,士食鱼炙"等等一大堆。又比如着衣的颜色,因为各代崇尚不同亦禁忌不一,隋时穿黄、白的就是庶人,当官的则又分出三四品紫、五品朱、六品以下绿。因此僭越问题主要发生在讲级别的阶层,住的厅堂非要弄大一点,门饰、屋瓦非要再讲究一点;出门的时候,该骑驴的非要骑马,该坐车的非要坐轿,诸如此类。硬要突破那一点儿界限,对其生活质量未必就能产生什么影响,但僭越的人是在炫耀,是要借此展示自己的一种藐视规定的能量。

为了严防僭越,历代都制订了相关的法律。唐、宋律对"营舍宅车服器物于令有违者杖一百,衣服于式有违者笞四十",住了不该住的大房子等等,不像今天这样撞在风头上也不过顶天顶天也就弄个不疼不痒的处分之类,而是屁股上真要小心挨板子、挨鞭子。在僭越问题上,元、明、清更分有官、无官治罪,这一点尤其特别。众所周知,从来当官的人违法都较百姓要从轻发落,"独于服舍违式处罚重于士庶"。概因制订者认为,当官的人应知礼法,而知法犯法罪重。可惜这一点没有作为普遍标准推广开来。元、明、清除了处罚僭用的人,同时还要追究承造的工匠,这就使得工匠不敢不问来由,"冒昧承造"。对于僭用的东西,唐、宋的态度是"可卖者听卖,不可卖者亦需改正",或者没收;元律则将违禁的东西"付告捉人充赏"。唐、宋的做法,在我们今天又有似曾相识之处,元律则"退回"了西汉的告缗时代,当然,"充赏"的东西肯定是有前提的。

但是法律归法律,生活归生活。僭越问题历代均不鲜见,有时无异于对政府的一再显示决心构成嘲弄,甚至成为社会风气,浸以成俗。唐朝极盛时,"贵戚勋家,已务奢靡,而垣屋犹存制度",饶是如此,从卫公李靖的家庙成了杨国忠的马厩,可窥杨家房舍奢之一斑。安史之乱后,"内臣戎帅,兢务奢豪",营造超标准住房达到了"力穷乃止"的地步。"国家倚为屏翰"的大将马璘,"前后赐与无算,积聚家财,不知纪极",他在京师修的房子,"尤为宏侈";他死之后,士庶为了来开开眼界,"争往赴吊者数十百人",有的甚至"假称故吏"。德宗还是太子的时候,就"宿闻其事";登基之后,"条举格令,第舍不得逾制,仍诏毁璘中堂及内官刘忠翼之第"。这该是古代的所谓三令五申了,每一次整治,都以浪费巨大的社会财富为代价。

在僭越问题上,奸佞小人如此,封疆大吏也如此;社会动荡时如此,太平盛世也如此。个中原因,颇值得玩味。在官本位的社会里,僭越可能是一种文化基因。研究认为,生物的基因一直处于改变的过程中,但是放在单体上来说,由于发生变化的基因占总基因的百分比很少,而且有害的变化很少,所以一般不会发觉,等到发觉的时候已经是变化积累后的结果了。官本位下的社会基因呢?

2006 年 12 月 25 日

石头标语

早几年,一篇《郧西县"石头标语"劳民伤财》获得了中国新闻奖二等奖。文章反映的是湖北省郧西县的一种普遍做法:乡镇热衷于在山坡上制作石头标语。湖北郧西县是国家级贫困县。比如该县店子镇姜家沟村太平寨制作的一幅大标语只有四个字:封禁治理。指的是封山、禁伐和治理荒山。大到什么程度呢?每个字有930平方米也就是超过两个半篮球场那么大。

我们中国人有用石头制作标语的传统。读《温故》(之六)知道,在长江巫山峡口的文峰上,曾经也有一条硕大无朋的石头标语:毛主席万岁。从山顶直排而下,五字连缀,差不多占去了半座山的高度。1961年9月16日,郭沫若先生坐船途经时看到,写下了五律《过巫峡》,咏叹"奇峰十二座,领袖万斯年"。他还在诗前的小序中说:"估计字径当逾十米。"实际上,正确答案是每个字长宽各十丈,也就是约合33米;而五个字连同感叹号和间距,超过了6000平方米。郭大诗人的估计实在太"保守"了!

再把目光伸向遥远的古代。宋朝钱易留下一册《南部新书》,那里面有唐玄宗准备造石头标语的记载。说"准备",是因为最终并没有造成。那是玄宗有一次游华山云台观,发现云台观的上方有个瓮肚峰——顾名思义,一块硕大的石头向前突出,好像半个大瓮扣在那里一样。玄宗眺望之余,"嘉其高迥",忽地冒出个主意,"欲于峰肚大凿'开元'二字,填以白石,令百余里望见之"。显然,他是要利用这块大石头炫耀自己"开元盛世"的功绩。不过此事终因"谏官上言,乃止",可惜谏官当时都说了些什么,不得其详。《唐语林》云,玄宗曾要建一座凉殿,"拾遗陈知节上疏极谏",玄宗不仅不听他的,还在凉殿建成之后专门把陈知节找来"赐坐石榻",让他感受感受,结果害得陈知节闹了几天肚子。从这件小事上似乎可以看出,玄宗终止在瓮肚上开凿"开元"二字,恐怕不在于工程是否劳民伤财,而在于难度太大,实现不了。谏官能够抓住的应该只有这一点,因为今天干这种事仍然有点儿不得了。就说放样作字吧,太平寨要在对面的山上用望远镜和对讲机进行指挥;巫峡那里,则要在长江对岸采用"旗语"来调度安排。至于工程量,太平寨是先在半山腰上挖 40 厘米深的槽子,再埋入石头,用水泥抹平,涂上白色涂料,5 个村的 1200 多农民,辛苦了 1 个多月才完成。其中一个村离太平寨 25 公里远,那里的农民要带着被子和粮食来"安营扎寨"。所用石头、水泥、沙、水等都是从山下运去的,从河中挑一桶水到最近的"封"字要 40 多分钟,从另一条路挑到最远的"理"字要 50 多分钟。劳民伤财,既然在今天也不算什么,在皇权时代就更不用说了。所以玄宗没有达成理想,委实属于自然条件的限制。人家太平寨尽管平均坡度在 65 度以上,巫峡那里虽然号称绝壁,文峰坡度也有 60 到 70 度,但毕竟都有个坡度呀,而瓮肚却是向前突出来的,凿两个"百余里望见之"的大字,显见是不可能的任务。

  别看唐玄宗最后没造成石头标语,后人并没有因此放过他。南宋著名词人李清照有《浯溪中兴颂诗和张文潜》二首,其中就提到了这件事。"浯溪中兴颂",指的是刻于浯溪(今湖南祁阳)边大石崖上的《大唐中兴颂》，由元结撰文，颜真卿书写，记载了安史之乱平定、肃宗中兴的史事，全是歌颂之词，当然不会涉及玄宗还京后的狼狈情状。黄庭坚诗曰："春风吹船着浯溪，扶藜上读《中兴碑》。平生半世看墨本，摩娑石刻鬓成丝"，可见此碑对他的吸引力。当时的很多文人骚客都像黄庭坚一样发此感叹，"断崖苍藓对立久，冻雨为洗前朝悲"；大约是为张耒（文潜）"玉环妖血无人扫"的归咎所触及吧，李清照乃步其韵赋诗，指出玄宗的骄奢昏庸、腐化享乐才是安史祸乱的起因，其中说道："去天尺五抱瓮峰，峰头凿出开元字。时移势去真可哀，奸人心丑深如崖。"李清照尽管是张耒的晚辈，但她的识见却超讨了包括张耒在内的她的许多前辈，所以宋人周煇评价说："以妇人而厕众作，非深有思致者能之乎？"

"君不见惊人废兴传天宝，中兴碑上今生草。"今天，文峰依然，"毛主席万岁"那五个大字却早已漫漶。郧西作为湖北生态环境最恶劣的地方之一，如果用建标语的干劲植树，太平寨也早都绿化了。今人建石头标语是为了向领导表功；古人欲建，则是为了向老百姓或后世炫耀。这也许是二者唯一的不同之处吧。郧西县大建石头标语的现象非常普遍，已建成的300平方米以上的大字居然有100多个，远远地即能"望见之"；当年，轮船顺江而下，文峰那条也是几十里外就能看到。古人没办到的事，今人办到了，可惜却不是什么好事。

2007年1月17日

方言

《中国青年报》昨天有一篇报道,谈论我国的方言正在消失的现状。文章认为,自从1955年10月我国内地开始推广普通话以来,内地人口中会说普通话的已经占到一半以上,在普通话主导"话语空间"的压力下,方言日渐式微。报道在陈述现状的同时,明显感觉得到透露出一种对方言依依难舍的眷恋情怀。这是可以理解的。方言的消失,毕竟意味着文化差异性和丰富性的缩减。但是,我们也应该明白,并不是所有的传统文化——时尚说叫作非物质文化遗产,都是依靠人的力量能够"保护"得了的。

在因交通不便而导致交流不便的古代,方言问题是个很突出的问题。《湘山野录》云,钱镠当年衣锦还乡,得意得很,"自昔游钓之所,尽蒙以锦绣,或树石至有封官爵者。旧贸盐肩担,亦裁锦韬之"。这还不算,他这个梁太祖朱温新封的吴越王,兴致到了高潮的时候,还邯郸学步模仿汉高祖刘邦,端着酒杯,亮起了嗓子。刘邦唱的是"大风歌",他唱的则是"还乡歌",唱些什么呢?"三节还乡兮挂锦衣,吴越一王驷马归。临安道上列旌旗,碧天明明兮爱日辉。父老远近来相随,家山乡眷兮会时稀。斗牛光起兮天无欺!"不料一曲唱罢,效果并不理想,不是大家认为歌词描写的不过是相见欢,境界去刘邦的"威加海内"之类远甚,不值得欢呼,而是"时父老虽闻歌进酒,都不知晓"。原来钱镠在外面待得久了,发音用的是当时的普通话,家乡父老但听见叽里咕噜地一大串,根本不明白他唱的是什么。钱镠也醒悟了,于是"再酌酒,高揭吴喉",这回改用了家乡方言,唱的是:"你辈见侬底欢喜,别是一般滋味子,永在我侬心子里。"这下了果然引起共鸣了;歌罢,大家"合声赓赞,叫笑振席,欢感闾里"。刘邦当时为什么不用方言?想来他的老家——今日地处苏鲁豫皖四省结合部的沛县,在当时没有钱镠位于浙西北的老家那么封闭、语言交流比较多的缘故吧。瞎猜。

《癸辛杂识》云,南宋末年为了征集抗击元兵的策略,朝廷成立了"机速房",职能呢,"凡有上书献书关涉边事者,并送本房面问,如有可行者并与施行"。有一天来了个蜀人杨安宇,"献策奇谲",奇谲到什么程度我们并不知道,但显然负责接待他的闽人许自认为是他的办法纯粹扯淡,至于两人"不相投合"。在争论的过程中,许自以一口"闽音秽语"——方言脏话压住了杨安宇,杨安宇马上又提出一条建议:干脆把许自派到前线去,让他"操秽语以骂贼退师"。当然杨安宇这是气话,不过不要说这计策未被采纳,采纳了也未必行得通。《三垣笔记》云明朝将亡的时候,孙传庭的队伍与清军隔河相望,就采用过骂战。明朝士兵们指着对面大骂:"吾淫若妻女。"——这应当是后世"国骂"的前身,形诸文字如此文绉绉而已。哪知那边的人哈哈大笑,继而赶出营中数百妇女,嘲笑地说:"此若辈妇女,尽为人淫,反欲淫人耶?"说罢"以数十骑浮渡,我兵数千皆走,如失魂魄"。这就可见,"×音秽语"只宜在嘴巴上逞能。

陆游《老学庵笔记》云,黄庭坚在戎州(今四川宜宾)作过一首乐府,里面写道:"老子平生,江南江北,最爱临风笛。孙郎微笑，坐来声喷霜竹。"陆游认为，流传的本子都把"笛"字改成了"曲"字，以为如此才押韵，"非也"；因为他"在蜀见其稿"，就是说看过黄庭坚的手迹，是"笛"字没错，但在韵脚问题上，陆游也觉得奇怪。然"及居蜀久，习其语音"，知道戎州那里"笛"的音近于"独"，黄庭坚那是有意以方言入韵，"亦因以戏之耳"。全词为："断虹霁雨，净秋空、山染修眉新绿。桂影扶疏，谁便道、今夕清辉不足？万里青天，姮娥何处？驾此一轮玉。寒光零乱，为谁偏照醽醁？年少从我追游，晚凉幽径，绕张园森木。共倒金荷，家万里、难得尊前相属。老子平生，江南江北，最爱临风笛。孙郎微笑，坐来声喷霜竹。"这一阕词，黄庭坚自己很得意，甚至说过"或以为可继东坡赤壁之歌"。检索今天的一些本子，收录该词的，基本上仍然作"笛"为"曲"。看起来，或者是陆游的意见没被重视，或者是今人以之为谬，不屑采纳。不过我们知道，毛主席的诗词有一些就是以湖南方言入韵，比如《临江仙·赠丁玲》词："壁上红旗飘落照，西风漫卷孤城。保安人物一时新。洞中开宴会，招待出牢人。纤笔一支谁与似，三千毛瑟精兵。阵图开向陇山东。昨天文小姐，今日武将军。"在我们非湖南人读来，就无从知道韵脚为何。

  方言是历史的产物，它代表了中华文化丰富多彩的一面，对其记录、整理，使后人免于费尽心机去琢磨、猜测，十分必要。有人认为，今天人们解释来解释去的"离骚"二字，就是当时人人皆知的方言。但这不等同于对方言的式微就悲天悯之，一定要让它像从前那样生机勃勃。有一天，当方言真的只是存在于词典中的时候，也是一种非常正常的现象。

2007年2月5日

×年谈×

农历丁亥年即猪年就要到了。狗年谈狗,猪年谈猪,×年的时候谈×,时人非常热衷于此,伴随着十二生肖的轮回而一轮接着一轮。所谓谈论,大抵是把关于该生肖的那些带好意头的字眼或词语挑出来,即便形貌对不上,谐音也成,弄个祝福什么的,让大家高兴高兴。有意思的是,在即将过去的狗年,因为跟狗有关的词汇大抵都属于贬义——蝇营狗苟、狗恶酒酸、狗仗人势等等,于是有人发明了"旺旺",从狗的招牌叫声中找到了慰藉。一时间,大江南北,"旺旺"之声四起。

清朝王有光《吴下谚联》云:"十二生肖不知始于何时,取于何义。"今天已经有人考证过,生肖观念最晚在汉代就出现了。其实王有光感到不理解的是为什么"老鼠打头猪打末"。他说:"夫以龙之神灵,虎之威猛,风云拥卫之物,乃赖乎中间,虽驾猪之上,已屈鼠之下矣,岂不悖哉!"总之,在王有光看来,把猪放在最后多少还说得过去,而"以鼠为头,其谁服之?"今天也有人考证过了,关于十二生肖的选用与排列,有种说法是根据动物每天的活动时间确定的,而夜晚十一时到凌晨一时(一日之始)是子时,正是老鼠最活跃的时段。这个说法在王有光那个时候未必不知道,他的解释让人疑心是在借题发挥,另有所指,在暗自抨击当时的用人之道也说不定。

古代也时常有人作生肖文章,不过那是另一种作法。朱弁《曲洧旧闻》云,宋徽宗赵佶是属狗的,他在位的崇宁五年(1106)为丙戌年即狗年。有个叫范致虚的一天出来拍马屁,说今年是陛下的本命年,而"今京师有以屠狗为业者",真是大不敬,"宜行禁止"。这一番话,很得徽宗的赏识,不仅因此下令"禁天下杀狗",而且对范致虚本人还"赏钱至二万"。京城里的太学生们知道后,都觉得这件事太过荒谬,有一位"宣言于众曰",当今朝廷不是凡事都要仿效推行熙宁变法的神宗皇帝吗?神宗属鼠,"当年未闻禁畜猫也"。因为按照范致虚的逻辑,猫是老鼠的天敌,鼠年的时候就该禁猫。大概就是范致虚开了恶劣的先例吧,元朝延祐年间,"都城有令,不准倒提鸡",因为元仁宗属鸡。明朝正德年间,"禁天下食猪",这倒不是明武宗属猪,而是觉得猪与朱同音,"犯国姓也"。陈其元《庸闲斋笔记》还讲了一个东施效颦的故事。说他父亲在福建光泽县当官时,"邻县某因禁私宰,几至民变"。那里对杀牛的人戴枷示众,"而以牛肉环置架上",结果牛肉"暑腐臭烂",把那人活活给"熏蒸致死"。为什么县令如此残酷?原来这家伙"生肖属牛,姑爱牛同于骨肉"。宋朝赵汝愚的母亲属兔,他就终身不吃兔肉,但他那是个人行为,自己珍重兔子而已,并没有干涉他人的自由;如县令般强加于人,就是利用权力施展淫威了。

宋朝的太学生们未闻神宗时"禁畜猫",其实再往前,唐朝的时候则确实有过一回,只是范围没有扩大到天下那么大而已。《旧唐书·后妃传》载,高宗永徽六年(655)废王皇后及萧良娣皆为庶人,"囚之别院",当然,都是武则天的主意。对武则天来说,这且不够,未几,"令人皆缢杀之"。当萧良娣初囚之时,曾经大骂武则天曰:"愿阿武为老鼠,吾作猫儿,生生扼其喉!"这讲的是所谓来世的事情，但把武则天吓得够呛，为了使自己免遭"报复"——给萧良娣变的猫吃了，"自是宫中不畜猫"。饶是如此，武则天还是时时要发恶梦，因为她处置王、萧二人实在太残忍了。西汉时吕后对待戚夫人，是灌上哑药，熏聋耳朵，挖去眼珠，斩掉四肢，割去舌头，活活变成"人彘"；武则天则同样对二人"截去手足，投于酒瓮中"，欲"令此二妪骨醉"。因此她老是见到二人"披发沥血"的死时惨状，"祷以巫祝，又移居蓬莱宫"，全不顶用。

范致虚在《宋史》上有传，中过进士，跟金兵作过战，"金人守潼关，致虚夺之"，可能还立过功。但"禁天下杀狗"这件事干得显然不够漂亮，因而"有善议论者"——该是当时的杂文家了——就此进一步一针见血地指出，代表生肖的这十二种动物，完全是人为规定的，能说明什么呢？而"以忌器谀言，使之贵重若此"，则"其忧有不胜言者矣"。可不是吗？为了讨得皇帝的欢心，范致虚不仅是带累得一种职业遭了殃，类似他以这样的手段得到重用，乃是开启了用人、察言的恶劣风气。

2007年2月13日

政绩工程

魏泰《东轩笔录》云,宋朝有个皇帝侍从官叫范延贵,有一年作为特使押兵路经金陵,金陵守张咏问他这一路过来,"还曾见好官员否?"范延贵说,路过袁州(今江西宜春)萍乡县的时候,虽然不认识其邑宰张希颜,但"知其好官员也"。张咏再问何以见得,范延贵说自从进了萍乡县界,就发现那里"驿传桥道皆完葺,田莱垦辟,野无堕农",已然一派大治景象;到了城里呢?更是"廛肆无赌博,市易不敢喧争,夜宿邸中,闻更鼓分明"。在范延贵看来,这些看到的事情都可作为自己结论的依据。

眼见为实,耳听为虚,范延贵恪守的无疑是古训。和道听途说比起来,也确实是眼见为实。不过,倘若范延贵生活在今天,就不能再翻这种老皇历了。反对特异功能存在的司马南先生就有一句与之相左的名言:"眼见不为实。"他也确实给我们现场拆穿过许多先前眼见以为实、真相大白后确不为实的把戏。范延贵没有沿路考察谁的任务,他只是比较留心观察,所以别人问起来,他能够谈出自己的感受。但范延贵式的鉴别,前提须是被鉴别者表里如一,政绩的确摆在面上。今天用这种方式来判断一地官员的贤否,十有八九则要走眼了。因为今天有一种叫作"政绩工程"的玩意,就是给走马观花的人——尤其是上面的人看的;虽然这种

"工程"纯粹是劳民伤财的花架子,但不少人把它当作升官晋级的敲门砖来经营,如果因此得出好的评价,那便正中他的下怀。安徽贪官王怀忠透支阜阳未来10年的财力,修建了一个现在只有野鸟出没的"国际化机场",在修建的时候要是给"范延贵"看见了,那还不得赞叹王怀忠的魄力、果断或者极有主见?2月21日央视《焦点访谈》报道,赌博在荆州明目张胆,记者"暗访"后给当地派出所打了举报电话,却没有任何反映;而当记者随同治安大队的干警去那些生意兴隆的地方"明察"的时候,却是连赌机都不见了踪影,只剩下空荡荡的房间。后面这种情况要是给"范延贵"看见了,那还不也得跟着拍手叫好?

　　古人也未必没有"政绩工程",仅仅上任一年就把巴陵郡治理得"政通人和,百废俱兴"的滕子京,他所重修的岳阳楼就难说不是"政绩工程"。其所以被贬到巴陵郡,是因为"前在泾州费公钱十六万",经济上有问题。司马光《涑水记闻》云,滕子京重修岳阳楼时,筹资"近万缗,置库于厅侧,自掌之,不设主案典籍,楼成,极雄丽,所费甚广,自入者亦不鲜矣"。可见到了新的地方,他的毛病丝毫没改。且今大有岳阳的人士考证了,什么"百废俱兴",一些见诸记载的"工程"到最后连影子都没有。比如说,他"尝欲起巨堤以捍怒涛,使为弭楫之便",就是构筑所谓偃虹堤。没开工呢,先"求文于欧阳永叔,故述堤之利详且博矣,碑刻传于世甚多",把牛吹出去再说。而实际结果究竟怎样呢?王得臣《麈史》云:"治平末,予宰巴陵,首访是堤,郡人曰,滕未及作而去。"可叹欧阳修这个大文豪,在《偃虹堤记》里把滕子京赞得不留余地,什么"不苟一时之誉,思为利于无穷",根本没有调查研究,高帽子就甩出去了。

　　金陵守张咏询问范延贵,是因为他喜欢搜集信息,宋真宗曾称赞张咏才可任将帅,可惜"以疾不尽其用"。张咏这样说过:"询君子得君子,询小人得小人,各就其党询之,则无不审矣。"可是,君子和小人的界限怎么区别,没有那么一目了然。张咏此前就了解张希颜和范延贵,所以有"希颜固善矣,天使亦好官员"的感叹,但是生活中还有另外一种情形,以为询到了君子,而不幸碰到了小人,这样就会有一个信息误导。《资治通鉴》卷一载,齐威王时即墨大夫把即墨治理得很好,"田野辟,人民给,官无事,东方以宁",但是"毁言日至";而阿大夫的辖区境况截然相反,却是"誉言日至"。齐威王派人调查才弄明白,那是后者"厚币事吾左右以求誉也"。齐威王的"左右",显然就是曾经作为君子留在身边的。后来,齐威王"烹阿大夫及左右尝誉者",把人给活活煮了,手段实不足取,但是群臣也因此"耸惧,莫敢饰诈,务尽其情",更收到了"齐国大治,强于天下"的效果。

今天这样说范延贵,很可能对他冤枉至极,然而这里却无冤枉他的本意,而是要提防这样一种根据表面现象做出臧否结论的简单思维模式。我们不能不承认的一种现实是,诸多热衷"政绩工程"的人之所以得逞,"范延贵"式的"鉴别"正起了推波助澜的作用。

2007 年 2 月 15 日

地域歧视

在赵本山贺岁片《落叶归根》中,"非著名相声演员"郭德纲扮演了一个肥头大耳的马路劫匪,且用并不标准的河南话说了一段台词。这段情节博得了观众的笑声,但是,一篇由河南籍网友发的题为"郭德纲扮劫匪说河南话严重侮辱河南人的形象"的帖子,提出要对郭严正声讨。该帖引来了大量跟帖,不少网友声称,对影片中的这一情节非常反感,认为带有强烈的地域歧视。

单凭几句简单的河南话就得出如此结论,可能有些"上纲上线"了。不过,翻开我们的历史看看,地域歧视的观念确是在相当长的时间内存在着。尤其"南人"与"北人"的界限,划得相当清楚,成了一个解不开的死结。北宋寇準当年参与科举录取,总要跟同僚力争,每一如愿,则喜滋滋地说:"又与中原夺得一状元。"这就是说,寇準争的是录取"北人",他掌握着一条"籍贯"的原则。邵伯温《邵氏闻见录》云,宋太祖以开国功臣皆"北人",乃刻石禁中,相当于立了条家规:"后世子孙无用南士作相。"太宗赵光义显然遵从了皇帝哥哥的教导,真宗的时候变了,"始用闽人",但邵伯温补充一句"其刻不存矣",不知道是不是在说因为碑没了,真宗才敢这么大胆。英宗打破这一禁令时,有大臣马上下了结论:"天下自此多事矣。"这么说的理由非常荒谬,概其人认为"天下将治,地气自北而南,将乱,自南而北"。他举例说比如杜鹃吧,洛阳原本没有这种鸟,现在不仅有了,而且自南面飞来,说明"南方地气至矣"。不用说,这是从骨子里瞧不起"南人"的心态在作怪。英宗认为"北人文雅不及南人",但北人"质直雄威,缓急当得力",于是,掌管铨选、又"性不喜南士"的王翺,抓住这句最高指示,"益多引北人"。

  这种状况直到明朝也没有改变。顾炎武有个评价:"北方之人,饱食终日,无所用心。南方之人,群居终日,言不及义,好行小惠。"貌似不偏不倚,对"北人"与"南人"的劣性一面,嘴下都来了个毫不留情。想来亭林先生一定心有所指吧,他所概括的也许是他自己平日接触的"北人"和"南人",虽无私心,却未必不是以偏概全。但这种私底下的品评无关宏旨,用之于国家政策的落实,就会贻害不浅。《明史》卷一三七记载,洪武三十年(1397)有个案子,翰林学士刘三吾"偕纪善白信蹈等主考会试",开榜的时候,浙江"泰和宋琮第一,北士无预者"。因为榜上没有一个"北人",被落选考生指责身为"南人"的主考官"私其乡"所导致,不公平。朱元璋"命侍讲张信等覆阅,不称旨",于是大怒,不仅"信蹈等论死,三吾以老戍边",还"亲赐策问,更擢六十一人"。这回走了另一个极端,录取者"皆北人",一个"南人"也没有,以致后人讥讽这年科举有"南北榜"。当时也有一种说法,认为复查的张信他们"故以陋卷呈",专挑差的往上送,刘三吾等"实属之",并不存在故意,碰巧了都是"南人"而已。然"南北榜"的背后,折射出来的是"南"与"北"的相互成见之深,哪怕偶然的巧合也可能酿成严重事件。不知道与这件事是否存在一定的逻辑关联,洪熙元年(1425)科举开始实行分卷制度,仁宗皇帝命杨士奇等定会试南、北卷,规定取士之额,比例为"南人十之六,北人十之四"。赵翼

《陔馀丛考》云：傅维麟《明书》谓宣德中上尝论科举须兼南、北士，但北人学问不及南人。这就是南人录取比例稍高的缘故吧。宣德、正统年间，又分出了南、北、中卷，"以百人为率，则南取五十五名，北取三十五名，中取十名"。

《明史》卷三百六另载，阉党焦芳亦"深恶南人，每退一南人，辄喜。虽论古人，亦必诋南而誉北"，完全是因地废人。他还写过一篇《南人不可为相图》呈送刘瑾，作为理论上的依据。在对地域歧视问题的认识上，倒是清朝的雍正皇帝比较明白，别看他制造了多起骇人听闻的文字狱，残暴无比。萧奭《永宪录》云，雍正有一天晓谕群臣："如江、浙则诋山、陕为蠢，山、陕更诋江、浙为柔靡"，这种现象是很不正常的；"若山、陕之人佩服江、浙之文，江、浙之人推重山、陕之武，则文武并济，各效所长，岂不美哉！"

近代人文地理学奠基人之一、德国的拉采尔提出了地理环境决定论，认为地理环境从多方面控制人类，对人类生理机能、心理状态、社会组织和经济发达状况均有影响。对这个理论历来褒贬不一，但是不同的地域繁衍出不同的文化特色，却是不能否认的。这些文化都有值得骄傲自豪的一面，也都有需要反思内省的一面。倘若像历史上那样一味地就要地域歧视，本身是极其可笑的。

2007 年 2 月 25 日

心太猛

央视前些天在搞"原创歌曲经典回顾",每天晚上播那么半个小时或一个小时。回顾到20世纪90年代的某一年,是任贤齐的《心太软》。记得此歌流行的那段时间,大街小巷,到处"你总是心太软、心太软",男女老少,皆似怨妇哀鸣。当年,电视剧《水浒传》播出之后,剧中的"该出手时就出手"一时间引起全社会共吼,大抵也是不同的人从中找到了相同的心理慰藉。如巴蜀鬼才魏明伦先生所说,龙蛇通用,善恶咸宜,贪官出手索贿,奸商出手宰人,奴才出手拍马,"公仆"出手争权……都可以各取所需,心安理得地歌唱"该出手时就出手"。如今,人们那么钟情于"心太软",尽管其以温柔的样貌出现,与魏先生所论的刚猛的"出手",功效上殊途同归吧。

由"心太软"想起"心太猛"。那是隋文帝杨坚评价大将贺若弼时的用语,说贺若弼这个人"嫉妒心太猛,自是、非人心太猛,无上心太猛"。心太猛,无异于说太过分。子曰"过犹不及",凡事超过一定的度,都不大好,都有可能走向反面,又何况嫉妒之心与自以为是之心、贬抑别人这些人性的弱点太"过"呢?无上,谓目无尊长,但贺若弼还不敢眼中没有皇帝,相反,他的嫉妒、自是与非人,还都拉着杨坚的大旗。他把进攻陈国的作战方略总结之后,特意取名曰《御授平陈七策》，表示一切皆归功于遵从文帝的指示部署。《北史》里载有《御授平陈七策》的具体内容，"其一，请广陵顿兵一万，番代往来。陈人初见设备，后以为常，及大兵南伐，不复疑也"等等，既有战略，也有战术。可惜，面对贺若弼的良苦用心，文帝"弗视"，看都不看一眼，并且说："公欲发扬我名，我不求名；公宜自载家传。"

贺若弼的嫉妒、自是与非人，针对的都是同僚。他与韩擒虎同被委以平陈重任，但韩氏首先攻破陈的京城，并俘获陈后主；当天夜里，贺若弼的大军才开进建康。韩擒虎功在其先，令他耿耿于怀。所以班师回京之后，他在文帝面前公开与韩擒虎争功，说因为自己的死战，"破其锐卒，擒其骁将，震扬威武"，才至于灭了陈国，而"韩擒虎略不交阵，岂臣之比！"他的死战不假，说韩氏"略不交阵"也不差，但他完全忽视了"甚为敌人所惮"的韩擒虎，所到之处，望风披靡，陈国大将纷纷投诚，几乎无须"交阵"。本来打到皇城门的时候，陈军还想抵抗一下，然而先期归顺的大将任蛮奴吼了句："老夫尚降，诸君何事！"就把人都给吓跑了，而韩擒虎此时不过只率"精骑五百"。这种所谓"略不交阵"，正是孙子所谓"不战而屈人之兵"的至高境界。说韩擒虎跟在后面捡了便宜，足见贺若弼的嫉妒、自是与非人，完全失去了理智。

自以为了不起，也不必看不起别人。晋人殷仲堪"善属文"，孝武帝告诫他："勿以己才而笑不才。"南齐之檀超与晋之郗超是同乡，为人并称，但檀超认为自己就是比前辈强，一句"犹觉我为优"也就够了。但贺若弼不同，他在嫉妒、自是的同时还要非人。他"自谓功名出朝臣之右，每以宰相自诩"，可是"杨素为右仆射，弼仍为将军"，他生气了，"形于言色"，骂骂咧咧，说当朝宰相高颎、杨素之流"惟堪啖饭耳"——只是吃饭的货。连文帝杨坚都看不过眼,问他你凭什么这样说人家呢?当太子杨广要他评价隋初几位战功赫赫的领军人物时,贺若弼也是这副德行:"杨素是猛将,非谋将;韩擒虎是斗将,非领将;史万岁是骑将,非大将。"总之,没一个让他看上眼的。杨广又问那么谁可称作大将,"弼拜曰:'唯殿下所择。'"潜台词是,除了我还有谁呢?

"心太猛"的人,注定成就不了大的事业。肚子里始终有股气,当然就会郁郁寡欢。本来,杨坚对贺若弼是寄予极大希望的。隋灭陈,等于宣告自西晋末年以来,华夏再度实现了一统,文帝高兴地说:"天下盛事,何用过此!"转而对仍在前方的二将表达了"相思之甚,寸阴若岁"的急切愿望。但后来的贺若弼实在让他失望,在他裁定韩擒虎与贺若弼"二将俱为上勋"之后,贺若弼仍然不依不饶,非要高过韩擒虎不可。当月,突厥使者来朝,文帝命左右侍从把他们领到韩氏面前,告诉说,你们知道江南有个陈国天子吗?这就是捉住他的那个人。横竖看去,与其说是文帝告诉给突厥使者,不如说是在告诉贺若弼。实际上,当"公卿奏弼怨望,罪当死",杨坚要他"自求活理"的时候,应该对他已经没有任何好感了。开皇二十年(600),贺若弼"复坐事下狱",文帝乃历数了他的这几个"心太猛"。

"人所应有尽有,人所应无尽无",有人这样赞美南朝的江智渊。纵观江氏所为,徒有虚名。实际上这顶褒扬得不留余地的高帽子没有人能承受得起。人有弱点是正常的,并不可怕,只有如贺若弼般把弱点发挥到极致,才十分可怕。

2007年3月9日

头衔的长短

与人交往,常常收到一些名片。有时碰到罗列一大堆头衔的,正面印不下印在反面,甚至两面也印不下干脆折上几折,如果细瞧一瞧具体内容,不失为一件较有趣味的事,哑然失笑也说不定。读史发现,这一点虚荣之心——如果可以这样认为的话,却并不仅仅发生在现代人身上。

《西游记》里,唐僧师徒黄风岭遇阻,孙悟空大战黄风怪,先拔了一把毫毛"变有百十个行者,都是一样打扮,各执一根铁棒,把那怪围在空中",但人家"望着巽地上把口张了三张,呼的一口气,吹将出去",就把那些"小行者刮得在那半空中,却似纺车儿一般乱转,莫想轮得棒,如何拢得身?"不仅如此,大圣本人也被"劈脸喷了一口黄风,把两只火眼金睛,刮得紧紧闭合,莫能睁开,因此难使铁棒,遂败下阵来"。于是他跑去灵吉菩萨那里要求支援。筋斗云翻到禅院,"见一道人,项挂数珠,口中念佛",上前自报家门时孙悟空给自己堆砌了一串头衔:"累烦你老人家与我传答传答:我是东土大唐驾下御弟三藏法师的徒弟,齐天大圣孙悟空行者。今有一事,要见菩萨。"不料那道人笑道:"老爷字多话多,我不能全记。"悟空乃换了简洁版本:"你只说是唐僧徒弟孙悟空来了。"在这里,孙悟空的所谓"驾下御弟""齐天大圣"之类,就都属于修饰用语,意在唯恐道人看低了自己。不知人家故意还是无意,令孙悟空白显摆了不说,还被不大客气地揶揄了一下。

神话是现实的反映。或者说,正因为现实如此,才会有神话里孙悟空的"字多话多"。宋朝这个问题比较严重,洪迈《容斋随笔》说,仁宗时的李端愿不过题了"雪窦山"三个大字,落款可不得了:"镇潼军节度观察留后金紫光禄大夫检校刑部尚书使持节华州诸军事华州刺史兼御史大夫上柱国",总共41个字。还说:"会稽禹庙有(后)唐天复年越王钱镠所立碑,其全衔九十五字,尤为冗也。"在洪迈看来,"国朝官制,沿晚唐五代余习,故阶衔失之冗赘",宋朝这种做法只是承袭了前面的遗风。有趣的是,他所诟病的冗赘、尤冗,在后代面前又为小巫。

陶宗仪《南村辍耕录》云,元朝中书右丞相伯颜"所署官衔",加起来共有246个字!什么"元德上辅广忠宣义正节振武佐运功臣太师开府仪同三司秦王答剌罕中书右丞相"之类,滴里嘟噜,官衔里面掺杂着大量虚词,给人的感觉无非是地位上的权势显赫和本领上的无所不能。《元史》里有三个伯颜,另外两个,一个是灭宋的功臣,一个是学者。官衔字数最多的这个伯颜野心勃勃,曾被清代学者王士禛拿来和魏忠贤类比。那是因为明朝天启年间权阉魏忠贤仿照《缙绅录》编过一本《内官便览》。《缙绅录》是旧时书坊刊印的全国官职名录,所谓缙绅,即插笏于绅带间,那是旧时官吏的装束,因而缙绅也借指士大夫。那么,《内官便览》就是他们这些太监的花名册。在这本《内官便览》中,魏忠贤"首列己衔,亦至二百许字",王士禛因此得出"古来权奸,如出一辙"的结论。这结论当然有些牵强,但此伯颜擅政之时,"前后左右,无非阴邪小辈,惟恐献谄进佞之不至,孰能告以忠君爱民之事?"魏忠贤确与之相去不远。

夸夸其谈的官员借助头衔炫耀自己，尚不意外，不能理解的是成就斐然之士也要混迹其中。余对司马温公一向崇拜有加，1997年5月偶过山西夏县，曾专门去拜谒其祠，但对他在《资治通鉴》每卷开头的署名还是颇不以为然。温公每每要在卷首的名字前堆砌即时的"身份简介"，卷第一还只有26个字，"朝散大夫右谏议大夫权御史中丞充理检使上护军赐紫金鱼袋"；卷第九就到了53个字；最末一卷也就是卷第二百九十四，"端明殿学士兼翰林侍读学士太中大夫提举西京嵩山崇福宫上柱国河内郡开国公食邑二千六百户食实封一千户"，也还有47个字。司马温公编撰《资治通鉴》前后耗时长达19年，经历了英宗、神宗两朝，这期间他的身份不断发生变化是自然的，但大抵也用不着随着身份的变化，连享受的待遇都要张扬一下。开始时温公的"食邑一千三百户"，进展至结束全书，不是已到了"食邑二千六百户"吗？至于从普通的翰林学士，擢升为端明殿学士就更不会遗漏了。不难想见，温公落笔之时该是怎样的一副自得之态，在这一点上真可谓画蛇添足。相形之下，为《资治通鉴》作注的胡三省倒是相当脱俗。撰与注，两个人的名字始终并列在一起，温公那里长长短短，而自卷首及卷尾，胡身之先生却始终只在名字前面署"后学天台"四字。后学者，谦辞也；天台者，籍贯也，胡三省是浙江台州人。

其实，前人头衔的长短与后人的是非评说，完全没有任何关联。头衔越长，未必就越能让人高看一眼。对司马光，一部《资治通鉴》足令后人铭记。作为我国第一部规模宏伟、成就空前的编年体通史，《资治通鉴》取材广泛，网罗宏富，如胡三省所云："读《通鉴》者，如饮河之鼠，各充其量而已。"至于自矜某时享受着××级待遇，谁又会在意那些呢？

2007年3月16日

围棋高手

2月8日,第八届中日韩三国围棋擂台赛在上海落幕。在最后的中韩大决战中,古力九段执白277手以1目半的劣势不敌韩国主将李昌镐九段,已经四次与冠军失之交臂的中国围棋,再一次在决战中功亏一篑,而韩国队凭借着李昌镐的稳健收官,第七次捧起了该项赛事的冠军奖杯。此前,我们对这个冠军是非常乐观的。一、因为交手之前,中方尚有副将孔杰、主将古力"二虎搏一",人数占优。二、因为不久前在第11届三星杯世界围棋公开赛上,常昊2:0零封了李昌镐,个人第二次夺得世界冠军,一时间国人认为石佛被彻底赶下了神坛,李昌镐的时代过去了,中国围棋的春天到来了。

国人对围棋比赛成绩这么计较,有一个理由在于围棋是咱们发明的,不该丢祖宗的脸。不错,古籍中早就有"尧造围棋以教子丹朱"的记载,前些年有学者还考证出,围棋起源地就在山西陵川棋子山。不知道外国人是不是同意这个观点,因为咱们喜欢说足球起源于中国,就绝少为他们赞同。在他们看来,蹴鞠不算是足球,充其量是大人游戏,而不是体育项目。但是说围棋在我们这里渊源已久,而且曾经辉煌得不得了,由不得他们不认同吧。

裴庭裕《东观奏记》记载过唐朝的一次"国际"较量。那是唐宣宗大中年间,日本王子来长安觐见,"献宝器音乐",公事办完了想下盘棋。棋盘、棋子自己都带来了,考究得很,棋盘是湫玉制成的,棋子则是天然的黑白玉石,"冬温夏冷",号称"冷暖玉棋子"。这样的棋盘、棋子可不得了,晋张华《博物志》云,秦始皇遣方士徐福率三千童男童女赴海中仙山寻求长生不老药,徐福历尽艰难就得到了这么一套,遣人呈献始皇,却不料船过琉球群岛时遭遇飓风,船破人亡,棋枰和棋子俱沉于海底。日本这王子在其国内号称第一号种子,宣宗也遣出本朝第一国手顾师言迎战。两人下到第33手的时候,还没有分出胜负,顾师言有点儿着急,因为"惧辱君命"。他知道这不是单纯下棋,而是关系到国家声名之战。33手即分出胜负,这在今天不大常见。需要说明的是,古代的棋盘跟今天的并不一样,明朝胡应麟《笔丛》云:"今围棋十九道,纵横三百六十一路,子亦如之。宋世同此。然汉制十七道,唐局或十八道,不可不知也。"宋朝沈括《梦溪笔谈》中也说:"弈棋古用十七道,与后世法不同,今世棋局各十九道,未详何人所加。"这说明至少在宋朝,棋盘已经跟今天一样:19×19。不过,湖南省湘阴县一座唐代古墓中曾经出土过一个围棋盘,纵横各 15 道。也许唐朝的棋盘就是 15×15,而 15 道的盘面变化远不及 19 道的复杂、几十手就应该分出胜负吧。当其时也,顾师言"汗手凝思,方敢落指",忽然下出一步"镇神头",一子解两征。王子慌了神,"瞪目缩臂已伏不胜",便回头问旁边的大臣,这人的棋力在你们这里坐第几把交椅,大臣骗他说第三。王子要求跟第一的下,大臣说:"王子胜第三方得见第二,胜第二方得见第一,今欲见第一,其可得乎?"王子服气了,感叹道:"小国之一不如大国之三,信矣。"

不管大臣骗没骗人家,顾师言的"世界冠军"还是含金量十足的。在当时,围棋的普及率应该极高。《资治通鉴》卷二百四十九记载,还是在宣宗的时候,宰相令狐绹推荐李远为杭州刺史。宣宗说,我听说李远写过一首诗,其中有一句是什么"长日惟消一局棋",一天到晚就是下棋,这样的人能当好官吗?——在《北梦琐言》里,李远的诗是"人事三杯酒,流年一局棋",意思差不多——令狐绹赶快解释:"诗人托此为高兴耳,未必实然。"不过宣宗对此仍然将信将疑:"且令往试观之。"王说《唐语林》云,宣宗阅读李远的《(到)郡谢上表》,左右准备代劳。宣宗说:"远(到)郡更无非时章奏,只有此《谢上表》,安知其不有情恳乎?吾不敢忽。"说到底对这个棋迷官员还是不大放心。诗人之言有时候真挺误事的。《清稗类钞》有一则"舍弟家兄",说武昌某诸生好吟咏,有妻有妾,一日偶咏百韵诗,拿给某名士看。名士看到"舍弟江南没,家兄塞北亡"的句子,愀然曰:"君之家运,何至此乎?"谁知那老兄解释说:"实无其事,惟图对偶工整耳!"名士说:"何不云'爱妾眠僧舍,娇妻宿道房'。既可取悦于妻妾,而又可保全兄弟二人之生命也。"

罗大经《鹤林玉露》云,南宋心学大师陆象山年少时常常坐在京城的市肆里看人家下棋,一坐就是好几天。有个棋手对他说:"官人日日来看,必是高手,愿求教一局。"陆象山先没答应,而是买了一副棋局,"悬之室中,卧而仰视之",盯着硬看,两天后悟出了奥妙所在。于是真的去找那棋手,结果那人连输两局。那人说,我是临安第一高手,"凡来著者,皆饶一先。今官人之棋,反饶得某一先,天下无敌手矣"。这故事或有其真实的一面,但如陆象山般聪明绝顶的毕竟不多,更多的人还是需要刻苦。今人批评中国棋手,往往都认为他们的天赋不差,但用功不足,又不能专心致志。韩国人动不动说"中国围棋实力还是很强的",但对人家的高帽子千万不能沾沾自喜,强还是不强,得用事实说话,像顾师言或陆象山那样,才叫由不得别人不服气。

2007年3月23日

占梦

自 1994 年以来的 13 年间,兰州女子杨丽娟为了见香港"天王"刘德华一面,与父母先后三次到港、六次进京。父亲杨勤冀因此倾家荡产筹募旅费,除了卖房、举债外,甚至到医院卖肾。终于,事情在 3 月 25 日发展到了极端:因刘德华没有满足女儿想与其私下见面的要求,杨勤冀选择了跳海自尽。

杨家不幸,华仔无辜。无辜之处在于,见面该见多久、谈话需谈多长,是杨家强加给他的"霸王条款"。而杨丽娟之所以如此迷恋刘德华,却是源于她做过许多关于他的梦。开始的时候,梦见房里有一张刘德华的照片,照片上写着:"你这样走近我,你与我真情相遇。"更奇的地方在于,她梦到他穿了一条什么裤子,过了几个月,果然在杂志上就看到他穿着那条裤子,她把这叫作感应。于是,自家做梦和感应的结果,使杨丽娟开始不懈地搜集刘德华的资料。从这个角度出发,她丝毫不承认自己是追星族。

杨丽娟对梦的解读,有个名词叫作占梦。很古的时候,人们就已经在开始琢磨梦里的情景究竟是怎么回事。后来有了专业的占梦家,根据梦象来预卜梦者在未来的吉凶。殷周时代,国家设有专司占梦的官员,占梦甚至成为决定国家大事的一个重要步骤。占梦尽管有自己的一套完整理论,但是因为这理论带有强烈的主观色彩,所以即使在当时,功利性也非常显见。比如周文王曾梦见"日月着其身",日月乃帝王之象征,那么显然是说自己受命于天了。又比如周武王伐纣,他告诉大家梦见了神人告诉他:"往攻之,予必使汝大戡之",他才出兵的。这场仗既理由充足且能打赢,没道理不打。

"梦中之事即世中之事",古人的这个观点,有所谓占梦实际上人人可以为之的意味。十六国时的前燕皇帝慕容儁梦见死去的后赵皇帝石虎咬他的胳膊,唐相李林甫梦见有人威胁他,着人把他捆起来也不肯退去,这两人的梦就无须咨询旁人,自己也占得了。慕容儁这个人很迷信,灭魏后适逢大旱和蝗灾,他赶快祭奠魏帝冉闵,并追赠谥号。他进攻过后赵,强夺了不少地方,虽未致其灭亡,但石虎就是在他进攻那年死的,不免夜有所想。时人称为"李猫""面柔而有狡计"的李林甫,时刻都在算计别人,当然也小人之心地老琢磨人家是不是算计他。于是乎,他不仅把家里弄得"重扃复壁",如铜墙铁壁一般,而且一天还要换几个地方,怕人家随时要了他的命,搞得甚至连家人也不知道他究竟在哪里过夜。两个人自家占梦就很快有了结果:慕容儁醒来后下令把石虎的墓给掘开,剖棺出尸,还"蹋而骂之"曰:"死胡安敢梦生天子!"然后让人历数石虎残酷之罪,鞭之,弃于漳水。慕容儁这一骂,正说明自己这"生天子"当得一直不太踏实。李林甫醒来后觉得梦里那人特别像裴宽,他非常担心时任户部尚书兼御史大夫的裴宽夺他的权,于是找个茬子,把裴宽硬是给贬出了京城。这两人的梦说到底都是出自心虚。

占梦有个很重要的前提,就是首先要做梦。这前提似乎荒谬,"皮之不存,毛将焉附?"但是确有许多人借无中生有的梦来达到自己的某种目的。周文王、周武王他们究竟做过那种梦吗?只有他们自己清楚。南齐崔灵建说他梦到上天告诉他:"萧道成(齐高帝)是我十九子,我去年已使授天子位。"一个小小的参军做这种梦,跃然纸上的实乃阿谀之相。刘秀登基之前,告诉部下他在梦中"乘龙上天";陈霸先则说他梦到"有朱衣神人捧日",他一口吞了,醒后腹内犹有热气。像那个周武王一样,借所谓"梦兆"来为自己制造舆论,论证自己应该大权在握的"合理性"。登基了当然怎么说都行,但小人物东施效颦,就是很可笑的了。南齐张敬儿野心勃勃,老爱给部下讲一些"自云贵不可言"的好梦。他贪尚氏美色,"弃前妻而纳之",不料后来也正因尚氏的梦而丧了命。齐太祖死后,尚氏怂恿敬儿夺权,说当年我做梦做得"手热如火",你得郡;做梦做得"髀热如火",你得州;做梦做得"半身热",你得开府;现在做梦的时候"举体热矣",意味什么,你自己去好好想想,乖乖,那不是你要得皇帝的位子吗?敬儿听得洋洋得意之余,傻乎乎地四处张扬,临到以"异志"的罪名杀头才悔之晚矣。皇帝的宝座是随便什么人都能觊觎的吗?

比较起来,晋人殷浩的占梦颇值得一提。人家问他:"将莅官而梦棺,将得财而梦粪,何也?"他回答:"官本臭腐,故将得官而梦尸。钱本粪土,故将得钱而梦秽。"魏晋以来,以"棺"谐"官",无论在士林还是民间都已是普遍的共识,所谓"梦棺得官"。然殷浩却把自己对仕途、对金钱的认识揉入其中,那么他这句"时人以为名言"的话,与其说是在占梦,不如说是在抒发感悟了。杨丽娟的那些梦以及感应,在今天可能要由心理学家来进行解析,古代形成的那套占梦理论恐怕行不通了。在我们局外人看来,杨家的行为如果不像质疑者指出的别有用心,那就真正是在钻牛角尖。

2007 年 3 月 30 日

公道世间惟白发

3月26日晚上,在俄罗斯莫斯科克里姆林宫大礼堂隆重举行了"中国年"开幕式,之后有中国艺术家表演的主题为《春天的交响》的庆祝演出。男高音歌唱家刘维维与女高音歌唱家王晨压轴出场,一起演唱的《那就是我》和俄罗斯歌曲《遥远》,动人心弦。然而,让人惊诧的则是刘维维的满头白发。印象中,他应该还没到白到那个程度的年纪。

"美人自古如名将,不许人间见白头。"头发一白,意味着红颜苍老,一切美好渐渐成了过去。想想看"白头宫女在,闲坐说玄宗"的情景,该是何等悲凉?不过,正因为白发是人人都避免不了的现象,所以唐朝诗人杜牧认为它是世界上最公道的东西,诗曰"公道世间惟白发,贵人头上不相饶"。在他看来,光阴面前人人平等,地位无论多么显赫,到后来也免不了染上白发、增添白发。而清朝有个叫潘其灿的,"翻用前人诗意",跟杜牧抬了一杠,他发出的感慨是:"朝来揽明镜,白发感蹉跎。毕竟无公道,愁人鬓畔多。"但潘其灿认为白发所以不公道,恐怕在于贵人衣食无忧,白发来得迟些、相对少些。

金埴《不下带编》云"前人咏白发诗多矣"。的确如此,李白的"白发三千丈,缘愁似个长",岑参的"白发悲花落,青云羡鸟飞",麻九畴的"城里看家多白发,游春总是少年人"等等,数不胜数。白居易更连续有《初见白发》、《白发》(白发知时节)、《樱桃花下叹白发》、《白发》(雪发随梳落)、《白发》(白发生来三十年)五首诗。但金埴认为,明朝女道士朱桂英关于白发的绝句最为他所青睐:"白发新添数百茎,几番拔尽白还生。不如不拔由他白,那得功夫与白争。"金埴认为文字好在"浑然有道气也"。道气在哪儿?顺其自然的达观态度。

刘禹锡有一首《与歌者米嘉荣》,诗曰:"唱得凉州意外声,旧人唯数米嘉荣。近来时世轻先辈,好染髭须事后生。"染髭须,即把白发、白须染成黑色,扮年轻。而能寻到偏方保健或治疗的,无疑才是大快人心之事。文莹《玉壶清话》云,他有一年去拜访张师正,那时师正刚刚50岁,但"齿已疏摇,咀嚼颇艰";师正62岁的时候,他们又见了一面,此番师正却是"凡巨胾大胾,利若刀截",令文莹感到非常不解。他"怪而诘焉",师正曰:"得药固之。"他所说的药,就是偏方。那是一伙道友登西岳华山时候的发现,"至明星馆,于故基下得断碑数片,仿佛有古文,洗涤而后可辨,读之,乃《治齿乌髭药歌》一首"。按照这个偏方,不光能牢固牙齿,还能让须发变黑。歌中写的是:"猪牙皂角及生姜,西国升麻蜀地黄。木律旱莲槐角子,细辛荷叶要相当。青盐等分烧煅,研杀将来使最良。揩齿牢牙髭鬓黑,谁知世上有仙方。"文莹说"因求此方以疗病齿者,凡用之皆效",显然经他之手又继续传播了。在宋朝时候读到的已是"古文",不难想见民间"牢牙须鬓黑"的历史多么悠久了。

与"好染髭须"相反,王巩《闻见近录》云寇準为执政的时候,"尚少",宋太宗尝语人曰:"寇準好宰相,但年尚少耳。"寇準知道了,"乃食三白,须发遂变,于是拜相"。"三白"是什么呢?就是盐、萝卜和饭,因为三样东西都是白色的(当然不必抬杠说还有红萝卜),所以古人名之"三白"。那么,寇準吃三白,是急于使自己须发变白,也就是催促自己显得老相。有句古话概括得更直截了当:陆展染白发以媚妾,寇準促白须以求相。一个要装年轻,一个要扮老成。不过,宋朝的李心传却从史实的角度考证了此说的并不可靠。他在《旧闻证误》中从寇準入宥府时开始算账,说他那时31岁,然后过了几年怎样,再过了几年又怎样,一来二去,寇準在"(真宗)景德元年(1004)八月自三司拜相时已44岁矣"。这个年纪如果放在今天到达那个级别,当然要算是年轻干部,而在那个时代却无论怎样也已经谈不上"尚少",也就是说无须什么三白帮手,白发该已经出现了。查李一飞先生《杨亿年谱》,宋太祖开宝七年(974),杨亿出生,是年寇準13岁。两相印证,可知李心传说更加可信。但"促白须以求相"即便不是发生在寇準身上,显然也不是空穴来风,至少给我们传递这样一个信息:那个时候的人当官,虽然没有明确的年龄杠杠,但还是倾向于年岁大些的,而与今天换届之后动辄强调比上届年轻了多少岁正截然相反。无论古今,在官员的任用上忽略能力而突出年龄——今天还加上了学历,都有舍本逐末之嫌。

　　如果说,潘其灿的"翻用前人诗意"仅仅局限于个人人生的感叹,那么,明朝的"公道世间惟瓦砾,黄门头上不曾饶",显然翻用得更具有社会意义。事见《万历野获编》,说汴梁街道太脏,"雨后则中皆粪壤,泥溅腹腰。久晴则风起尘扬,睹面不识"。有位工曹郎受命治理,本是好事,却干得不得人心,"凡房舍稍侵街巷者,悉行拆毁,怨声满耳"。有位给事骑马经过,被拆房的人扔砖头误中脑袋,"不胜忿,遂相奏讦工部,上疏诉之",且有此自嘲。这一翻用,完全可以引申到官员的作为可能导致的反响上来。

2007年4月6日

药名文章

关于中医存还是废的问题,如今等闲平地再起波澜。据说,这个问题学术界和社会上几十年来都在争论不休。无论赞同废还是反对废的人,中医是否科学一直是争论的核心话题。已然争论了那么多年,短时间内就不可能得出结论。顷见4月8日《南方都市报》报道,记者从世界中医药学联合会第一届四次理事会上获悉,全球30多位权威翻译专家联手,已成功将5700多个中医词条翻译成英文,诸如"平肝潜阳""五运六气"等中医术语,从此有了国际标准翻译。

让中医的名词走向国际,可能是中医走向国际的前提和基础。由此想起中医的药名也面临同样的问题。径译成中药主要来源的动植物的名称?好像跟"科学"要偏得更远一点。古人显然不存在译名的问题,但他们把智慧用在了中药药名文学化上面,颇有意味。《柳南续笔》云,明朝诗人及画家葛震甫准备远官滇南,其母年已八旬,席文表就作了首《药名诗》,其中有句曰"知母年高独恬淡,当归奚事向天南"。知母与当归,正是两味中药的名字。葛震甫"得诗心动,即挂冠归里",还专门到席文表家拜了两拜,说"先生教一龙(震甫名)以孝。一龙母子受赐多矣"。《清稗类钞》云,有位自称儒医的人一天出诊,"中途渴甚",又没有茶馆,人家告诉他前村有个塾师喜欢舞文弄墨,"有往谒者,须先试对联",对得上,他就招待。到了那儿,塾师出上联"碧桃万树柳千条",儒医脱口而出"红枣二枚姜三片";过了几个月二人又有接触,塾师示"避暑宜寻深竹院",儒医还是不假思索:"伤寒应用小柴胡。"

明代民歌小调比较盛行,《三言》作者冯梦龙把苏州地区流传的一类编选成《挂枝儿》专集,收入367篇,中华书局前年出版了刘瑞明先生的注解本。在这367篇中,光是直接以"药名"为标题的就有三首。且看其一:红娘子,叹一声,受尽了槟榔的气,/你有远志,做了随风子,/不想当归是何时,续断再得甜如蜜/金银花都费尽了/相思病没药医。/待他有日的茴乡(香)也,/我就把玄胡索儿缚住了你。当归之外,这里面的远志、红娘子、随风子、金银花、续断、茴香、玄胡索等等,也都是中药的名字。刘瑞明先生认为,明代药名入诗多用在情歌中,而明代民歌的内容一言以蔽之,便是私情,甚或是"淫媟情态""淫艳亵狎,不堪入耳"。但是,明代爱情民歌也标志着古代民歌的鼎盛高峰,不仅各个阶层的广大群众极为喜爱,连不少的学者及作家也连连鼓吹推崇。这种包括药名诗在内的物名诗,既是主人翁情之所至,触物感怀,更反映了他们的聪慧多知,表达趣巧。

冯梦龙说,他之所以收录这三篇药名诗,在于其"颇称能品"。录完之后,尚觉意犹未尽,又想起了当年与朋友夜酌时以《四书》中的句子猜药名为酒令的往事,以为虽出于灵机一动,但"多有奇绝"者,也顺手录了下来。比如"曾皙死(苦参)"、"兴灭国,继绝世(续断)"、"楚狂接舆歌过孔子(车前子)"等等,列了20多条。品味之,确实同样折射出了冯梦龙等对《四书》和中药的稔熟以及相当的智慧。

李诩《戒庵老人漫笔》里载有一篇《桑寄生传》,乃"取药名成文,足称工巧,殊可资玩"。文字很长,此处不赘。同是明朝的于慎行,干脆把文章的优劣和中药的制法联系了起来。他在《谷山笔麈》中说:"古人之文如煮成之药,今人之文如合成之药。"为什么呢?因为古人之文是"读万卷书,出入百家",融会贯通的产物,"惟咀嚅于理奥,取法其体裁,不肯模拟一词,剽窃一语,泛而读之,不知所出,探而味之,无不有本",这样做出来的文章,"如百草成煎,化为汤液,安知其味之所由成哉?"今天一些写文章且还有一定水平的人则不同了,"读一家之言,则舍己以从之,作一赓之语,则合众以成之,甚至全句抄录,连篇缀缉",像这样的文章就像合成众药,"指而辨之,孰参,孰苓,孰甘,孰苦",一目了然。而"世之论文者,以渣滓为高深,汤液为肤浅,取古人之所不为,谓其未解,舍古人之所已吐,笑其未尝,不亦鄙而可怜也哉!"于慎行抨击的显然是当时的文风,没有踏踏实实读书打下的根基,却要发表貌似惊人的宏论。

年初《南方都市报》的"广州旧闻"载,中医存废之争其实早在78年前就出现了。1929年2月23日,国民政府第一届中央卫生委员会会议在南京举行,余云岫等人即在会上以中医药"不科学"为由,提出"废止旧医以扫除医事卫生之障碍案",指"今旧医所用者,阴阳五行六气脏腑经脉,皆凭空结撰,全非事实";切脉之说,"穿凿附会,自欺欺人";所谓"冬伤于寒,春必病温,夏伤于暑,秋必咳疾",有违科学,力图通过行政手段取缔中医中药。中医在今天也面临同样指摘,然而,倘若以为反对中医的观点就是"处于无知状态",就是"反对五千年文化的历史",貌似维护中医,实际上对中医本身不见得能带来什么好处。

2007年4月13日

长得像

陈凯歌要拍电影《梅兰芳》,选定黎明来演绎梅大师,引起不少争论,其中一个焦点是黎明长得不像梅兰芳。有人说,形似应成首选,如果"形太不似"就比较难以让人接受。不过也有人认为,梅兰芳一生的伟大不单单体现在舞台上,长得像与不像并非选择演员最大的要素,先生的"美"更多的是一种淡定的气质,举手投足间带给人一种优雅的感觉。

演员长得像还是不像,似乎成了决定影片成败的关键因素,怕有舍本逐末之嫌吧。不过由此想到古代一些长得像的故事。《庸闲斋笔记》云,顾淡如摄理绍兴府事,"有父母神明之誉",什么都逃不了他的法眼。有一次他听说"某镇有开场聚赌者,派员访之",不料那人回来说,那帮家伙早就逃散了,因为"有一人状貌与先生类者,泊舟市桥,至镇上买少物,不计伯而去。于是匪党疑先生亲访,即刻奔走"。就是说,一个不过长得像顾淡如的人,就把问题轻易地给解决了。顾淡如闻而笑曰:"吾安得如是百十化身,使入县乡间,处处有一顾淡如哉!"他是在调侃,如果多有几个长得像自己的人,事情就什么全好办了。《万历野获编》云,明朝成化十四年(1478)有个叫杨福的江西人因为别人说他长得像太监汪直,干脆拉了几个"随从",从此就打着汪直的旗号来行骗。

于是乎,"自芜湖历苏杭,遍抵浙东诸府,及市舶司,皆信畏承奉",一路畅通无阻。这不奇怪,时汪直势震天下,用伶人阿丑谐谑的话说,自己只知道朝廷有一汪太监,不知道还有皇上。在这种背景下,谁敢不对汪直惧怕三分呢?所到之处,杨福还假模假样地"受民词讼,操演兵马,查盘钱粮",他那个草台班子"则恣行纳赂"。一直骗到福州,为镇守太监卢胜揭发,"论罪如律",这场骗局才算收场。

　　长得像且冒充级别最高的,该是清朝光绪年间的冒充皇帝。有一天武昌来了一仆一主,操着北京口音,主人二十多岁,仆人四五十了,却没胡子,说话也像女人一样细声细气。这两人租间公馆住下,匿迹不出,但穿的、用的气派不小。不久有人发现,仆人端茶递水时都是跪着,讲话时必先称"圣上",自称"奴才"。适时正值光绪为西太后幽居于中南海瀛台,汉口的报刊皆怜光绪而诟西后,所以人们纷纷猜疑,大概这是光绪从瀛台逃出来了,京城里呆不住,前来依靠督鄂的张之洞。但来者究竟是不是皇帝呢?却不大好说。绝大多数人没见过皇帝,不知道光绪长得什么样;又没人敢直截了当地问,只能从旁察看:用的东西真不含糊,不仅玉碗上镂刻着五爪金龙,就连包袱皮上都绣着五爪金龙,另外还有一个玉印,上有"御用之宝"四个字。这些"证物"都是老仆一一亮出来示众的,人们不用探头探脑自己去寻。还有一帮好事者把老仆邀去浴池洗澡,老仆知道这是要验证他是不是太监,欣欣然前往。后来当局拿来光绪的相片对照,的确有那么点像……

　　江夏知县陈树屏也没见过光绪,但他总感到眼前这个皇帝的举手投足,有种演戏的感觉,尽管对那些给他三跪九叩的人们似模似样地摆摆手来句"不必为礼",但始终就像个舞台上的皇帝。陈树屏便大着胆子问他究竟是什么人,那人到底底气不足,来来回回只是重复一句话:"见张之洞,方可透露。"张之洞出马,事情的确能弄个水落石出。但这种事充满了政治风险,他也不敢贸然表态,直到他收到京城里传出"光绪尚居瀛台"的确切消息,才亲自开庭审问。原来这假皇帝真的就是个伶人,名叫崇福,自小在内廷演戏,因为长得很像光绪,伙伴们早就叫他"假皇上"。假仆人则是个守库太监,守着很多宝贝,手痒得很,偷的东西多了,为上司发觉,便逃出宫中。这两人在京城就是老相识,耳闻目睹了不少假亲王、假大臣,都能以骗致富,非常眼热。别人假得,我们怎么假不得?二人于是一拍即合,利用光绪囚居、内外消息不灵的时机,干脆假冒皇帝,再加上面貌似、道具真的资源优势,到全国去转一圈,能捞多少捞多少。

拉大旗来行骗,是骗子常用的伎俩。无它,"大旗"有势,势可压人。在现实生活中,"大旗"本身也的确起过不良的示范作用,令不肖之徒因之陡然而登龙门。所以骗子一来,人们辨不清真假是一方面,更多的人喜欢靠钻空子起家是更重要的另一面。冒牌皇帝一到武昌,不少候补官员就以为遇到了千载难逢的好机会,有的亲往拜跪,有的献款供奉……拉皇帝的大旗,行骗起来当然最方便,但是无疑,假冒的级别越高,风险也就越大。这两人最终被处以"斩决",不知是否在其意料之中。

就演员而言,即便长得像,恐怕也并不足以能决定什么。卓别林本人当年参加模仿卓别林大赛,也只得了第四名。但世界只有一个卓别林,长得像、模仿像的,毕竟只是过眼云烟。

2007年4月20日

眼镜（续）

还有40多天就要高考了。4月20日《青岛早报》的一则消息说，该市普通高中高三学生的近视率逐年增加，平均达到90%以上，在一中、二中等"名校"，近视的比率甚至达到了97%。有一个班级50名学生中，只有1人不近视。近视在今天，不仅会给人的生活带来许多不便，而且会成为考生报考专业时的"拦路虎"。古人就更不用说了。

《清稗类钞》云，朱修庐近视得很，一天傍晚他去朋友家，人家刚买了口棺材，"竖立门侧"，他以为是人家敞着门呢，"亟走入"，结果可以想见，"东西扪摸而无径"。他不知道怎么回事，一着急把棺材给推倒了，吓得"大声疾呼"。清初，与宋荔裳、施愚山等并称"燕台七子"的丁药园也是近视眼，他自称"吾短视与诗名等"，以之自豪。有一天家里来客人，"见药园伏案卜，疑昼寝"，走近一瞧，发现他在看书呢，因为"目去纸不及寸"，跟趴在那儿睡觉差不多。药园抬起头来，对来的是谁也看不清，客人就跟他开玩笑，"药园戏持杖逐客，客匿屏后，误逐其仆"，逗得大家哈哈大笑。顺德有个龙姓孝廉也是，近视得太厉害，"观书作字，面离纸仅寸许，故鼻准常被墨污"。《二十年目睹之怪现状》的作者吴趼人，人曰"神宇轩然，望而知为高明之士"，可惜也是视力不好，"必增镜助光",须戴眼镜。他的近视可能跟写作有关,因为他往往都是打通宵,所谓"恒以静夜为之,昧爽乃少休,日出更起治事"。除此之外,他还有一个神奇之处,就是可以"以酒为粮,或逾月不一饭"。

近视了,则须像吴趼人那样"增镜助光",这一点古今无甚区别。看看前人的诗句,咏眼镜的为数不少。有"长绳双耳系,横桥一鼻跨",有"终日耳边拉短纤,何时鼻上卸长枷",描述了斯时眼镜的形制,抱怨戴起来的不方便。康熙时的查初白说"隙光分日月,宿障扫云烟",光绪时的李星辉说"白发几人非借力,红颜对尔独无情",则是对眼镜的溢美之词了。不过徐珂说,放在他那个时候,"独无情"三字当易以"亦多情",因为自光绪中叶以后,"妇女之好修饰者,亦皆戴之以为美观矣"。眼镜成为装饰品,这种情形跟今天同样差不多。记得央视倪萍女士有一年曾经短暂"转行",主持一个访谈类节目,为了体现学术气息而戴了副眼镜,结果引来了舆论的好一顿热议。盖因为在当代,"眼镜"跟"文化"产生了一定的关联。早些年的电影里,文化人往往就是以戴眼镜来标识身份的。

清朝有人专作器物铭以讽世,读来颇有趣味,亦颇含哲理。比如说他这样铭字纸篓:"大口箕张,咬文嚼字。人弃我取,便便腹笥。食而不化,羞愧无地。一倾吐之,及早变计。"铭鸡毛掸子:"世不可问,断尾以全。拾羽作帚,束缚自坚。驱除不洁,尘埃荡然。可惜大才,乃小用焉。"铭牙刷:"惟口启羞,亦复含垢。积垢毁齿,大开狗窦。有物拭之,晨兴之候。短小精悍,誓歼群丑。"铭纸扇云:"世界太热,清凉绝少。赖君一挥,炎氛顿扫。奉扬仁风,居然有道。展之则大,敛之则小。"铭眼镜,则曰:"肉眼多昏,重瞳已遥。高瞻远瞩,穷力为劳。获兹利器,使人昭昭。平增眼福,驾鼻而遨。"透过这些器物铭,开启了人们洞观事象的联想闸门。

乾隆在位的时候，有位知府晋京朝见，公事办完了，顿首说自己还有个请求。乾隆问是什么，他说来京的时候，"母命必仰瞻圣颜，归以告母"。乾隆说我就在这儿，你看吧；那人说，我近视眼；乾隆说，你带眼镜来了吗？那人说，带了；乾隆说，那你就戴上眼镜看吧，于是那人"顿首遵旨"。过一会儿，乾隆又说，看清楚了吗？那人说，看清楚了，"顿首谢恩出"。知府的这番举动，很得乾隆欣赏，"未几竟大用"。不过，知府不敢随便戴上眼镜看乾隆，原来是遵循一条规矩，那个时候尽管是近视眼，戴眼镜也要"遇客必除之，以示谦，以示敬也，反是则为傲"。寻常人等之间尚且如此，何况是面对皇帝？

在旧时，眼镜还有另外一种功能。还看《清稗类钞》所云，在任官吏出行的时候，尽管仪卫前呵后殿，喝令行人让道，但是毕竟不能清除得那么干净，于是官员"虑有识之者之难与为礼也"，万一碰上以前的穷朋友，挺为难，乃"端坐舆中，例戴墨晶眼镜，一若非此不足以示威严者"，其实眼不见为净。有人说："此足以见其夜郎自大目无余子矣。"另有人说，不是这样，应该是"痌瘝在抱，视民如伤耳"。也就是说，一脸肃穆，是把百姓的疾苦放在心上，极其顾恤的表现啊。谁都听得出，他这话绝对是反讽的口气。

去年高考临近之时，一些不法之徒在网上兜售高考作弊器材，其中之一是作弊眼镜。届时，场内考生和场外操作自动答题器的人各戴一副这种眼镜，既有双方对视功能，又有针孔摄像头，可以把试题照下来后传给考场外的接收器。瞧，今人把眼镜的功能又向前衍生了一步，可惜却是在玷污眼镜。

2007 年 4 月 27 日

奉旨

读前外交界某位女士的往事回忆专著,发现这么一段挺有意思。在一个有周恩来、廖承志等领导人都在的场合,毛主席批评她"没出息",说"你的男人已经同别人好了,你为什么不离婚?你为什么怕别人知道?"一席话,把不了解前因的总理他们都弄愣了。终于"我"说:"主席,你批评得很对,我回去就办。"主席说:"那好!办完了我祝贺你。"自古清官难断家务事,这段往事在"你的男人"那里我也读到过,则完全是另外一种说法。无论真相如何,旁观者的定性最准确,这叫"奉旨离婚"。

奉旨,是个很有意思的词汇。放在以前,那是接受皇帝的旨命,因为至高无上,所以不可违背。而在此代指,既是借喻,也有实指的意味。封建时代煌煌两千年,奉旨、遵旨之声每日里不知要响起多少次。在这些年盛行的辫子戏中,更被呼喝得"朗朗上口",把它演示为一种"官俗"景观供奉给大众。不是吗?听起来,"喳、喳"声中的众人颇有一种美滋滋的意味。

奉旨应该是一种很严肃、很不可侵犯的事情。王应奎《柳南续笔》云,马士英在南明弘光小朝廷好"斗蟋蟀为戏",大家因此都叫他"蟋蟀相公"。而清兵逼近之时,"宫中犹须房中药,命乞子捕蛤蟆以供",这些人就在灯笼上大书"奉旨捕蟾"四个字,趾高气扬。而一旦拉上这样的大旗作虎皮,民间就难免被折腾得鸡飞狗跳。王应奎就此感叹道:"君为蛤蟆天子,臣为蟋蟀相公,欲不亡得乎!"当然,客观地说,这只是弘光朝廷灭亡的一个因素而已。

无数事实表明,再严肃、再庄重的事情,在民间都可能遭遇调侃,如今的新名词则叫"恶搞"。比如在大词人柳永身上有个"奉旨填词柳三变"的故事,性质就属于这一类。柳永初名三变,自我定位很高,以为"才子词人,自是白衣卿相"。不知宋仁宗为何对他却看不上眼,一句"此人风前月下,且去填词",就把他的功名之心给废了。但柳永自此打出了新招牌:奉旨填词柳三变。不过,在柳永似乎"豁达"的背后,横竖让人觉得含有不少自嘲的意味,有气撒不出来,便恶搞了一把皇帝的话。

《齐东野语》云,王迈在论及"故相擅权"时,宋理宗不大高兴,要他"姑置卫王之事"。谁知王迈随即抗声曰:"陛下一则曰卫王,二则曰卫王,何容保之至耶?"理宗没理他,丢下一句"此狂生也",转身走了。王迈后来归乡里,索性自称"敕赐狂生",且赋诗曰"未知死所先期死,自笑狂生老更狂",再填《沁园春》词,其中说道:"狂如此,更狂狂不已。"明朝有个叫张昱的,当过元朝的官,江浙行省左、右司员外郎,行枢密院判官之类;改朝换代后,被朱元璋征至京,"悯其老",不过说了句"可闲矣",给点儿钱就把他打发回家了,张昱也是从此自号"可闲老人"。《淡墨录》云,有一天朝廷要议处兵部失察事件,纪晓岚被拟定为责任人之一。这时乾隆说话了:"纪昀乃一腐儒,兼办《四库全书》,不能常至兵部。尔各堂官在兵部所办何事?"纪晓岚因此被免于追究。当时他家门口挂的是块解元匾,别人调侃他说该换了,纪晓岚问换成什么呢?人家说:"钦定腐儒。"显然,"敕赐狂生""可闲老人"以及"钦定腐儒",就都是拿旨意在调侃,尽管前二者可能自己秉着极其认真的态度。

  但凡过于权威的东西,就可能被别有用心者加以利用。鸡毛尚可当成令箭,何况圣旨?战国时,信陵君窃符救赵,是因为虎符具有调兵遣将的功能,可以"矫魏王令"。偏偏"晋鄙合符",但仍然"疑之",公子无忌只有让"朱亥袖四十斤铁椎椎杀晋鄙",这才夺取兵权。圣旨至高无上,就难免有人矫旨,历史上和现实中,这样的例子都不胜枚举。明朝弘治皇帝的时候,汤鼐弹劾大学士万安"罔上误国",第二天皇帝召见,走到左顺门,"中官森列,令跪。"这时汤鼐就要问清楚一个前提问题:"令鼐跪者,旨耶,抑太监意耶?"他这样问,一定是对太监们狐假虎威的事情有所了解。人家告诉他:"有旨。"汤鼐这才跪下。汤鼐职司御史,专门搞监察的,加上弘治继位不久,"更新庶政,言路大开",汤鼐的胆子也更壮了一些,大家都怕他。但当"其所抨击,间及海内人望"的时候,也意味着他要干到头了。恨其入骨的少傅刘吉干脆许愿魏璋:"君能去鼐,行佥院事矣。"魏璋很高兴,从此"日夜伺鼐短"。中国的监察乏力,有时还真怪不得监察者本身,官场的生态环境太成问题。

  由"奉旨离婚"又想到中国历史的所谓真相问题。"奉旨离婚"去今并不久远,当事人、知情人都还健在,也已经有了南辕北辙的两种说法。那么,对所谓历史谜团,更没有厘清的可能。不要说古代史不可能厘清,便是近代史、当代史,也可能永远是一出出"罗生门"。因为方法论问题还是别的什么,需要就教于方家了。

2007 年 5 月 11 日

当代"孔子"

5月16日《人民日报·海外版》报道,央视当红主讲于丹日前赴台签名售书,当地文化名人陈文茜现场听了于丹的演讲后,笑说其讲话"没有句点",语速够快,恐怕自己和李敖都不是对手,接着更把于丹比喻为"抹口红的女孔子"。严格地说,这种说法却也不是陈女士的发明,但这样说,让人感觉不是滋味。

性质首先就不一样,二人没有可比性。孔子的《论语》尽管是由弟子们整理出来的,但是属于原创;而于丹是以讲解《论语》而闻名,属于阐发,像许多考八股文的举子一样,"代圣人立言",而于丹的拿手好戏是用通俗语言和现代视角诠释《论语》的当下意义。所以,如果一定要讲于女士比附古人,我想充其量可与夫子"弟子三千"中的"贤人七十二"站在一起吧,算是女弟子而非女孔子,要低一个层次。如今凡事喜欢复古或曰振兴——当然是看到以前被当作破烂的东西现在能给地方带来经济效益,因而汉服、深衣之类不知何年何月的服饰都给翻出来了。将来,"配享"可能也要"新生",苟如此,则于女士可以在"孔庙中食一块冷肉"。不过,这也只是我的一家之言、一厢情愿。

王弘撰《山志》云,宋有大逆二,一个是"张邦昌为帝,居宋大内",另一个就是"王安石配享孔子"。看,连王安石这样的大文豪、大思想家,配享孔子都被人指为大逆不道,就可知配享的资格也不是那么容易取得的了。王弘撰分析,安石生前一定曾经自以为是当代孔子。他这么说的:"安石闻人也,方将以其学易世。是其居恒、言动,必有以孔子自拟者,故没而其党推尊之若此。"但王弘撰对安石显然是有偏见的,不仅言语中流露不屑,他还咬牙切齿地说:"使孔子而在,必加两观之诛矣!"两观之诛,喻指为了国家安定而对乱臣贼子所施行的必要的杀戮。所谓两观,即春秋时期各诸侯国普遍在城门左右两侧各修建的一座高台。而众所周知,孔子是杀过人的。《荀子·宥坐》曰:"孔子为鲁摄相,朝七日,而诛少正卯。"这是说,孔子在鲁国由司寇代行宰相职务才七天,就杀死了当时鲁国的大夫少正卯,这件事正发生在鲁国的两观台上。

安石之外,还有好多当代"孔子"。唐朝有个叫王通的,就是以当代孔子自居。孙光宪《北梦琐言》云,还有位著名的大臣王起,也被师友目之曰"当代仲尼"。唐文宗很看重他,"曾为诗,写于太子之笏以扬之,又画仪形于便殿"。王起虽然在地方干过,但是"家无余财",不知是个清官,还是因为"昧于理家,俸入其家,尽为仆妾所有",总之他"耄年寒馁",文宗甚至"诏以仙韶院乐官逐月俸钱五百贯给之",从别处挪用点儿钱来周济他。不过当时的人们说,王起"与伶人分俸,利其苟得,此为短也"。

安石的政敌司马光,也曾被人戴了顶"当代孔子"的高帽子。司马光《涑水纪闻》中有这么一段记述:成都进士李戒有次投书拜访他,说自己"少学圣人之道,自谓不在颜回、孟轲之后"。把自己抬得很高,但司马光认为"其词孟浪,高自称誉,大率如此",由他自说自话。没多久,李戒又来投书,这回知趣了一点,把高帽子奉送给了司马光,他说:"三皇不圣,五帝不圣,自生民以来,唯孔子为圣人耳。孔子没,孟轲以降盖不足言,今日复有明公,可继孔子者也。"这是说,您老人家真乃孔子在世。不过,司马光并没有丝毫得意,而是读罢"骇惧,遽还其书",还问他:"足下何得为此语?"李戒非让他把投书留下,司马光说,我要留下的话,"是当而有之也",就好像默认这么回事一样,"死必不敢"。李戒又要塞给司马光的左右,司马光呵斥他们谁也不要接,李戒才悻悻而去。司马光把这件事"常语于同列,以资戏笑"。换了别人,可能真就沾沾自喜了,让李戒到处去传播也说不定。

《郎潜纪闻三笔》云,清朝大学问家戴震小的时候即善于思考,常常把老师问住。有一次,塾师授《大学章句》时读至《右经》一章,他问道:"此何以知为孔子之言,而曾子述之?又何以知为曾子之意,而门人记之?"塾师说,这都是朱熹老夫子说的。震问,朱子是什么时候的人呢?师曰南宋。曾子什么时候的人呢?师曰东周。东周到南宋过了多少年呢?师曰两千年。戴震再问,时代相距那么遥远,"然则朱子何以知其然?"塾师答不出来了。其实,于丹女士的《论语心得》也是一样,赢得了大众的欢迎固然不假,但得到多少孔子的精髓,曲解了多少孔子的本意,还要由专家说话。

孔子是一个伟大的思想家,时间过去2500多年了,尽管历史上形形色色地出了不少"孔子",但大浪淘沙,赢得人们敬仰的终究只有这一个。历史的经验更告诉我们,即便在今天,也还是不要随意地比附孔子,自比,或者由他人代言而自家乐得接受。一定要这样的话,不仅会留下笑柄,而且也是在亵渎孔子。

2007 年 5 月 18 日

赌博

在今年的十届全国人大二次会议上,全国人大代表、湛江市地税局局长揭晔呼吁尽快出台"彩票法"。揭晔和一些全国人大代表曾经到粤西、粤东等地方调查,他说现在一些地方的农村因为农民痴迷非法"私彩"和"六合彩",孩子书不读,大人活不干,男女老少通宵达旦都在搞私彩。在粤西的一个村,他们看到这里赌私彩居然只有0.15元一注,因为当地农民赌私彩已经把钱都赌光了。

私彩是针对公彩而言的。公益彩票多由国家发行,抽取部分彩金捐作社会公益基金;私彩则是私人坐庄,利润归庄家所得,因而私彩属于赌博的一种。有人考证,赌博史源远流长,在原始社会末期,它就从游戏的蜕化中产生了。几千年来,竞技性质的、依靠侥幸机遇性质的或二者兼而有之的,形形色色。工具上,有利用动物(斗鸡、斗蟋蟀)的,有利用棋牌的,有进行猜射的,等等。历史上的很多著名人物,都与赌博有染。《玉镜新谭》云,魏忠贤没发迹的时候,胆子已然奇大,"日务樗蒲为计,家无担石而一掷百万"。

《清稗类钞》云,奉劝天公重抖擞、"不拘一格降人才"的龚自珍也特别喜欢赌博。他"尝于帐顶绘先天象卦,推究门道生死,自以为极精,而所博必负"。有一次,杭州一个盐商家里开宴会,吃饱了喝足了,就在屋后花园里开局了。王某后来,看到龚自珍没加入赌博行列,而是"独自拂水弄花,昂首观行云,有萧然出尘之概",就上前跟他打招呼,恭维道:"想君厌器,乃独至此,君真雅人深致哉!"不料龚自珍笑笑说,你以为陶渊明种菊看山是他的本意吗?"特无可奈何,始放情于山水,以抒其忧郁耳",我今天这样子其实跟他差不多。停了一会儿,他又不大甘心地说,今天的路数我算得清清楚楚,可惜"适以资罄",兜里没钱,"遂使英雄无用武之地,惜无豪杰之士假我金钱耳"。王某本来非常仰慕龚自珍的文名,一听这话,"乃解囊赠之"。谁知龚自珍当天照旧是"每战辄北,不三五次,资复全没",气得他"狂步出门去"。

慈禧太后喜欢以麻将来赌博,当然,她是不会输的,因为"每发牌,必有宫人立于身后作势",用约定的暗号告诉那三家这里抓到了什么牌。在香港电影里,"出老千"的目的是要让被算计的人输,这里恰恰相反,是要让被"算计"的人赢,哄老太太高兴,借以达到自己的目的。因此,慈禧如果在等什么牌,大家都清楚,于是"侍赌者辄出以足成之"。老太太高兴了,"必出席庆贺",那些输了钱的还要假模假样地叩头请慈禧"赏收"。当输钱输到一定程度的时候,"则跪求司道美缺",开始提条件了,一旦如愿,则"所获乃十倍于所负矣"。这种情形在今天已经司空见惯,那些借"变相行贿"向上爬的人,未必知道这段记载,但是显然深谙了所谓"将欲取之,必先予之"的精髓。

广东赌风之盛在历史上很有名,至于有"赌为盗源,欲化盗,必先禁赌"之说。赌的名堂也非常之多,闱姓、番摊、山票、白鸽票,等等,参赌的人"几于终日沉酣,不知世事"。最奇的还是为广东所独有的赌"闱姓",也就是每次科举考试之前,赌上榜者都有哪些姓氏。就像年度高考昨天例行开始了，大家赌一下上榜的"赵钱孙李、周吴郑王"。番摊馆可能属于当时的公彩吧，且看广州的一个，"以兵守门，门外悬镁精灯，或电灯，并张纸灯，大书'海防经费'等字，粤人所谓奉旨开赌者是也"。闱姓、山票等可能就属于私彩。有趣的是，它们居然都跟文化联系在了一起。山票是用《千字文》作赌具，取其前面一百二十个字作为基准字，也就是从"天地玄黄，宇宙洪荒"开始，到"爱育黎首，臣伏戎羌"为止，每次开出三十字，"猜买者以十五字为限"，比照今天的 26 选 5、32 选 7 之类，山票就相当于 30 选 15。然后"取中字最多者得头彩，同中同分"。广州极贫乏之人都买山票，因为赌注小，"每票仅售一角五分，得标者可获利至数十万倍，故人人心目中，无不有一欲中山票头标之希望也"。这跟今天粤西那个村的情形简直如出一辙了。

《清稗类钞》还说，粤人因为好赌，平日里还约定俗成了不少忌讳之字，用好的意头来替代。比如说把牛舌叫作牛利，把猪肝叫作猪润等等，"盖以舌字粤音近息，与折乐之折字同音，闻之不利"；肝与干同音，"人苟至于囊橐皆干，不利殊甚"。粤方言今天也的确是这种说法，是否来源于此不得而知，但私彩与文化早已裹胁在一起是无疑的。人大代表如此关注"彩票立法"问题，在于私彩的泛滥导致倾家荡产、家破人亡的惨剧到了令人瞠目结舌的程度。不过，广东要治理私彩，还需在"文化基因"上做做文章。这一点现在可能还没有被注意到。

2007 年 6 月 8 日

粮神·乡贤祠

6月1日,中纪委、发改委等七部委通报了全国4起违规修建办公楼等楼堂馆所的典型案件,从《中国青年报》的后续报道中我们知道,山西永济市不仅修了豪华的全国粮食职工培训中心,还附带修了个"粮神殿"。修建的人说是祭奠天下的"粮神"后稷,而知情的人则说"醉翁之意不在酒"。可惜报道在关键之处语焉不详,来自全国各省(区、市)粮食局长的亲笔手书,都刻成了石碑与神像一同接受供奉,这一点很清楚;但说殿内摆放着3尊神像,中间一个是后稷,另两个呢?没有交代,那么"为个人歌功颂德"的定论就要让人浮想联翩。

曝光之前,尽量往积极的一面想,这该算是行业神崇拜的一种吧,我国历史上曾经普遍流行的民间信仰。纪晓岚说:"百工技艺,各祠一神为祖。"这些神灵中有许多被认为是对某种行业有开创或发明之功,所以这些行业神又称作行业祖师或祖师爷。粮食系统自然也不例外。儿童时代的后稷即好种麻、菽,长大后,"好耕农,相地之宜,善种谷物稼穑,民皆效法"。不过后稷一直是被后世尊为农神,"粮神"的醉翁之意似乎就昭然若揭了。以山西省粮食局党组书记、局长高某等一干全国各地粮食系统的头面人物,一定要跻身"粮神殿",充其量也只是从祀。不过按照传统文化的做法,从祀与否亦需要"公议",却不是由自己来决定的。

《明会要·礼六》载,洪武四年(1371),"命礼官儒臣厘正祀典",国子监司宋濂、翰林院待制王祎就都谈到了从祀问题。王祎干脆写了篇《孔庙从祀议》,认为"荀况之言性恶,扬雄之事新莽",诸如此类都能从祀孔夫子,为什么董仲舒、孔颖达他们反而不能呢?"至如宋之范仲淹、欧阳修、真德秀、魏了翁,元之吴澄,凡此七人,并宜从祀;用以搜累代之旷典,昭万世之公议"。《啸亭杂录》云,清朝有个宗室子弟,"少应袭公爵",却让给了弟弟,自己跑到西山去读书。雍正"闻而异之",当其被举荐于朝时问他将来的打算,他说:"惟愿百年后于孔庙中食块冷肉耳。"意思很明确,希望身后"公议"认可,能够从祀孔圣人。雍正"奇其言",马上给了他户部侍郎的官职。其人"后屡任封疆,不名一钱",每到一地,"务立书院,聚徒讲学"。他有他的道理,"人心为风俗之本,未有人心浇漓而风俗朴厚者。今世不患乏才,而患人心之不复古,非讲学无以明之"。

然而"公议"二字,并不是人人都当回事的。比神低若干等的,该是地方上的乡贤祠吧,今天我们翻阅地方史志,感觉"乡贤"篇章一副庄重的模样,其实也早就变味儿了。《万历野获编》说:"今乡绅身都雄贵,其父必登俎豆。至有生前屡罹胥靡之罚,暴著耳目者,亦俨然当春秋两祭。"也就是说,什么乡贤不乡贤的,有钱,肯花,在祠里放个牌位就行了。何良俊《四友斋丛说》云:"乡贤须有三不朽之业,谓立德、立功、立言三者是也。"但是好多人不明白,"士大夫子弟亦有为其父祖营求入乡贤祠者"。在何良俊看来,子孙这样做,"无非欲尊显其父祖之意",算得上贤子孙了,"但不入不为辱;苟既入而一有异议,或遭斥去,则辱及其父祖甚矣,是可不详审之哉!"所以文徵明对他的子孙说:"吾死后若有人举我进乡贤祠,必当严拒绝之。这是要与孔夫子相见的,我没这副厚脸皮也。"明朝大儒罗洪先因为"耻(父)与非类并列",遂把爸爸罗循的牌位泣奉回家。罗洪先是江西吉水人,那里是理学渊薮所在,因而时人感叹:此地尚如此,况他地乎?

很多人都想让自己不朽,但只是想争得一捅就破的"衔头"。《枣林杂俎》说田千秋"尝铸造铜像,镌己名氏葬之"。为什么呢,他告诉人家:"使千百年以后人得之,即神仙也。"这个田千秋,显然不是汉朝与大将军霍光、车骑将军金日磾、御史大夫桑弘羊并受汉武帝遗诏、辅佐少主的那位。就算是明朝的这位,也有五六百年过去了,他那个铜像即便考古发掘到了,恐怕给今人留下的也只是研究斯时铸造工艺的标本。何良俊另外还说过一段话,很有意思:"余遍睹诸贤,自汉历宋元千二百余年,不过十余人,我朝二百年中,几四十有赢……然其中不能无臧否优劣,后必有能辨之者。"其实何待后来,在何良俊那里,这四十多人的优劣实际上早就了然于胸了。

明太祖朱元璋曾对李善长说:"人之一心,最难点检。"的确如此。高某人在修建"粮神殿"的时候,究竟是怎么想的呢?而他在山头上一呼,全国那么多局长就屁颠颠地凑了上来。"粮神殿"落成之初,有人曾撰文热辣辣地赞美,他们这些人又是怎么想的呢?我们实在没有猜出来的智慧。现在这个已经拆掉了的"粮神殿",跟当年阉竖魏忠贤的"生祠"有得一比。当然,包括二者的结局也就是下场。

2007年6月15日

特产之害

又到了荔枝成熟季节,耳闻目睹,也到了特产或盛产荔枝的地方"上贡"的季节。从前是贡皇帝,现在是"贡"上级,"贡"关系单位。不光是荔枝,但凡有特产的地方,往往都成了地方"公关"甚或邀功取宠的媒介。因而我常常想,某地拥有某种特产,已然分不清是上天的眷顾,还是贻害。当然,所谓贻害,是针对百姓而言。

翻阅古籍,方知这个见解并不新鲜,古人原来已经说到了。杨亿《杨文公谈苑》里有一则"小窑李",说"许州小窑出好李,太常卿刘蒙正有园在焉,多植之";成熟的时候,"每遣人员担归京师,以遗贵要"。杨亿说他尝过这种小窑李,"绝大而味佳,所未曾知也",确实是好东西。不过刘蒙正的这种行为,从种植到馈送,都属于他的个人行为,人家要交朋友,如果本着某种目的最多算是行贿;关键是在一些地方,"种植""担归"的负担往往都强加给了当地百姓,自己假公济私,渔翁得利。比如《菽园杂记》云:"宣府、大同之墟产黄鼠,秋高时肥美,土人以为珍馔。守臣岁以贡献,及馈送朝贵,则下令军中捕之。价腾贵,一鼠可值一钱,颇为地方贻害。"这不禁让人想起了蒲松龄的名篇《促织》,宣德皇帝因为喜欢斗蟋蟀,就给了地方官员发财的机会,"假此科敛丁口,每责一头,辄倾数家之产"。

沈德符《万历野获编》对进贡特产更直名曰"贡害",那里面举了三个例子:一个是江阴县贡子鲚(一种鱼),另一个是松江府贡大红云布,再一个是太仓州贡白苎布。这三种东西成为贡品,起因都出于偶然。子鲚是太祖朱元璋幸江阴侯吴国兴宅时,国兴"以鲚供御膳,上赏其味,命岁贡万斤",因此而成为"一县大害"。红布相传是其乡人钱溥为翰林时,"服以进讲,为英宗所属目,问知出于松江,遂命岁充御服",也因而"至今为巨害,重繁之役"。白苎布本是寻常不过的材料,"偶有以饷寿宁者,服以侍内廷曲宴",给弘治皇帝和皇后看中了,"亟称其嘉,命本州岁贡六十匹";幸赖"抚臣彭礼力争之,乃得稍减,又数年而停止"。需要明确的是,沈德符直名"贡害",并不是在骂皇帝,相反,还有维护皇帝的意味,因为在他看来,"盖圣主皆无心厉民,尤佘邪臣导诱,为害一方,遂至于此"。

《冷庐杂识》里有一则"罢荔枝贡",先讲宋朝李迪留守洛阳,洛阳开始进贡牡丹花;蔡襄为福建路转运使,福建开始进贡小团龙茶。他举这两个例子,是想说明"贤者乃亦为此",在特产问题上不能免俗。而南宋洪天锡为福建安抚,则"罢荔枝贡"。举这个例子,又旨在表明"后贤胜前贤"。不过我倒觉得,前一个例子或许能够说明一定问题,"举世浑沌而我独清",在现实中基本上是不可能的;后一个例子则未必能够说明什么。我在以前的文字里写过洪天锡,他的"平生要识琼崖面,到此当坚铁石心",不仅脍炙人口,也清楚地表明了的自己为官态度:不会唯唯诺诺。但他的"罢荔枝贡",显然没必要跟皇帝的口味过不去,可能是禁止以之作为礼品,在成熟的季节大车小载,今日东家明日西家地馈送权贵、上级或关系单位。另一方面,即使真的是"罢贡"皇帝,也可能福建的荔枝名贵程度差一点，可贡可不贡，倘若是不惜"颠坑仆谷相枕藉"的那种，想不贡是不可能的，闹不好遂了你的心愿，发配到琼崖就是。当然，这都是笔者基于官场现实生态环境的臆断，污蔑了贤者也说不定。

广东化州有种特产叫化州橘红，是一种中药材。《苌楚斋三笔》中，顺德梁福章云从前化州的百姓都不种橘，"盖家有橘一株，则报花报时，报风报雨，刻刻防护，举世不宁，而胥吏又缘为索诈"，成了负担，因此百姓"见芽生辄拔去，恐遗子孙之祸"。这就可见，化州橘红一度为化州人民所避之唯恐不及。而化州橘红的声名在外，市场有需求，于是"四方鬻者，悉从广西造成"，然后把那些冒牌货拿到化州，到官府里盖个印，权当验明正身，就像今天凡是大闸蟹都要打着阳澄湖的旗号一样，甚至把不知哪里的蟹放进阳澄湖里洗个澡，就"名正言顺"了。不大一样的是，盖个章，举手之劳，"官得微利，加图谶票记者倍之"，闹了个双赢的效果；不过，欺骗的、最后上当的则是广大消费者。

对特产之害控诉得最震撼人心的，该是《枣林杂俎》收录的一首《富春谣》，这样唱道："富阳江之鱼，富阳山之茶。鱼肥卖我子，茶香破我家。采茶妇，捕鱼夫，官府拷掠无完肤。昊天何不仁？此地亦何辜？鱼胡不生别县？茶胡不生别都？富阳山何日摧？富阳江何日枯？山摧茶亦死，江枯鱼始无。於戏！山难摧，江难枯，我民不可苏。"读来真是催人泪下。这首《富春谣》也从侧面告诉我们，特产无辜，特产之害委实是"邪臣"之害。

2007 年 6 月 22 日

不会写字 vs 唯书法是取

前几天看一则电视新闻,好像是白岩松主持的《新闻周刊》吧,说一名女生参加今年高考后讲了一句话:"当时真想掏出手机看看。"是她要作弊吗?不是,而是她碰上了不会写的字,那个字也并不是什么僻字,常用的,要她在手机上按键发短信,那她会,动笔就不行了。衡诸现实,这一个案却说不上极端,手机的勃兴催生了"拇指族",加上电脑敲字,年轻一代不少人连一些基本的汉字该怎么写确实都忘记了。

从前科举考试的时候,不要说写字,写得怎么样——书法,还一度成为衡量人才的一个标准。这个"一度",发生在清代中叶之后。徐珂《清稗类钞》之"朝考殿试重楷法"云:"朝廷重视翰林,而取之之道以楷法,文之工拙弗计也。"就是说,文章写得怎么样不大被注意,而主要看字写得怎么样,且偏重于楷书。于是乎,新进士们殿试,"一字之破体,一点之污损,皆足以失翰林",后果很严重。徐珂考证,此之流毒出自道光时的大学士曹振镛。时道光"以阅疏太烦为苦",曹振镛就出了个馊主意,让他"挑剔小过误字加之严谴",如此一来,大家都提心吊胆,上疏就成为多余,"则封事自稀,可不劳而治"。掩耳盗铃,莫过于此,但居然为道光所采纳,匪夷所思。其后,"挑剔小过误字"这一套又发展到用之于廷试,所以徐珂得出结论:"桎梏天下之人才,纳诸无用之地,振镛之罪也。"

曹振镛何许人也?道光朝最受重用的大臣,他死的时候,道光帝还亲临吊丧。有清一代谥为"文正"——最顶级的身后盖棺定论——的一共只有八位,曹振镛正为其一。曹振镛有句人人皆知的名言:"多磕头、少说话。"朱克敬《瞑庵杂识》云,曹振镛"晚年恩遇日隆,声名俱泰。门生某请其故,曹曰:'无他,但多磕头、少说话耳。'"这句话,乃是曹振镛的为官秘诀了。从推广"挑剔小过误字"来看,他不仅自己如此,还要使之成为官场风气。他如何像曾国藩一样得到"文正"之谥,看起来值得深究。

陈康祺《郎潜纪闻二笔》对"挑剔小过误字"的来龙去脉,说得更加详细:"近数十年,殿廷考试,专尚楷法,不复问策论之优劣,以致空疏浅陋,竟列清班",最可笑的是,"甚至有抄袭前一科鼎甲策,仍列鼎甲者",这么大的漏洞都发现不了,阅卷的人在干什么呢?"评骘楷法",品评那笔字如何;评且不算,"又苛求之点画之间;有一字古体帖体,依《说文》篆隶而不合时式者,即工楷亦置下等",完全不是科举考试而是书法大赛了。陈康祺在厂肆见到过乾嘉年间的殿试策,并不是这个样子,那么这股风气是从什么开始的呢?他询问少宰童华,童华讲的也是道光故事,说道光"初登极,以每日披览奏本外,中外题本,蝇头细书,高可数尺,虽穷日夜之力,未能遍阅"。看吧,太辛苦;不看吧,又"恐启欺蒙尝试之弊"。因而要曹振镛想个办法,振镛曰,随机抽它几本,"见有点画谬误者,用朱笔抹出。发出后,臣下传观,知乙览所及,细微不遗,自不敢怠忽从事矣"。从此,"一时廷臣,承望风旨,以为奏折且然,何况士子试卷,而变本加厉,遂至一画之长短,一点之肥瘦,无不寻瑕索垢,评第妍媸"。在陈康祺看来,"以朝廷抡才大典,效贱工巧匠雕镂组织者之程材,而士子举笔偶差,关系毕生荣辱,末学滥进,豪杰灰心,波靡若斯",这种考法,"虽尧舜皋夔之圣贤,岂能逆料与?"然而,道光皇帝与曹振镛的密谋,旁人是怎么知道的呢?陈康祺交代了出处:"文正(振镛)晚年,颇以为悔,故少宰(童华)获闻之。"也就是说,童华所讲的这些,是由曹振镛亲口道出的。

咸丰年间,御史王茂荫对这种取人方式提出意见,"请读卷阅卷大臣,不论字体工拙,专取学识过人之卷进呈钦定,批明刊发,使天下晓然于朝廷所重在文不在字"。然而,这一出发点良好的建议,不知为什么却被"礼部驳之"。完全可以想见,以书法取人,会留下许多可笑的记载,事实也正是如此。略举两例。其一,光绪中叶一次殿试,有一位因为字写得不错但写得太慢,"已薄暮矣,犹有一行半未毕,目力不复辨",根本看不见了。正着急呢,监考的贝勒走过来,"悦其字体婉美",然后就站在他身旁,"燃吸烟所燃之纸煤(引火用的很细的纸卷)照之;屡尽,屡易其纸煤,且屡安慰之,谓:'姑徐徐,勿亟也。'"其二,清朝的太医院考医士,"亦用八股试帖,以楷法工拙为去取",时人因而嘲讽曰:"太医院开方,但须字迹端好,虽药不对证,无妨也。"考与被考,都为原本只是作为载体的书法着魔了。

当年唯书法取人,走的是一个极端;如今不会用笔写字了,走的是另一个极端。往者已矣,徒留笑柄和谈资,今天的"拇指族"们将走向何方,尚未可知。唯其如此,使人有了忧心忡忡的前提。

2007年7月6日

毛病

《百年潮》今年第6期刊登了毛泽东贴身警卫李家骥的一篇回忆文章，回忆1951年6月他随江青去山东如何进行武训历史调查。就是在这次调查之后，对电影《武训传》的批判掀起了新的高潮。在调查过程中，李家骥负责安全保卫。看得出，他对江青的印象不错，说她好出风头，急性子，好找别人的毛病，在这次调查中并没有发现。不过，从他人的文字中我们知道，江青的毛病非常之多，尤其是惯于把自己的好恶推而及人，强加干涉。

历史上的不少官员也有毛病，有些也是不可思议。《宋史·范廷召传》载，范廷召特别讨厌飞禽，"所至处弹射殆绝"。他有一手好箭法，只要看见鸟儿从自己的头上飞过，一定要把它们射下来或者吓跑。他还尤其听不得驴叫，"闻必击杀之"。就是说，哪里如果有驴叫给他听到了的话，尽管没有射鸟那么方便，但总要想方设法去把驴杀掉才能甘心。明朝沈德符《万历野获编》亦云，"周洪谟在成化间为祭酒，酷恶鸦声"，为了听不到这种声音，他甚至发动国子监的学生们去逮鸦，能逮到的"与之假"，大家因此给他取了个外号叫周鸥鸦。还有一个叫陈经济的，则"酷恶鸦声"，如果老鸦叫的时候偶尔给他听到了，没处撒气，"必痛笞其隶人"，大家因此叫他陈老鸦。沈德符说，这两个人的外号"亦与郑鹧鸪、袁白燕等异矣"。当然了,人家唐朝的郑谷是以《鹧鸪》诗、明朝的袁凯是以《白燕》诗而著名,因而被奉送郑鹧鸪、袁白燕的雅号,而周鸥鹑、陈老鸦之类,可说得的是恶名。

岭南人以前爱嚼槟榔,据说是地气湿热的缘故。这种行为甚至是人类学意义上百越民族的文化特质之一。明朝叶权《贤博编》里有一则"游岭南记",谈到了他接触槟榔的感受。叶权说"粤人以槟榔为上品,一切行礼必用之",来了客人,一定会端出槟榔、蒌叶、蚬灰,"以槟榔探蚬灰少许,裹以蒌叶嚼之",嚼到最后,"吐其赤涎而咽其滓"。叶权初到,盛情难却,按程序也尝了一口槟榔,结果觉得"辛辣过于姜芥,眼中泪欲出",难受得很;如果不要蒌叶只嚼槟榔,"又惨淡无味"。叶权看到,广州城里"有少年官人束金带,跨骏马,行途间亦嚼不辍",并且他还听说,"潮州人以口红齿赤为富贵子",吃得越多表明家境越好。外人吃得那么痛苦,那是吃不惯,当地则"妇人小子如啖嘉果"。而在宋朝,有个叫程师孟的在番禺当知县时,有个看不惯当地人嚼槟榔的毛病,手下谁要是当着他的面在嚼,屁股上必要挨板子。一开始大家都不知道是怎么回事,上司怎么无端端发这么大的火,他说他讨厌嚼槟榔时那种像是用血漱口的样子。程师孟才不管这是不是民俗,反正他看着不舒服,就可以借助权力让大家都得跟着不舒服。

最有意思的还要属党进。这人算是宋太祖的开国功臣了,打仗勇猛得很,但缺陷是不识数,至于连自己统帅多少兵马这么简单的数字也记不住。笨人有笨招儿,他叫人把所管的兵骑器甲的数目事先都一一写在一根木棍上,以备不时之需。果然有一天太祖问起来了,他老兄就把棍子向上一举,说都在这里呢,把赵匡胤也给逗乐了。这个大老粗闹出的笑话当然不止一桩。《玉壶清话》云,有一天他在街上骑马溜达,看见人家在演戏,就停下来问那个说台词的演员在叨咕什么呢,人家告诉他,正在说韩信如何。不料他竟大怒,说:"你对我说韩信,在韩信面前肯定说我,你是个两面三刀的人。"随即命人去揍那位演员,演绎成党进版的"关公战秦琼"。

党进的毛病,是看不得别人养宠物。他在京师市井间巡察,如果看到有人驮着鹰鹞转悠,必令手下人夺过来给放飞掉,不仅如此,嘴里还要骂几句:"不能买肉供父母,反以饲禽乎?"不把肉拿回家孝敬父母,倒喂这些玩意,真是岂有此理!话说得很有道理,但这是对付弱者的态度,在强者面前,党进就是另外一副嘴脸了。宋太宗以晋王在藩的时候,也喜欢养鹰鹞,当然是手下人给他养,自己并不动手。有一天手下人带着鹰鹞出来溜达也给党进发现了,一通例行大骂之后,让人例行放飞。不料那人知道他这毛病,告诉他这是晋王的,你放吧,我去告诉晋王。这回可是轮到党进吓坏了,急忙拉住那人,忙不迭地陪上笑脸之外,自己还主动掏了腰包,拿出银两,"与钱令市肉",算是孝敬晋王鹰鹞的肉钱,并且还叮嘱那人:"汝当谨视此,无使为猫狗所伤。"消息传出,市民当成笑料。

平民百姓的鹰鹞,夺过来就放,还要骂;晋王的鹰鹞,不仅要陪笑脸,还要贴钱、好言相慰,难得不识数的党进在这个问题上头脑如此清晰。同理推之,如果程师孟的上司嚼槟榔,他也敢去打屁股,驴主是比范廷召硬气的权贵,他也敢去白刀子进红刀子出,那么,这种行为就真可称作性情。看得看不得,以对象的强弱为前提,与欺下媚上相挂钩,就是纯粹的毛病。他们所以能、所以敢表现毛病,当然在于手中那些或大或小的权力。李家骥说,他那次对江青的印象不错,她以普通工作人员出现,积极工作,没搞特殊,吃派饭,与基层干部群众打成一片,工作是深入细致的。也许那时的江青还没有蜕变,毛病还没有被惯出来吧。

2007 年 7 月 13 日

转折

今年是全国恢复高考 30 年。几乎所有媒体都在搞纪念专题,约请那些有了一定作为的成功人士回顾往事,大抵莫不庆幸当年恢复高考政策如何改变自己的命运,成为自己人生道路上的重要转折点。看得多了,大同小异,总觉得如此纪念,"层次"低了一点。旋见广东美术学院的李公明先生在《南方都市报》上撰文《七七级的反思中缺少了什么》,深有同感。诚如李先生所言,"七七级"的反思中是不是还缺少了对自己的批判性反思?因为,"没有人谈到我们这一代人应该对改变国家的命运肩负着什么责任!"

就中国基本上唯文凭是举的现实来说,高考对于绝大多数人都是人生的转折点,不独七七级。笔者高考前是东北一家工厂的工人,倘若当年没有考取中山大学,现在下岗了也说不定。高考总被拿来与旧时的科举类比,的确,对古代相当多普通人的正常路径而言,科举考试往往意味着最大的命运转折。刘献廷《广阳杂记》云,明末有个举子中了榜,"喜极发狂,笑不止"。家人没办法,请来了神医袁体庵,袁神医认为,这是心窍开张不可复合,用药不起作用,得吓唬他,"惧之以死,令其忧愁抑郁",别让他那么得意忘形,就等于治疗了。我疑心这个举子就是《儒林外史》里范进的原型,不过袁神医的言语恐吓换成了小说中胡屠户胆战心惊且又实实在在的一个耳光而已。而从范进的身上我们知道,他的发狂,绝对是命运发生转折的缘故:刚才还可怜兮兮地在集市上卖家里唯一的母鸡,转眼之间,有人又送房子又送银子……

陆游《老学庵笔记》云,宋朝有个叫李方叔的,才学很为苏东坡看好,他参加省试那年,又正好是东坡知举,以为必中无疑。考完回家,李方叔把牛先吹出去了:"苏公知举,吾之文必不在三名后。"他觉得,自己不仅能中,还能在前三甲。东坡披阅时,"得一卷子,大喜,手批数十字",认为肯定是李方叔的,然而拆开考生的姓名,却是另外一个人。常理来推,东坡识人大抵不会走眼,而方叔"见黜",该是他本人发挥的失常。不过李方叔倒还没什么,他七十岁的老母亲却想不开,号啕大哭之余,自缢身死。《儒林外史》里,范进的母亲也死了,为家庭瞬间发生的巨大变化而惊讶、困惑、欣喜,"大笑一声,往后便跌倒,归天去了",属于高兴而死,李方叔的母亲却是失望而死。科举带来的人生命运转折,给举子、给举子亲属给予的悲喜,就这样否泰如天地。科举中落败的实例我们见得很多,可惜,当年参加七七级考试的落败者,我们还没有听到什么声音。而落败的,比成功的要多得多,那一年的录取比例不是29:1吗?

陈康祺《郎潜纪闻二笔》里有数则百岁老人参加科试的记载,两则有关广东。其一是康熙三十八年(1699),老贡生黄章入闱时,"大书'百岁观场'四字于灯,其曾孙为之前导"。其二是道光六年(1826),三水103岁的老人陆云从应会试,被"恩赐国子监司业衔"。奋斗了一生,到了耄耋之年也还不肯罢休,这就是"转折"的诱惑。但是显然,前一个已经想开了,索性抱着看看热闹的心态置身考场,后一个则凭借"锲而不舍"终于守得云开雾散。如今,高考的年龄上限也已经打破,有朝一日,或者也会出现"百岁大学生"的奇观吧。

前年是科举废除整整百年,科举之弊,唐人赵匡举已有痛陈,说它"习非所用,用非所习";清人舒赫德亦云,科举文章"徒空言而不适于用,此不足以得人"。随便举个例子吧。清嘉庆六年(1801)的乡试诗题为"百川赴巨海"。那一年京师发大水,这题目正是要求考生紧扣时事,考生想必也都明白。然而这题目典出何处,"闱中罕得解",因为出题者涉及的是"天下归仁"的深意。于是负责阅卷的高鹗——就是续作《红楼梦》的那位——便在本来弃置一边的卷子里找,终于发现陈黻的有那么点意思,"亟呈见,遂得南元",中了第二名。不仅如此,其他落榜的卷子里,"有略涉正意者,搜弃补荐,皆中式"。科举带给人的命运转折过程,就这样带有极其偶然的讽刺意味。

客观地说,在没有更好的选拔人才机制的情况下,科举以及高考都不失为一种公正的方法。因此,不论对个人还是对国家来说,1977年恢复高考都是一件标志着发生翻天覆地变化的大事。但是,作为恢复高考制度后的首批受益者,30年过去了,"七七级"如果仍然在"庆幸",仍然陶醉于自我,仿佛恢复高考就是为了拯救个人于苦海之中,这样的回顾未免过于"自私"了些,有没有其实都无所谓。

2007 年 7 月 20 日

欧公柳 vs "薛公柳"

上个月去了一趟新疆吐鲁番,亲眼见了坎儿井究竟是怎么回事。当地博物馆的文字说,坎儿井工程堪比长城、大运河。信然。坎儿井利用自然坡降进行自流灌溉,用暗渠引水避免了各种损耗,等于把流出山口的河流转入"地道"引入绿洲。人类对自然的如此巧妙利用,不能不叹为观止。坎儿井又被称为"林公渠",林公乃以"虎门销烟"闻名林则徐。实际上坎儿井早就汉代就出现了,不过,林则徐被贬谪到新疆后,发动当地大规模修建坎儿井,百姓乃有此亲切称谓。

屈指数数,以人名来命名什么,历史上还真留下来不少。比方早在战国时关中已有郑国渠,杭州有苏(轼)堤白(居易)堤等等,尤其是昌黎先生,到潮州不过八个月,开化之功,后世无人可与比肩,遂"赢得江山俱姓韩",潮州的山、水从此叫作韩山、韩江。细看之下,不难发现一个共同点:那就是以此传名后世的人,一定是曾经为百姓切实造福的人。人们对他念念不忘,由初始的口耳相传,转而寄情于他开创的事业,是怀念的一种升华。那么,赢得这样的荣誉,先要有政绩的实实在在,反之则可能自取其辱。张邦基《墨庄漫录》云,扬州大明寺平山堂前,有一棵欧阳修手植的柳树,人们称之为欧公柳,后来有个叫薛嗣昌的知扬州,东施效矍,在那棵树的对面也种了一棵,自己取名为"薛公柳"。然而当地的百姓却并不买账,"薛公柳"既出,"人莫不嗤之"——可能只是私下里吧;而"嗣昌既去,为人伐之",也就是说,他前脚刚一调离,后脚就被人把那棵树给砍了,这回该是公开的。

两棵树的境遇如此不同,反映的实际上是对官员本身评价的不同。人们都知道欧阳修文章写得好,而且开创了一代新的文风,其实他从政也颇可称道。"士大夫有所干请,辄面谕可否,虽台谏官论事,亦必以是非诘之";即便被贬谪,也是"遇事不敢忽"。而薛嗣昌呢,张邦基对他的评价是"不度德有如此者",骨子里透出了一股轻蔑,说明其人的品质是有问题的。正史中关于薛嗣昌的记载少得可怜,但有一句还是给他定了性,"前后因事六七贬,多以欺罔获罪"。

一个官员的作为怎么样,委实用不着自己张扬,百姓看得清清楚楚。何良俊《四友斋丛说》引一则松江旧俗称:"凡府县官一有不善,则里巷辄有歌谣或对联,颇能破的。"就是说,大家公开不敢讲你,私下里是憋不住的。该书举例云,袁泽门在松江的时候,忽然街上传言:"东袁载酒西袁醉,摘尽枇杷一树金。"原来城东另有个姓袁的,和袁泽门关系不错,两个人"时有曲室之饮"。这后半句颇为费解,但其所隐喻的一定不是好话,因为当时对这句传言进行了追查来源。当地有个叫沈玄览的"善讥议",有人便认为他肯定是谣言的源头,于是不管三七二十一就把沈玄览抓了起来,虽然最后也没确定一定是他,但沈玄览还是"瘐死狱中"。对此,何良俊很不以为然,他说春秋时的子产不毁乡校,正欲"闻谤"也,贤明的领导者都会鼓励"士人传言庶人谤",让人家说嘛,怕什么,闻谤才知道该改进哪里,"陷之以死,是何无人道耶?"何良俊的这一层观点先不去论他,起码他认为,一个官员的作为是瞒不得百姓的。《清稗类钞》里有一则故事,说交河令周自怡调离的时候,当地老百姓"载泥赠之"。周自怡见而大怒,但不明所以,百姓说这不是泥,是地皮呀;为什么送你地皮?"虑公(搜刮)有所不足,故担以来"。

自诩什么,或刻意地只是追求口碑,往往要如薛嗣昌一样,自取其辱不说,甚至还会留下笑柄。清朝裴阴森对薛嗣昌式的做法说得最绝:"凡德政碑、万民伞之最多者,其政声之恶可知矣。"完全是反其道而行之。巧得很,在今天许多倒了台的官员身上,我们恰恰都能看到其所"获得"的数不清的荣誉,这个优秀,那个奖章。李宝嘉的《官场现形记》对荣誉的"攫取"过程有个精彩的诠释,书里那位"出省剿匪"但到了地方却"迷恋龙珠,为色所困"的胡统领,临回去的时候提了个要求:"现在钱也出了,我的万民伞呢?这点虚面子,他们总不好少我的罢?"看他的嘴还很硬呢,"我不是稀罕这个,为的是面子,被上司晓得,还说我替地方上出了怎么大一把力,连把万民伞还没有,面子上说不下去。"当下周老爷听了不语,寻思道:"好在我已拿着他一万银子,挤出一二百块钱,做几把伞、四扇牌应酬他也不打紧。"最妙的是胡统领走的那天,"单太爷办事精细,恐怕惹人议论,叫人悄悄的到伞、牌店里,把五把伞、四扇牌取来,送到城门洞子里会齐。又预先传了一班鼓手在那里候着",人一到,"将伞撑起,随着鼓手、德政牌,吹打着一同出城。出城不远,两旁便有兵勇站街,有人保护,不怕滋事了"。横竖看去,与今天贪官的做法都有神似之处。

杭州西湖边的岳王庙里,有岳飞父子墓和秦桧等四人的跪像,墓后有副楹联:"青山有幸埋忠骨,白铁无辜铸佞臣。"胡统领的碑、伞,今天贪官的奖状、奖牌,以及那棵因为薛嗣昌而被砍倒的柳树,都很有点像"铸佞臣"的"白铁",真是无辜得很。欧公柳与"薛公柳"的不同境遇也说明,以为单纯地依靠什么来装点自己、标榜自己就能达到主观预期的目的,等于白日做梦。

2007 年 7 月 27 日

官场生态

不久前,网友汇集的一组"打伞"照片引来了媒体的热议。两张是今年7月13日,温家宝总理到安徽阜阳慰问军民、了解灾情时新华社记者拍的,拍的是温总理自己打着雨伞与当地群众握手,以及穿着雨靴冒雨行走在泥泞中。另外一些则是专人撑伞、前呼后拥的县委书记之类,而尤为刺眼的一张是:一个正在台上念稿子的官员,站在身后为他打伞的居然是个戴着红领巾的小姑娘!对后面反衬的这些,虽然没有明确交代出时间、地点,但是但凡熟谙中国"官"情的人,有谁会感到陌生呢?

"打伞"这个细节,形象地道出了官场生态的一种。其实,这只是非常显性的一种,许多则是比较隐性的。《清稗类钞》有一则"戏赠知县知府联",阐释得很生动。赠知县联是这样说的:"下官拼万个头,向上司磕去;尔等把一生血,待本县绞来。"赠知府联是这样说的:"见州县则吐气,见道臬则低眉,见督抚大人茶话须臾,只解得说几个是是是;有差役为爪牙,有书吏为羽翼,有地方绅董袖金赠贿,不觉的笑一声呵呵呵。"对不同的人换不同的面孔,尤其是对上司就奴颜婢膝,可以说是典型的官场等级生态。

清朝的时候北京有则谚语,是以轿夫来比喻四种官员,讲的是官场的行为生态。借用的是那种四人抬的轿子,说前面第一个轿夫相当于军机,因为"扬眉吐气",第二个则相当于御史,因为"不敢放屁";后面第一个轿夫相当于翰林,"昏天黑地",后面第二个相当于部曹,"全无主意"。这则京谚不知出于什么人的智慧,总之绝了,轿夫的位置与对应的官员的位置,既有逻辑关联,又有实质关联。比如说御史,职司监察,"抬轿子"的时候屁股后面就端坐着大人,"不敢放屁"不是正等于平时根本不敢吭声吗?又如部曹,也就是各部司官,跟在最后,方向、力度都由前面操纵了,不正是让干什么就机械地干什么,弄得像为老板打工一样吗?

张集馨《道咸宦海见闻录》讲了他自己从政的一段经历。道光二十五年(1845)他46岁的时候"奉旨补授陕西督粮道",这个官"收支兵粮,是其专责,而辖境公事甚简",正因此吧,"遇有过客,皆系粮道承办"。而"西安地当孔道,西藏、新疆以及陇、蜀皆道所必经",所以每每忙得不得了。对此,张集馨有具体描述。"过客到境"——当然是有一定级别的——之后,粮道随将军、中丞等在官厅迎接;然后——"俟各官回署后",要"差人遍问称呼,由道中幕友写好送到各署",把来人的身份——级别、职务搞准,"看明不错",再"差人送全官客公馆,一面张灯结彩,传戏备席"。一般来说,每次传戏两班,"上席五桌,中席十四桌",饭菜稍微有点儿区别,"上席必燕窝烧烤,中席亦鱼翅海参"。虽然"西安活鱼难得,每尾四五千文",但"上席断不能少。其他如白鳝、鹿尾,皆贵重难得之物,亦必设法购求,否则谓道中悭吝"。过客要走的时候,"又往城西公送,并馈送盘缠";馈送的厚薄,也视官职的尊卑……每天忙忙碌碌就是这些,张集馨烦了,上任不久一位朋友写信问过他感觉如何,他坦言:"终日迎来送往,听戏宴会,有识者耻之。"显然,这是一个责任感尚未泯灭的官员才能说得出口,否则,巴不得借职务之使、借公款消费建立各种私人的人脉关系,乐此不疲,何耻感之有?

唐朝大诗人杜牧的爸爸因为当官不作为,被后人评价为"处高位而妨贤,享厚禄以丰己,无功于国,无德于民,富贵而终,斯又何人也!"可惜,古往今来,这样的人比比皆是,用苏东坡的话说:"养猫以捕鼠,不可以无鼠而养不捕之猫。蓄犬以防奸,不可以无奸而蓄不吠之犬。"东坡的意思,是百官之设在于各有所司,而现实中,还有大量因人设官的现象,他有后台,或者他混了一定年头,都需要"安排"一个级别。罗大经就东坡的话继续发挥道:"不捕犹可也,不捕鼠而捕鸡则甚矣。不吠犹可也,不吠盗而吠主则甚矣。"接着他更暗话明说了:"疾视正人,必欲尽击去之,非捕鸡乎!委心权要,使天子孤立,非吠主乎!"这一种官,成事不足,败事有余,简直就是承平时期的奸臣了。清朝的刘廷玑更以"徐州鼠"来补充二人的观点。他说徐州产一种鼠,"较鼠形差小,遇猫则以嘴扭其鼻。猫伏不敢动"。这样的官场生态委实亦不足奇,前些年某地有大款打赌说吆喝某要员像吆喝狗的,即可为之一注。

清朝的袁佑说过一句话:"居是官,当勤是职,头白可期,汗青无日,非旷官乎!"无故缺勤叫作旷工,不负责任叫作旷官,袁佑的概念不禁令人莞尔。"打伞"的照片所以能一石激起千层浪,在于其所折射的是两种截然不同的官场作风或曰官场生态,备受诟病的尽管如此"显性",但对许多官员来说已经习以为常、不以为怪了。

2007 年 8 月 3 日

睡(之三)

云南省公安厅召开机关作风建设动员会,参加的有省厅机关全体民警,还有各直属机关、云南警官学院的处级干部,共800多人。会议才开始不久,一名中年民警就在座位上打起了瞌睡,正在讲话的领导看到后,立即请他出去,不要开了。这是8月6日发生的新闻。老实说,新闻委实已经不新。上面开会,下面打瞌睡,在我们国度算是常态,比较习见。追究原因,当然是上下两方面谁都脱不了干系,一方面是与会者的素质问题,另一方面,我们也有太多使人昏昏欲睡的会。

睡,是人的一种生理需求,也可能是一种养生之道。清朝道光年间有位老水手,据说有132岁,怎见得?人家"藏有雍正七年初充水手印册,并嘉庆十二年前河道李长森所赏百岁银牌",有证据的,不是随便说说。老水手要活在今天可不得了,今年1月,世界最长寿老人、波多黎各的埃米利亚诺·梅尔卡多在家中去世,享年才不过115岁。有人问老水手的养生之道,他说:"饿了吃,困了睡,心不想事"。显然,这样的心态用之于长寿可以,用之于开会则不行,困了,也不能睡,否则后果可能很严重。

人有很多种睡态,不知道云南这名民警睡态如何,想来也就是歪着脑袋张着嘴。《北梦琐言》云,画家王凝睡觉的时候,"必叉手而卧,虑梦寐中见先灵也"。梦见祖先,据说是先灵不安或有所见告,王凝可能会害怕吧。前两年因为电视剧而红极一时的刘罗锅刘墉,喜欢把自己裹起来睡,因此他的被子"长丈许",睡的时候"折之为筒,叠其小半,以身挨入,有如蚕茧";等他睡着了,家人再"将上半覆其头,俨然包裹,虽酷暑亦如是也"。而同时期的曹秀先正好相反,相传他的"卧被仅四尺余",睡觉的时候"只覆胸腹而已,赤两足置于被外,虽严寒亦然"。梁章钜在《归田琐记》中将二人进行过类比,说"昔人以夜卧不覆首为致寿之原,取其夜气不郁蒸。又有百病从脚起之说,盖涌泉穴与心相通,风最易入,故养生家皆慎之",但这一切,因为"人之禀赋不同,有不可以一律论者",刘墉与曹秀先正是两个截然相反的例证。

梦见祖先可能会害怕,但梦见历史上的名人往往会异常欣喜。《淡墨录》云,王延年说自己年轻的时候常梦见到一个地方,屋子里"汉书古器,盎然横陈"。榻上坐着一位老人,"见客不起,亦不言",另外一位有点儿黑的高个子,对他揖而言曰:"余汉之陈寿也,作《三国志》,黜刘帝魏,实出无心,不料后人以为口实。"说着用手指了指榻上老者,"赖此习彦威先生,以《汉晋春秋》正之。汝乃先生之后身,闻方撰历代编年纪事,夙根在此,须勉而成之"。这个梦属于扯淡是确定无疑的,现实中八竿子打不着,只有在梦里攀龙附凤了。但这个梦,却至少说明那个时候的王延年已经懂得炒作自己了,可惜,炒作不太成功,八十多岁时才为人"荐举经学,进呈所撰编年纪事"。或者,荐举之后才翻出当年梦里的"风光履历"也说不定。

顺治时的进士冯溥,睡觉时也做过只有自己知道真假的梦。那是冯溥中举人的时候,"报至方熟睡",没想到,"家人呼之不醒,以水噀面亦不醒",直令"举家大惊"。醒来后,冯溥说刚才梦见登泰山，拥雾气，蓬勃而上，"回视十八盘、天门，历历在目。至则张席殿中，悬锦绣于门，众乐杂作，鼎脯浆醴咸备，若有神人揖让酬酢成礼"。以水喷面而不醒，冯溥的戏演得真是不坏，也真够难为他了。不过，一个小小举人就梦到了如此宏大的场面，显然是冯相国发迹后的追溯，无非是要印证自己的今天并非偶然，先前早有预兆。

历史上也有一些奇人，睡觉的时候能够保持清醒。曹孟德玩儿的梦中杀人诡计当然不能算在内，他那是因为猜疑心理太重而导演的一种"防患于未然"的冷酷权谋。《清稗类钞》说有个僧人，真正有这种本领。别人问他，如果睡觉的时候有人行刺，您能知道吗？僧人说："刀剑之来也有风，风离刀约尺余，能者遇风即觉，避之何难。"过几天，僧午睡的时候，那个不怀好意的人前来试验，持刀刺僧，结果被僧一脚给踢出了门外。其实这也当不得真，稗史嘛，姑妄听之就是了。南朝陈的第二个皇帝陈蒨，《陈书》说他"起自艰难，知百姓疾苦"，因而"国家资用，务从俭约"，且其本人"常所调敛，事不获已者，必咨嗟改色，若在诸身。主者奏决，妙识真伪，下不容奸，人知自励矣。一夜内刺闺取外事分判者，前后相续"。令人叫绝的是，"每鸡人伺漏，传更签于殿中，乃敕送者必投签于街石之上，令鎗然有声"，目的是"吾虽眠，亦令惊觉也"。不过，应该只是偶尔为之吧。

云南那名打瞌睡的民警走出会场后，有两名督察上前对其进行了询问并登记。不论后果怎样，睡的人都只好自认倒霉了，他本来是按经验行事的，谁知道制度忽然"严厉"起来。从该民警的"倒霉"，我们实际上还见识了许多制度的儿戏性一面。

2007 年 8 月 10 日

朝廷雇我作闲人

7月31日《检察日报》刊登了一位学者的文章,认为我国"断裂的'官场生态'使劣官驱逐良官",因为买官卖官已成一个公开的秘密,而"卖官链"一旦形成,进入买官卖官行列的人便不可能具备称职官员的基本素质,良官没有任何可能进入"官位市场",这不仅表现在无能或无德者身居高位,还表现在本来正直的官员要么同流合污,要么选择退出。

这的确是当前中国一种非常恶劣的官场生态,大量贪官东窗事发之后,让人很容易认同这一观点。而良官之凤毛麟角,不是今天才有的现象,劣官驱逐之也只是原因之一。清朝有位汪如渊为顺天府尹,"初不延幕客,危坐堂上,然(燃)烛理文书,四鼓乃寝。余暇独处陋室,足不逾阈"。有人来访,叹曰:这跟庙里当个和尚有什么两样,"为官如此,有何乐境?"汪如渊笑答:"此乃汪某报国之始念也。"我们必须得承认,如今讲道理动听胜过汪如渊的比比皆是,而能够像汪如渊般见之于行动的少之又少。也许在官本位的社会中,官衔太重要了,谁也不愿丢去,或舍不得丢去。

领衔编纂《明史》的张廷玉,晚年的时候把"好、好"挂在嘴边。"每遇启事者至",就是这两个字。一天,阁中胥吏来向他请假,他问是什么事,人家说刚才收到了父亲去世的消息得赶回去。

张廷玉习以为常,仍然说:"好、好。"旁边的人"皆掩袂笑",他自己还浑然不觉。清朝还有一位"以资深历显职"的赓泰,口头禅是"可不是"三个字,大家因此给他取了个外号叫"赓可不"。有个宗室子弟抓住他这点,有天给他设了个圈套,"于座中骤问赓曰",今天天气真是冷得很啊,赓泰循例答曰"可不是"。那人接着问他:"君观某大臣貌可做龙阳否?"龙阳,指战国时魏国国君安釐王的男宠龙阳君,后因指男色;引申开来,"龙阳子弟"指以男色侍人者,"龙阳恨"谓失宠、被遗弃的痛苦。赓泰未必不知道,但"可不是"说惯了,"亦漫应之",结果"为某大臣所责,至跪谢乃已"。可见,无原则的"漫应",有时可能要付出代价。

洪迈《容斋随笔》里提及了汉代"朱云折槛"的往事。那是汉成帝时,丞相张禹"以帝师位特进,甚尊重",有一天值满朝文武都在之时,朱么痛陈"今朝廷大臣上不能匡主,下亡以益民,皆尸位素餐",说罢要求成帝赐其"尚方斩马剑",先斩张禹,"断佞臣一人以厉其余"。因此随后发生了成帝大怒,要御史将朱云拿下,"云攀殿槛,槛折"等等。在朱云性命攸关之际,赖左将军辛庆忌"敢以死争",且"叩头流血",才令"上意解,然后得已",并要留着折槛,"以旌直臣"。如果说朱云激于义愤,如海瑞之"满朝文武皆妇人也",一概打倒,有些趋于极端,辛庆忌则是据理力争:"使其言是,不可诛;其言非,固当容之。"洪迈的认识就更深刻了:"方争朱云时,公卿在前,曾无一人助之以请,为可羞也。"其实,朱云在说大臣们"皆尸位素餐"时,多少已经旁证了这一点。那么,这些大臣属于劣官还是良官呢?

陈康祺《郎潜纪闻四笔》云,嘉庆时戚人镜受命纂修《明鉴》,里面谈到"本朝与明构兵事",嘉庆大怒,要把戚人镜下狱。松筠说,乾隆皇帝曾经明确指示,"前明之事,宜直书不宜避忌"。嘉庆很惊异,真的吗?"令检《实录》进呈,戚始免罪"。此即所谓"松筠一言救戚人镜"。从皇帝那儿出来后,松筠对曹振镛说,这件事别人不知道,"公亦岂失记哉?"为什么不讲出来?曹振镛说:"上愠甚,何敢言?"松筠失望至极:"公自此休矣。一言是惜,几累圣明,大臣之谓何?"曹振镛一时无语。清朝共有八人死谥文正,曹乃其一,但也正如陈康祺所说:"曹振镛忝窃荣名。"由此也可见,劣官凭借自己的钻营,不难得到极品的身后美名。

  白居易诗云:"月俸百千官二品,朝廷雇我作闲人。"明朝吴廷举由巡抚应天右都御史升南京工部尚书,可能不大高兴,引用此句以抒怀,此外还引了张咏的"可幸太平无一事,江南闲煞老尚书",自己又添了"呜呼"二字。结果嘉靖皇帝大怒,令其致仕——不是余秋雨先生说的走上仕途,而是退休回家。白诗及其引用者,无疑都是借以自嘲,但在现实之中,却是"闲人"——亦即"闲官"不少,不要说那些享受×级待遇的什么调研员、巡视员之类,如明初诗人杨梦载所说,叫作"如人眉在面前不可少,而实无用"。即便那些不是因人设岗的,尸位素餐,不也都相当于雇来的闲人吗?康熙己卯京闱,贿赂公行,士子为文揭于市,其中说到,"凡属在官,自宜洗涤肺肠以应明诏"。的确,为官一任,总不能"绝灭天理,全昧人心"!

2007 年 8 月 17 日

学校

今年高校新生就要入学了。这几年来,高校连年扩招,1998年招生人数为180万,2007年已经达到了567万。扩招带来诸如师资、就业等一系列问题,早有专业人士论及。在下注意到的一个尴尬事实是:增加了那么多受过高等教育的人,国民素质似乎并没有什么长进。前几天,我们的外交部发布了《中国领事保护和协助指南(2007年版)》,专门提醒公民照顾形象,不要把在国内的坏习惯和潜规则带出国,包括不要在公共场合大声说话等。我们的每一次旨在提高公民道德的专项活动,往往也都是从最基本的这些东西做起。

我们的学校在忙些什么呢?学校,是专门进行教育的机构。《孟子》里即有"设为庠、序、学、校以教之"。西汉扬雄的《百官箴》中,已是"国有学校,侯有泮宫"。像我们津津乐道的许多事情一样,学校的历史在我国非常悠久。但是,透过明朝野史笔记里的一些记载,却也可以窥见古代学校的若干端倪。

先看陆容的《菽园杂记》。其中说道:"作兴学校,本是善政,但今之所谓作兴,率不过报选生员,起造屋宇之类而已。"扩招、弄个大学城之类,在陆容看来,"此皆末务,非知要者。其要在振作士气,敦厚士风,奖励士行。今皆忽之,而惟末是务"。而且他还认为,"起造屋宇,尤为害事"。为什么呢,"盖上官估费,动辄银几千两,而府县听嘱于旁缘之徒,所费无几,侵渔实多。是以虚费财力,而不久复敝,此所谓害事也。"房子立起来了的确不假,但倘若认真追究起来,可以因为其中的"侵渔"而倒下一批官员。

再看沈德符的《万历野获编》,那里有一段跟风办学的记述。说嘉靖末年徐阶当首辅的时候,"一时趋鹜者人人自托吾道"。吾道,即我的学说或主张。《论语·里仁》载:"子曰:'(曾)参乎!吾道一以贯之。'"徐阶喜欢办学,于是乎,"凡抚台莅镇,必立书院,以鸠集生徒,冀当路见知",完全是出于个人向上爬的目的。那么我们今天有幸看到那些在城市建设中残留下来的即便是成片的书院遗迹,万万不要轻易得出此地如何邹鲁的结论了,还得深入考察一下。徐阶时的书院也因此有了别称,叫作"中丞行台",大抵类同"终南捷径"吧。张居正一上任,情况又变了,不知怎的,这个人"痛恨讲学,立意剪抑"。正好常州知府施观民"以造书院科敛见纠,遂遍行天下拆毁",他可不是开玩笑,"其威令之行,峻于世庙(嘉靖帝)"。而当张居正垮台之后,"建白者力攻,亦以此为权相大罪之一,请尽行修复"。看,好端端的办学,异化成了权臣个人好恶、下臣影从的风向标,甚至是斗争工具。

余继登《典故纪闻》还说到了其时学校唯利是图的一种倾向。成化时,礼部进言:"学校端本澄源之地,孟子切于义利之辨,诚恐学者利蠹其心也。"可是近年呢,"学校生员,听令纳马纳牛纳草纳米入监"。什么入学资格,有啥"纳"啥就是。"纳粟补官"是常见的现象,明朝也有,但是"不用以补士子",正因为"为士子者知财利者可以进身,则无所往而不谋利,或买卖,或举放,或取之官府,或取之乡里,视经书为土苴(垫鞋底的草垫),而苞苴是求;弃仁义如敝屣,而货财是殖;士心一蠹,则士气士节由此而丧;他日致用,何望其能兴治有补于国家哉!"所以礼部提出:"自今伊始,虽有边事紧急艰难之处,亦不许以监生生员纳粟纳马等项出身。"国家缺钱归缺钱,不能在卖官鬻爵之外搭上卖文凭。可叹古人的见解虽然深刻,现实却依然还是现实。

焦竑《玉堂丛语》讲了个故事,陆深为山西提学时,晋王有个特别欣赏的乐工,"其子学读书,前任副使考送入学",可能是做了手脚或者乐工的地位低下吧,陆深到任,"即行文黜之"。晋王"再四与言",陆深说:"宁可学校少一人,不可以一人污学校。"这个晋王不知道是谁。明朝晋王的分封时续时断,第一个晋王是朱元璋的三儿子朱㭎,最后一个晋王是朱求桂,李自成攻破太原时当了俘虏;陆深则是弘治十八年(1505)进士,二甲第一。这个晋王是谁,陆深的话完全可以借来一用,即使是针对学校里的老师。

李诩《戒庵老人漫笔》里则讲了另一个故事:"永乐末年,诏天下学官考绩不称者,许净身入宫训女官辈。"这一招有点极端。在托马斯·莫尔的《乌托邦》里,"如果任何做学问的人辜负了寄托在他们身上的期望,就被调回去做工"(引文见戴镏龄译本);与之相应,"一个工人业余钻研学问,孜孜不倦,成绩显著,因而他可以摆脱自己的手艺,被指定做学问"。也是惩罚,但惩罚之中有宽容。永乐那年一下阉了十多个,"王振在其中"。王振后来成为明朝第一个擅权的宦官,并遗臭后世,这段早年经历一定起到了刺激的作用。这可能是极左政策万万没有考虑到的一个后果。

当年,陆容说:"今学舍屡修,而生徒无复在学肄业,入其庭,不见其人,如废寺然,深可叹息。"这种状况今天正好相反,仍然比作寺庙的话,那是香火鼎盛。但陆容那句"为此者但欲刻碑以记作兴之名,而不知作兴之要故也",大抵也正戳中了今日的要害!

2007 年 8 月 24 日

开笔礼

肇庆市德庆孔庙前几天搞了个"开笔礼"。报道说,100多名即将入学的儿童身穿小博士服,端坐执笔,静听启蒙老师在孔子的画像前传授开笔的意义。上个月为调研,我去了一次德庆,专门到孔庙也就是学宫看了看。德庆是广东的山区县,地方不大,却有两个全国重点文物保护单位,孔庙为其一,另一个是龙母庙,据说是广东省内香火最旺、鞭炮最多、最富神奇色彩的庙宇。

这个"开笔礼"是有点意思的,古为今用,真正赋予了现实的意义。因为从前的"开笔"并非针对未成年人,时间也不是在新生入学之际,而是在元旦,即农历大年初一。《养吉斋丛录》卷之十三云,明窗开笔之典,始于雍正皇帝,后面的都属于跟着照办。过程如下:每年元旦子时——也就是半夜11点到凌晨1点,皇帝来到养心殿,先"握管薰于烛上",然后"濡染挥翰",用完朱笔,再用墨笔,"各书吉语数字,以祈一岁之政和事理"。写完了,还要浏览一通本年的历书,"以寓授时省岁之意"。之后,"诸物用毕,手自料简,饬所司收藏"。这是皇家的开笔礼,民间自然也有民间的。前面拙文《元旦》文中曾经谈到过,那是见诸梁章钜《浪迹续谈》的描述:"今人于每年元旦作字,必先用红笺庄书两语,如'元旦开笔,百事大吉'之类,或作'动笔',或作'举笔',士农工商皆然。"

有"开笔",则一定会有"封笔",正是如此。《养吉斋丛录》卷之十四告诉我们,封笔的时间是在除夕,就算是除夕子时进行吧,与开笔也不过一天间隔,纯粹是仪式,跟余秋雨、金庸诸先生的动辄宣称"封笔"——就此不写东西了,完全是两码事。其中说道:"除夕封笔之制,始于康熙间。亦手名香致敬,其仪式与开笔同。"同样隆重得很。笔封起来了,但是如果一定要用该怎么办呢?该则笔记有条附录谈到了这一点。说乾隆间戡定金川时,除夕申刻接军营奏报,有办理粮运事,而其时"已封笔矣"——可见封笔的时间要早一些,申刻是下午3时正至5时正。军情大事显然不能因为"封笔"仪式已过而迟发号令,倘如此就是作茧自缚了。这个问题也根本没有成其为问题,乾隆"即口授近臣,缮旨颁发,仅不御丹毫而已"。也就是说,"封笔"之后,仅仅是皇帝不动笔或者不动朱笔。

不仅有"封笔",而且还有"封印",让大印也休息休息。还引《养吉斋丛录》,其卷之二十一云:岁暮封印。"封"多久没有交代。那么,要用到大印的时候怎么办?那可不是口授一声就能解决问题的,不要说古代,今天的印信也往往还预示着权威。当然也有办法。乾隆五年(1740),浙江按察使完颜伟"请于封印时,备空白文移,钤印后存之内衙,遇事填用",就是说,先把印盖出一些空白公文纸上,以备不时之需,这倒跟前些年还存在的单位介绍信差不多。至于用剩下的钤印的空白公文纸,则在"开印时销毁"。先盖印,后填内容,就很容易让不法之徒钻空子。不过,朱元璋时的"空印案",虽然前后杀了不少官员,但与"封印"导致的"空印"却还不是一回事。此处权且按下不表。

《养吉斋丛录》另云:"(康熙)十二月初一日,有开笔书'福'之典。"又:"自(乾隆)十七年后,季冬之朔,高宗开笔书'福'。"则此之开笔,可能与开笔礼并非一个概念,而有动笔之意。从雍正四年(1726)的"年来冬月封印以后,政务略有余闲,朕手书'福'字赐内外大臣"之谕看,书"福"又是在封印之后,则"岁暮封印"可能并不止一天,而是要持续一段时间。皇帝开笔书"福",是一件大事。以乾隆而言,先要"诣寺拈香,还御重华宫之漱芳斋",才能开笔。其所用的笔,"管端镌正书四字,曰'赐福苍生'",相传还是康熙留下来的。如此隆而重之,并且"岁为恒典"。写好的"福"字,按嘉庆时的做法,第一幅要"悬于乾清宫正殿,其余宫廷园苑等处张贴,共十九幅"。此外,就是颁赐皇子、大臣等,"岁十余人,或不及十人",作为一种待遇。得到这种待遇,要"以次入跪案前,仰瞻御书毕,即叩首谢",然后,"两内监对持龙笺而出,扣谢者正当'福'字下"。第一个的仪式搞完了,第二个同样如此一番。

上个月我在拜访德庆孔庙的时候,发现不少学生都在忙不迭地交钱买个纸条,认真地咨询着不同价钱的能得到什么"回报",却不是祈祷自己的学业,而是保佑家人平安。因之想起封演《封氏闻见记》里的一则掌故:流俗,妇人多于孔庙祈子,殊为亵慢,甚至"有露形登夫子之榻者"。北魏孝文帝曾有诏曰:"孔子庙不听妇人合杂,祈非望之福。"今天的人们到孔庙去保佑平安,拜错了门神不说,无疑也是在"祈非望之福"了。德庆孔庙每年还搞一次"状元礼",让一些年度高考"状元"来这里怪模怪样地扮演个角色,整个过程不仅非驴非马,而且那意思仿佛要坐实高考就是科举的延续一样,颇为怪异。在当地看来,也许是最大限度地挖掘孔庙的利用价值吧。

2007 年 8 月 31 日

窥"哭"(续)

8月1日,河南陕县"7·29"透水事件被困69名矿工解救成功后,陕县主管安全生产的副县长王玉山"哇"地一声哭了出来。此情此景,据说感动了在场的每一个人。但是,舆论并没有被感动,"冷静"地分析他为什么哭,综合起来,有喜极而泣说,有作为分管领导终于如释重负说,有就此可以保住乌纱说,不一而足。

哭,按照新版《现代汉语词典》的诠释,是"因痛苦悲哀或感情激动而流泪,有时候还发出声音"。当然,这是指"正常状态"下的生理反应,还有一些哭,具有特定的背景,或者说,只是仪式的一个组成部分。不是有这么两个关于出嫁女的笑话吗?其一,新轿夫看见新媳妇哭得太厉害,就说咱们干脆抬回去得了,结果哭声立止。其二,准备上路的时候,轿杠少了一根,大家都找不到,新媳妇却哽咽道:在门、门的后面。这种哭就是在履行一种仪式,与痛苦、激动基本上都无瓜葛。

与嫁娶相反,丧葬场面的哭基本接近定义,当然,武则天时"郭霸新死,百姓皆欢"那一类要算例外。人们对酷吏的死,休说悲泣,欢喜还来不及。秦桧死的时候,奔走传达消息的人跑得太快,至于"扑到"。并且,假丧葬又要例外。何谓假丧葬?顾起元《客座赘语》云,史痴翁"常预出生殡",自己躺在棺材里,让人"步送出南门"。这就是假丧葬。史痴翁的举动一时传为奇事,万历年间就有人东施效颦,"治丧七日,宾客往吊"。他"命其婢妾号哭,恸者赏之以金,不则詈而挞之"。为什么要骂要打呢,在他看来,"我在尔尚不哭,矧异日身后耶?"纯粹的强盗逻辑。出殡那天,"极仪物之盛,已自乘笋舆随其后而观之"。但顾起元认为,这种做法"虽事出不经,要之达生玩世,异乎世之老病而讳言死亡者矣"。这么说来,对怕死的国人也还是有一点儿积极意义的。

比较而言,东施效颦出生殡的这位,因为婢妾不哭而骂而打,还是比较仁慈的,唐武宗则是自己死的时候要迫人自杀。《唐语林》云,武宗李炎有个宠幸的王才人,"帝身长大,才人亦类",就是这个缘故吧,他常常要才人跟他"同装束",共着情侣衫。因此,当"苑中射猎,帝与才人南北走马"之时,"左右有奏事者,往往误奏于才人前",皇帝老儿要的也正是这个效果,"以为乐"。武宗"好道术,召天下方士殆尽",可能觉得吃坏了,有一天他对王才人说,我要不行了,跟你告个别。王才人很奇怪:"陛下春秋鼎盛,又尝服不死药,圣寿必无疆,何忽出不祥语?"武宗说我跟你说话难道跟大臣们一样吗?哪里用得着遮遮掩掩!不说别的了,我死之后,"何以报我?"你自己怎么办吧。王才人赶快表态:"帝若忽厌四海,妾当同日死。"武宗"哽咽闭目不喘息者少顷",忽然又问:"诚如汝言,当何为?"你打算怎么个死法呢?答曰:"妾止于缢。"武宗顺水推舟,"引手取巾授才人",说就用这个行了,然后"向壁不语"。不难想见,武宗如此绝情,当其崩时,叫王才人哭她也未必肯哭,未必哭得出来。

冯梦龙编纂的民歌集《挂枝儿·送别(之五)》里,也有一则有趣的哭。"送情人送到丹阳路,/你也哭,我也哭,赶脚的也来哭。/赶脚的,你哭是因何故?/道是去的不肯去,/哭的只管哭。／你两下里调情也，／我的驴儿受了苦。／"冯梦龙认为，"送情人诸篇，此为第一"，其中最妙的是"赶脚的也来哭"那句，人家情人分别，他哭什么？原来他是心疼他的驴，概"赶脚者衣食于驴，倚之为命，故爱驴最真"。由此可以推知，被送的情人一定是一直骑在驴上。冯氏接着发挥道："今之情人，我未爱彼，先欲彼爱我。我爱彼，又恐彼不知我爱，务为爱征以博人欢，强为爱貌以避人议，而真情十无二三矣。名曰相爱，犹未若赶脚者之于驴也。"那么，在冯梦龙眼里，送情人之哭是在装模作样了，这可能也有点儿失之武断。

清朝的张亨甫认为天下只有两种哭，一种是贾谊的哭，为"国事也"；另一种是阮籍的哭，因为"穷途也"。其实还可以再添上一种，可以"升官也"。八国联军进攻北京的时候，慈禧他们跑到西安去避难，袁树勋"以某省候补知府，率五营勤王"。慈禧召见讲完话后，"袁不发一言，惟叩头大哭"。谁知就这一哭，把慈禧给感动了，她对光绪说："知府，末秩耳，乃竟有此忠君爱国之心，真不可多得。"不久就连连提拔，直至袁树勋升任两广总督。好听点儿说，这叫作"一哭受知"了。

《清稗类钞》云：陈世倌"每敷奏，及民间水旱疾苦，必反复具陈，或继以泣"。乾隆每到这时就很不高兴地说："汝又来为百姓哭矣。"陈世倌的哭，可能最接近《现代汉语词典》的诠释。至于王副县长一哭而惊天下，想他自己也始料不及；如果一定要分析原因的话，让他自己解释，也未必说得清楚。

2007 年 9 月 7 日

北阙已成输粟尉

中秋节、国庆节正在临近。这几年,每逢重要节日到来,从中央到地方循例都会有一些通知强调,领导干部不能这样,不能那样,不厌其烦。日前,郑州市纪委对全市领导干部进行廉政谈话,说打着节日人情往来的幌子跑官要官、买官卖官的,将记录在案,一律不予提拔重用。消息刚一问世,立即有人反问,平时买官卖官呢?

在现在这个讲"文化"的时代,什么都可以和文化扯上关系,文化成了名词的一个后缀。借用这种用滥了的说法,则买官卖官无疑也是"文化"传统,从前叫"赀选",没那么直白,文雅些而已。两汉之际,"官爵皆群小贾竖",因此长安谣曰:"灶下养,中郎将;烂羊胃,骑都尉;烂羊头,关内侯。"这里面的官爵既有滥封的,更有花钱买的。明末的民谣则这样说道:"督抚连车载,京堂上斗量。好官昏夜考,美缺袖中商。"车载斗量,在今天已经成为表示不足为奇的成语。这就是说,那么多的官,不是跑来的,就是买来的。

《清稗类钞》里有位太史,喜欢嘲骂社会不良现象。一天他到湖广会馆参加宴会,落座之后听到大家在兴致勃勃地谈论什么买卖能赚钱,他老人家了不以为然,你们说的都是什么呀,如今倒腾买卖,"实以业接骨膏为至佳耳",卖这东西保准最赚钱。那些生意场上的人一下子都听愣了,"不知所云"。他接着说:"今日世尚逢迎,人工奔走,虽犬足,亦跑折矣。其可不疗以膏,而续其骨耶?"他用的是推理法,试想:奔跑是狗的强项,如果狗腿都跑折的话,遑论跑官的人腿?人腿跑折了,可不需要接骨膏?

买官买上来的人中,不排除歪打正着,涌现出像"以赀为郎"的司马相如那样不可多得的人才,但多数人呈现的还是可怜可叹的一面,终究是底气不足吧。比如清朝嘉庆时的张默庵为两浙盐运史,有一次与阮元他们同游西湖,大家即席赋诗,"张惟默坐他席"。过一会儿,张默庵也要凑个热闹,笑曰:"公等皆起家科第,自能吟咏。余虽纳赀入官,乃亦有句,可求教否?"说罢便自顾自地朗诵道:"春来老腿酸于醋,雨后新苔滑似油。"诗一出口,"合座称善",人们说:"君肯作诗,便是名家矣。"这话究竟是正话还是反话,就要由张默庵自己去理解了。

再比如,《清稗类钞》里有一则"天下三王本一家",说有个姓王的,"家小康,饱食暖衣",本来生活得不错,但总是"自以为富而未贵也"。有天到镇上去,"过巡检之署,值其出,弓兵前导,仆从后随",羡慕得很,认为"是亦大丈夫得志于时者之所为也"。巡检其实没什么,就是个州县的武官,然而,连光武皇帝没发达时都只有"仕宦当作执金吾"的抱负,也就不能苛求老王了。后来,老王虽然只是"纳赀为从九品",但也觉得飘飘然,"自是而遨遊戚友间,益以门阀自夸",到别人家看到大画家王石谷的作品,告诉人家:"此家二房叔曾祖也。"看见人家手里拿着大书法家王梦楼所书扇面,告诉人家:"此余未出服之族兄也。"总之,"凡王姓之仕宦者,必引为同宗"。不过却是他认他的,"闻者皆匿笑之"。后来有人干脆送了他一首诗:"天下三王本一家,任君东扯与西拏。太常山左称同族,方伯江南号梦华(当时太常、江南布政使亦王姓)。舍弟粤东贻羽缎,家兄黔口寄团茶。行香若过灵官庙(道家护法神灵官传说名叫王善),五百年前叔太爷。"只是不知道老王能不能悟得出人家是在嘲讽他。

道光年间,有个商人"遵例报捐知府候选,未几得缺"。上任之前,皇帝召见。询其出身,他实话实说是捐来的;问他一直以来都从事什么职业,他说开票号。道光很不高兴,斥之曰:"汝原系做买卖的,做官恐做不来,还是去做买卖的好。"谁知道商人也不高兴了,愤然曰:"既不许咱做官,如何收咱们的捐银,不是欺骗咱们吗?"道光更生气了,"挥令退出",旋即"降手谕将其革职,命户部发还捐银"。商人是"遵例报捐",皇帝老儿训人家一顿,好像刚刚才明白做买卖的做不了官,应该是装糊涂吧。既然花钱可以买官的话,无论原来是干什么的,应该都做不来,不说别的,产生得了明朝于成龙那种到地方上任之前,表达"此行绝不以温饱为年,所自信者,天理良心四字而已"的豪迈气概吗?

《柳南随笔》云:"康熙丁巳、戊午间(1677—1678),入赀得官者甚众。继复荐举博学鸿儒,于是隐逸之士亦争趋辇毂,惟恐不与。"姜宸英乃有诗曰:"北阙已成输粟尉,西山犹贡采薇人。"时人以为这两句是真实写照。北阙,是古代宫殿北面的门楼,后代以宫禁或朝廷的别称。输粟,即为得功名、官职而捐纳财货于官府。那么,北阙已成输粟尉,无疑是在批评国家卖官。其实,这即便不是国家的行为,但如果每揪出来一个地方大员,都背负有卖官这项罪名,累加起来,也差不多等同了。

2007 年 9 月 14 日

白字（续）

中国作协主席铁凝为《美文》创刊 15 周年的祝词引起了广泛关注。铁主席题的是："《美文》杂志年方十五，风华正茂，英气逼人……"，祝词本身显然没有问题，但是有细心的读者在《美文》封底的影印件上发现，铁主席的"茂"字多写了一点，草字头下面的"戊"变成了"戍"。这肯定是个写错了的字也就是白字，连通假都通不了。但质疑归质疑，"业界"人士不这么看，他们认为在书法中多一笔少一笔很正常；"马屁届"人士更认为，铁主席这样写，我们尊重她……

汉字是世界上最古老的文字之一，其笔画复杂早已成为公认，从前当官的留下的白字笑话数不胜数，冯梦龙编纂的《古今笑》里就有这么两则。其一，宋朝赵希苍官绍兴，"令庖人造烧茄"。开列食单的时候，问人家"茄"字怎么写，人家说："草头下面着'加'。"结果赵希苍把"加"写成了"家"，以后大家就都叫他"烧蒙"。其二，明朝的程罂为京兆尹，"有治声"，官是个好官，但是"不甚知字"，大老粗。百姓"投牒乞执状造桥"，他批了"昭执"两个字。旁边人说，应该是"照执"，漏了四个点；他老人家提笔在"执"下添了四点，成了"昭热"。冯梦龙为他辩解道：既有治声，即不识字可也。只有一个"廉"字，做官的几人识得？

相较于写白字,读白字的可能更多。《啸亭杂录》云,乾隆时粤东有个科举考试获得了很高名次的人,"颇受上知遇"。可这人虽然考试考得好,"不甚通文理",读孔子"观射于矍相之圃",居然把"矍"读成了"瞿",从此大家都叫他"瞿圃状元"。《清稗类钞》里有一则"都人读亳为毫",也是讲读白字。光绪年间,"皖省藩司某署皖抚,亳州牧某往见"。坐定之后,藩司问道:"毫州去省城若干里?"这是一种典型的寒暄客套,不料碰上认真的下属了。州牧并不客气地答曰:我任职的地方是亳州,不是毫州。这下轮到藩司惊讶不已了,他说,这个字"都人皆读作毫,君乃读作卜,岂不相差太远乎?"倒是人家错了。未几御史劾之以目不识丁,藩司被罢了官。合肥蒯光典借此调侃说,这样给人家定论太冤枉了,我有一次去看他,听到他对仆人说"速请朋大人",你看,虽然蒯字他不认得,但却认得朋字呀,"且又识亳字,劾以目不识丁,不亦冤乎!"

还有一种白字就更离谱了,简直是"白文化"。《在园杂志》云,四川一参戎升广东协将,最晚到驻防地段。郡守郊迎曰:"望公已非一日,何迟迟至今,想因蜀道难行耶。"协将的回答极其令人喷饭:"家口众多就难行了,倒也论不得熟道儿、生道儿。"再拈《清稗类钞》里的"县试题指焉为马",更有趣味。说"开封武生某少有膂力,好拳勇",咸丰年间从左宗棠与太平天国作战,"积功至参将",后来求改文职,为授江苏华亭县令。上任甫三月,正好赶上县试,那天,"点名扃门毕,高坐堂皇",但到"礼书以出题请"的时候,麻烦出来了。这老兄因为根本没读过《四书》,所以"早倩幕友拟题,置之靴筒",有备无患,然而偏偏这个时候试题找不到了,"殊懊丧,而应试诸童复索题急"。礼书便悄悄问他,您还记得那张纸上的字都是什么样吗?他说,别的都忘了,只记得里面"有匹马"。礼书赶快翻《四书》查找,问:是不是"百姓闻王车马之音"这句?他摇摇头,不是这匹。又问,是不是"至于犬马"?他说,也不是,"我却记此马字不在中不在下乃在顶上"。礼书自作聪明,说知道了,得意扬扬地写了"马不进也"四个字,认为肯定错不了。谁知某令"端详审视"了半天,还不确定,说:"我记得跟在马后者,尚不止此数。"比这句的字数要多。礼书这回一点儿辙也没有了,信口说了一句:"顷见公搜题纸,右靴筒尚未检点,题或在内。"谁知歪打正着,县令一摸,果然就摸出来了,打开一瞧,原来题目出的是"焉知来者之不如今也"这句,这位县令大人原来是把"焉"当成了"马"!

1956年,首届广交会会标——中国出口商品展览会——由著名书法家吴子复题写,吴先生用的是其最擅长的汉隶书体。而揭幕之后即被指出,"展"字下面多了一撇,是个错字,但吴先生认为没有错,说凡习汉隶者都知道这种写法,并以《礼器碑》《华山碑》为自己佐证。现在,关于铁主席的题字,旁的人闹得沸沸扬扬,终不见本人表态,想是并无所本。其实,多一撇的"展",固然是"展"的异体字,但正如识者指出,作为书法家要关注语言文字的发展,关注社会对语文规范的要求,不能泥古不化,以一己之趣味干扰社会的全局。因此,铁主席在今后的题词中亦不可不慎。

2007年9月25日

猫和老鼠

央视一套这一段正在播出迪士尼的动画片《猫和老鼠》。以前在别的台播的时候,我这个成年人也特别喜爱看,虽然那里面对造化的"安排"全然颠之倒之:猫不但捉不到鼠——印象中没有一次得胜,相反,却总是被老鼠捉弄,狼狈不堪。猫和老鼠的游戏在迪士尼人眼里可以构成一副和谐图景,因而场面上总是其乐融融,令人忍俊不禁。

众所周知,猫和老鼠属于天敌,善于捉老鼠是猫的本性,所谓"佳猫能镇三五家",有只好猫的话,周围一带都可以放心。相传以前闽、浙山中种香菰,因为"恒有鼠啮之患,土人多用猫守之",办法非常残忍,"去猫之双眼,纵之,叫遍山,以警鼠。猫既瞽而食,即无所他之,唯有昼夜瞎叫而已"。猫叫,则足以骇鼠。不过,藏书、养蚕也怕老鼠为害,人们对猫则要温情得多,陆游当年留下了"裹盐迎得小狸奴,尽护山房万卷书"的诗句。狸奴,是猫的别称。清人朱竹垞咏猫词,开篇也是"吴盐几两,聘取狸奴,浴蚕时候"。嘉庆时周芸皋的迎猫诗,说得更详细。诗曰:"元宵闹灯火,蚕娘作糜粥。将蚕先逐鼠,背人载拜祝。(原注:《岁时记》正月十五作粥,登屋上食之,咒曰:'登高糜,挟儿脑,欲来不来待我三蚕老。'盖为蚕逐鼠也。)裹盐聘狸奴,加以笔一束。(原注:杭俗聘猫加笔,借逼鼠意。)尔鼠虽有牙,不敢穿我屋。"

因此在我们国度,无论动画片如何构思,决不会宣传猫鼠和谐的。动画片主要面向儿童,我们这里从来都告诉儿童猫捉老鼠。清朝的时候,江苏虎丘许多杂货店都卖一种玩具:一个纸匣,"塑泥猫于盖,塑泥鼠于中,匣开则猫退鼠出,匣合则猫前鼠匿,若捕若避,各有机心,儿童争购之,名猫捉老鼠",想来在当时是一件热门玩具。生活中谁都知道,人对老鼠属于既恨又无奈,那东西太聪明。人鼠之战已经打了几千年,可以说人类至今也没占上风。《清稗类钞》云,江标曾为人画纨扇,画了两只老鼠,又画了一个胡桃和几颗花生,旁边题到:"老鼠哥哥,你底事终宵闹我。蜡烛已残,油灯又破,忍使俺无端闷坐。刚到新年,福橘乌菱,早饱哥哥肚。只剩得几荚花生,还有胡桃一个。些些桐子,不值今宵小吃,恐教受饿。劝哥哥明日还来,预备干粮,细嚼五更鼓。"反观迪士尼为什么如此不合逻辑地鼓吹动物界大同,要留待日后见教方家了。

《南部新书》云,张抟好养猫,"众色备有,皆自制佳名"。每天他从衙门下班回来,"至中门,数十头拽尾延脰盘接",老张则"入以绛纱为帷,聚其内以为戏",专门跟猫玩儿。所以有人说张抟是猫精,这倒未必,张抟应该是有爱猫癖。很多人都有这种癖好。清朝邹泰和学士每一宴客,"必呼猫至,与食必均",跟人一样待遇;还告诉猫:"毋相夺也。"后来他督学河南,"出署,失一猫,严檄县官捕之"。县官不胜其烦,乃一本正经地用印文详报云:"卑职遣干役四人挨家搜捕,至今逾限,宪猫不得。"这两位,似可用玩物丧志来概括。不管怎样,猫本身还是无辜的。《清稗类钞》里还有一则以猫论事的记载,读来很有趣味,得出的结论居然是猫有利于社会而人有害于社会。说猫也是胎生的哺乳动物,一年三胎,一胎四五只,"然世间唯见有人,不见有猫";并且,猫每生猫,"人辄辗转乞取,争宝贵之",根本不嫌多,反过来却总是觉得人满为患。作者认为,"国无教育,仅能食粟者十之八九,地不加增,农业不发达,徒消耗而已。政府社会,皆不知殖民,此所以有人满为患之忧也"。而猫呢?"有捕鼠之能力,为人除害,方珍惜之不暇,奚患其多!"就这么两相比较,怕人多而怕猫少,所以猫有利于社会。这个结论逻辑上是说得通的。

东晋简文帝司马昱在当抚军将军的时候,"所坐床上尘不听拂",从不让人打扫,直到"见鼠行迹,视以为佳"。一来二去,老鼠变得胆子很大。一次有位参军来见他,大白天看见老鼠在床上大摇大摆,乃"以手版批杀之",司马昱竟然"意色不说",很不高兴。门客站出来说:"鼠被害,尚不能忘怀;今复以鼠损人,无乃不可乎?"为了老鼠而伤害人际交往,能行吗?清朝道光年间,湖南益阳县署多老鼠,而不养猫,大家都说鼠王就待在衙门里,"不轻出,出则不利于官",于是不仅不除掉它,还"日给官粮以饲之"。这就可见,司马昱见鼠迹而"视以为佳",未必是其本人心理变态,在他的世界观里,可能早就跟凶兆吉兆之类挂上钩了。

"猛猫伏鼠,鼠常待其食",吓得不敢动弹,按古人的解释,这叫作"动物互以精神注射"。人们常把贪官比作硕鼠,而贪官前"腐"后继,就在于所谓法律法规根本不能对他们起到震慑作用吧。严格地说,衙门里多一些真的老鼠并不可怕,可怕的是"硕鼠"太多,而职司捕鼠的猫又与之沆瀣一气,构成一幅官场猫鼠和谐的画面。迪士尼对此,不知该做何感想。

2007年10月4日

圣人

北京大学中文系副教授孔庆东日前在一次大讲堂上,对"学术超女"于丹赞赏有加。孔先生据说是孔子第73代直系传人,因而有资本拿自己的老祖宗打比方吧。他说:"倒退2000年,孔子就是于丹。"孔子是众所周知的大成至圣先师,是历代承认的圣人。难道在孔先生眼里,于丹也担得起"圣人"这个称号吗?有"北大醉侠"之称的孔先生,不知此番言论是否处于清醒状态。

咱们以前出过不少圣人,一文一武之外,行业领域的杰出人物也有不少称圣。张仲景"医圣",怀素"草圣",王羲之"书圣",诸如此类。《西游记》里的猴王孙悟空,"圣"前更要加个"大"字,而且"齐天"。老孙未必知道"圣"的含义,觉得大就行,他不是让他那六个结拜兄弟也各自以大圣为号吗?牛魔王因此叫了平天大圣,但大家只是"要乐一日,各散迄",没当多大一回事。孙悟空很有一点儿官瘾,起初他被封为弼马温的时候曾经问过人家:"我这'弼马温'是个什么官衔?几品?"人家告诉他没有品,他高兴地以为"大之极也"。没想到人家说此官"未入流",而且"最低最小",他便很生气地打出天门回花果山当齐天大圣去了。并且,他正告前来讨伐的巨灵神和哪吒,要玉帝承认他的新称号,自然天地清泰,否则要打上灵霄宝殿。后来,太白金星抓住了他的这个弱点，认为他"只知出言，不知大小"，给他"加个空衔，有官无禄便了"。所以玉皇大帝召见时特地对孙悟空强调："今宣你做个齐天大圣，官品极矣，但切不可胡为。"满足了他那点儿虚荣心。玉帝这种随机应变要是给王母娘娘学了去，大闹天宫也许就不存在了。

历史上，晁错父亲、蔡京都曾呼子为"公"。《清波杂志》云，晁错削藩，"诸侯喧哗"，其父闻之，专门从家乡跑来对他说："上初即位，公为政用事，侵削诸侯，疏人骨肉，口语多怨公，何谓也？"晁错说倘不如此，则"天子不尊，宗庙不安"。错父曰："刘氏安矣，晁氏危，吾去公归矣！"其间，错父三呼其子为"公"。蔡京也是这样。他对童贯、子蔡攸解释自己为何赖在相位上不走时说："京衰老且去，而不忍遽乞身者，以上恩未报，此二公所知也。"时左右听到儿子也用"公"来称呼，"莫不窃笑"。在晁错那里，"史笔书之，亦以表其失言"，总之不该这么叫。不过这还只是呼子为"公"，王安石则父子相圣，互相认为对方堪比孔子，就更不得了了。邵博《邵氏闻见后录》云，安石的儿子王雱作《荆公画像赞》曰："列圣垂教，参差不齐，集厥大成，光于仲尼。"邵博说，这是"圣其父过于孔子也"。王雱早死，安石以诗哭之曰："一日凤鸟去，千年梁木摧。"邵博说，这是"以儿子比孔子也"。他的结论是："父子相圣，可谓无忌惮者矣。"邵博与安石政见不合，借着书来丑化之，按咱们的传统文化来衡量，实属正常。

在唐人姚汝能撰写的《安禄山事迹》里，史朝义对他爸爸史思明，也是动辄称为圣人。史朝义老打败仗，气得史思明要对他和诸将军法从事，大家因此劝朝义取而代之。这时朝义说了一句："勿惊动圣人，善为之计。"待到动手之后，史思明"急呼朝义小名者三"，大叫："莫杀我，我不惜死，恐汝有杀父之名。"手下了了事，史朝义还假惺惺地问:"莫惊圣人否?"这里的圣人完全是另外的含义。据陈寅恪先生《唐代政治史述论稿》考证,"圣人者唐俗称天子之语"。陈先生据胡三省注《通鉴》所云"当时臣子谓其君父为圣人",并认为"盖安史俱称帝,故在其统治下者率以圣人称之,自无足异"。《唐语林》云武宗"好道术,召天下方士殆尽",其所宠爱的王才人表现出一种担心,对武宗也是口称圣人,可以进一步印证。她说:"圣人日日对药炉,服神丹,言我取不死。今身上变差事,道士称换骨皆如此,某独为忧也。"

《草木子》云,元朝至正二十二年(1362),"黄河自河东清者千余里,河鱼历历,大小可数"。惠宗听说后,"惨然不乐者数日"。大臣们说,黄河清,那是王者之瑞啊,怎么不高兴呢?惠宗道出了所以苦闷:谚云"黄河清,圣人生",这是有人要取代我啊。六年之后,元朝灭亡,当然这是一个巧合。或者,因为元朝六年后灭亡了,后人编出这一段"预兆"也说不定,但元惠宗自以为够不上圣人,说明他还是有一点自知之明的。

在民间,明朝的刘之纶少而发愤读书,尝铭其座曰"必为圣人"。虽然在后来的抗清斗争中表现得甚为英勇,决不后退半步,但除了里中带有调侃性质地称其"之纶刘圣人"之外,终究没有成为圣人。这就可见,圣人这个称号,自封是没有用的,他封也未必有用,还要历经历史的大浪淘沙。也正是在这个意义上看,孔庆东说只是孔庆东说,再给于丹和别的什么极端地画上等号,充其量也只是说说而已。

2007 年 10 月 6 日

宁讪无谄

周密《齐东野语》云,欧阳修做过一篇《非非堂记》,其中说道:"是是近乎谄,非非近乎讪,不幸而过,宁讪无谄。"无独有偶,苏东坡也有一首《是是堂》诗:"闲燕言仁义,是非安可无,非非义之属,是是仁之徒;非非近乎讪,是是近乎谀。"因为这两段的"用事造语,如出一辙",所以周密自问:"二公岂相蹈袭者邪?"当然,他在自问的同时完全知道答案不是。

讪,讲别人的坏话,有讥讽的意思;谄,巴结,有奉承的意思。讪与谄,可以说意味截然相反。在修、坡二公看来,一个人如果凡事都好好好、是是是,往往近于谄媚,而凡事都跟人家拧着来呢,往往又近于诽谤;如果不幸说错了受到指责的话,那么,则宁可讪而不可谄,也就是说,宁可被指为诽谤也不要被指为谄媚。

生活中最常见的无疑是谄。今天的人们讲起铮铮之臣,洋洋两千年间,无外是汲黯、朱云、魏徵、海瑞等有限的几位,转来转去。朱云和海瑞都留下了一句著名的话,至今听来令人怆然,表明不同时代的这两个人,境遇完全相同。朱云折槛时高叫道:"今朝廷大臣上不能匡主,下亡以益民,皆尸位素餐!"海瑞被迫辞职还乡时,也有过痛斥:"举朝之士,皆妇人也。"在二人看来,朝廷皆是是之徒,而乏非非之辈。《邵氏闻见录》云,宋太宗有一次跟大臣们闲聊,说你们看我跟唐太宗比怎么样?大家异口同声地说,您就是尧、舜,唐太宗怎么比得了呢?只有丞相李昉没有随声附和,他慢慢地朗诵了白居易的诗句:"怨女三千放出宫,死囚八百来归狱。"言下之意,国家现在还问题一大堆,忙着跟盛世攀比什么呢?人家唐太宗的贞观之治可是岁断死囚仅二十九人,"几至刑措",监狱都闲起来了呀!宋太宗明白李昉的弦外之音,俯躬曰:我不如唐太宗。从大臣们的附和态度中可见,在讪与谄面前,绝大多数人选择的恰恰是宁谄无讪。

人们为什么要如此选择,说到底还是为了一己私利。《涑水记闻》中的一段记载正可以说明问题。宋仁宗同时提拔文彦博和富弼为相,"自以为得人",询之以庞籍,庞籍很清楚所谓征求意见,其实就是要他认可。于是他先"谄"道:"二臣皆朝廷高选,陛下拔而用之,甚副天下之望。"仁宗很高兴地接过话茬:"诚如卿言。文彦博犹多私,至于富弼,万口同辞,皆云贤相也。"话音不对,庞籍这时"宁讪"了。他说他跟文彦博共过事,"详知其所为,实无所私,但恶之者毁之耳";倒是富弼的情况值得注意,其人"未执大政,朝士大夫未有与之为怨者,故交口誉之",士大夫们这样做的目的,实际上是"冀其进用,而己有所利焉"。庞籍的话点到了实质之处:轿子抬上去了,抬的人也可以从中捞点儿好处。所以庞籍劝告仁宗:"若富弼以陛下之爵禄树私恩,则非忠臣,何足贤也;若以一公议概之,则向之誉者将转而为谤矣。此陛下所宜深察也。"庞籍未必是对富弼本人有什么看法,但是,他对仁宗这种衡量方式显然不能苟同。

明太祖朱元璋说:"人喜其媚己,以为贤,则堕其术中矣。"司马光曾经阐释子曰"恶利口之覆邦家者",他说,能言善辩或者说也就是耍耍嘴皮子何至于严重到能够倾覆国家的地步呢?"盖其人能以是为非,以非为是,以贤为不肖,以不肖为贤,则邦家之覆诚不难矣。"司马光这话是说给吕惠卿听的,而吕惠卿当时就在座。吕惠卿是王安石变法中的第二号人物,绝对的中坚力量,而众所周知,在变法问题上温公与荆公势如水火,所以司马光的话未免掺杂了个人的情感成分。王安石对吕惠卿的评价就截然相反:"惠卿之贤岂特今人,虽前世儒者未易比也。学先王之道而能用者,独惠卿而已。"但撇开具体的人和事不谈,司马光所指出的这种现象,非常值得我们警惕。这里的利口,终究就在于只谄不讪。欧阳修在《非非堂记》里还说,人之"耳司听、目司视,动则乱于聪明,其于静也,闻见必审。处身者不为外物眩晃而动,则其心静,心静则智识明,是是非非,无所施而不中"。不过,永叔先生忽略了一个环节:许多人并非是非不明,而是随"需要"进行取舍,甚至有意颠倒!

宁谄无讪的一个恶果,如同明朝文震孟所上《勤政讲学书》所言,"鸿胪引奏,跪拜起立,如傀儡登场已耳"。如果动辄就是"揭帖一纸,长跪一诺,北面一揖,安取此鹭行豸绣、横玉腰金者为",要这些穿着官服、站得笔直、就知道吹喇叭的权要干什么用呢?文震孟描述的这种现象的本质,今天我们觉得陌生吗?

2007 年 10 月 9 日

五官争功

群口相声《五官争功》,是马季先生的代表作。说的是嘴、眼、耳、鼻,纷纷跟脑袋争功劳,个个都强调自己重要,缺了不可。作品采用寓言体的表现形式,通过五官的相互争功来构成包袱产生笑料,生动自然,令人捧腹,并在妙趣横生的比拟中发人深省。

这样一种比拟方式,古人已经在运用。《唐语林》里就有一段类似的描述,像相声《五官争功》的开场表白一样,也是源自一个梦,顾况的梦。顾况说,梦里他听到嘴巴对鼻子说:"我谈今古是非,尔何能居我上?"鼻子不甘示弱:"饮食非我不能辨。"如果不是我,你不管香臭什么东西都进去了。眼睛这时在旁边插话了,它是跟鼻子争功:"我近鉴豪端,远察天际,唯我当先。"说罢又向上瞥了瞥眉毛,不屑地说:"尔有何功,居我上?"眉毛也有自己的道理:"我虽无用,亦如世有宾客,何益主人?无即不成礼仪。若无眉,成何面目?"

无独有偶,《东坡志林》中,东坡也用这种方式讲了一个故事。他说自己曾"患赤眼"——就是红眼病吧,人家告诉他暂时不能吃肉,他想照办,嘴巴知道后不干了。它说:"我与子为口,彼与子为眼,彼何厚,我何薄?以彼患而废我食,不可。"为什么眼睛得病而我要跟着受累呢?这样一说,倒把东坡弄得为难了。这时,嘴巴又安慰眼睛说,如果哪天我得了口疮,"汝视物我不禁也"。这是说,到那时候,你愿意看啥好东西就看啥好东西,我不拦着你,也不馋。嘴巴对眼睛的这种像是蛇足的纯粹调侃,尽显出东坡的顽童心态。

在1987年中央电视台春节联欢晚会上演出之后,《五官争功》不胫而走,至今听来意味无穷。《五官争功》讥讽的是一种妄自尊大。生活中许多人都是这样,在集体合作完成的一项事业中,看到的只是自己的作用,自己的功劳,别的人都是配角,都不足为奇。顾况、苏东坡版的"五官争功",当然也是心有所指。他们指什么呢?

顾况是唐代中期一位较有影响的诗人。他与白居易关于"易与不易"的那段对话广为人知。这件事有许多版本,大体是说,乐天还没什么名气的时候,拿自己的诗作请顾况指点,而顾况一看到"白居易"这三个字,先跟他开玩笑:"长安物贵,居大不易。"而当他读到"野火烧不尽,春风吹又生"时,又感叹地说:"有句如此,居亦何难?老夫前言戏之耳!"其实,别说拿没出名的白居易名字开玩笑了,《旧唐书》上说,顾况的特点正是"性诙谐",喜欢随机应变来开些文字玩笑,"虽王公之贵与之交往者,必戏侮之"。可能有时玩笑开过了头吧,"班列群官,咸有侮玩之目,皆恶嫉之"。但是因为他的文字漂亮,出手不凡,大家也还是愿意亲近他,即使不知什么时候成了他戏谑的靶子。

顾况讲一堆眉毛没用之类的话,应当是说给李泌听的,当时他是李泌的僚属。《三字经》里有"莹八岁,能咏诗;泌七岁,能赋棋",其中的泌就是李泌,早年是个神童,所谓"彼颖悟,人称奇",长大后成了政治家。顾况因为"与府公相失,摒出幕",所以祭出了诙谐的本领;李泌听到他的话,也"悟其讥,待之如初"。《旧唐书·顾况传》非常简略,还不到两百个字,但可能还是道出了顾况为何与李泌"相失"。请看这几句,"柳浑辅政,(顾况)以校书郎征。复遇李泌继入,自谓己知秉枢要,当得达官,久之方迁著作郎,况心不乐,求归于吴"。倘若《唐语林》与《旧唐书》这两段记载具有逻辑关联的话,则顾况版的五官争功,有一点儿泄愤的意味,因为没爬上预期的位置而发挥诙谐的特长讥讽李泌对自己不够重视,表面上拿他们充充样子罢了。

东坡版的五官争功,则是悟出了一个道理。他在口眼揶揄之后,引用了管仲的"畏威如疾,民之上也,从怀如流,民之下也",以及"燕安鸩毒,不可怀也"。前一句是说,聪明人讨厌权势就像讨厌疾病,愚蠢人放纵情欲就像让水任意横流;后一句是说,沉醉安逸,无异于喝毒酒慢性自杀。还觉不够,东坡又引了《礼记》上的"君子庄敬日强,安肆日偷",也就是说好男儿应庄敬自强,不该稀里糊涂混日子。他认为"此语乃当书诸绅",成为每一个人的座右铭,而他自己,就是想谨记"畏威如疾"的道理。

五官争功终究属于寓言,现实中头破血流的争功数不胜数。三国时有著名的"二士争功",灭蜀名将邓艾和钟会最终两败俱伤;隋朝时有著名的"贺韩争功",灭陈名将贺若弼与韩擒虎一损一荣。争功的结果当然还有第三种:皆大欢喜。不过,这可能只是暂时获得的平衡,有争功的前提因素在,双方埋下的就会是仇恨的种子。

2007 年 10 月 19 日

华南虎

10月12日,陕西省林业厅召开新闻发布会,宣布失踪20多年的野生华南虎重新被发现。其根据是该省镇坪县村民周正龙在山中拍摄到华南虎的实体照片。然而,舆论并未兴奋多久,关于照片真假的质疑之声就不断响起。有意思的是,批评者与拍摄者都拿脑袋来担保。质疑的中科院研究院傅德志"敢以脑袋担保照片有假",而拍摄者周正龙则"以脑袋担保照片真实"。倪匡先生认为,发誓这种人类行为之所以存在,是为了人与人之间的沟通,是一种间接沟通,为了取得对方的信任,因为一个人永远无法知道另一个人心中真正在想些什么。在信誓旦旦之下,对方自然会比较容易相信。而且,许下的违警惩戒越是严厉,取信对方的程度也就越高,这就有了所谓"毒誓"。现在,争辩双方发的正是毒誓。

去今仅仅三四十年前,在我们国土上有没有野生华南虎都还是个无须争辩的问题。那个时候,老虎——无论是华南还是东北虎,都是被视为害虫必欲除之而后快的,更不要说再往前了。康熙皇帝晚年对身边人说过,他从小到大,"凡用鸟枪弓矢获虎一百三十五,熊二十,豹二十五,猞猁狲十,狼九十六,野猪一百三十二,哨获之鹿凡数百,其余射获诸兽,不胜记矣。又于一日内射兔三百一十八"。他翻出这些,是要证明自己的表现,虽然这些虎豹熊罴之属都是事先在围场里赶到一起,专门供他表现,能不能真的说明问题还要存疑。但斯时老虎之多,却是不争的事实。读清代编纂的广东一些县志,大抵都有老虎出没的记载,印象比较深的如 1989 年在封开县罗董镇浏览的《封川县志》,说有一年七八头老虎白天进了城门,排成一队,大摇大摆地在城里晃了一圈才走。《水浒传》里的行者武松和黑旋风李逵,因为分别有"景阳冈打虎"和"沂岭杀四虎"的壮举,英雄成色又十足了几分。然而,这种事出偶然甚至包括康熙的杀虎行为,全不如后世运动式的号召更有毁灭性。因此,华南虎今天濒临灭绝的命运,似乎也可以说是"三分天灾,七分人祸"。

镇坪县那里究竟有没有华南虎还是个未知数,尽管当地已经迫不及待地做起了发财梦,此前的宣传招牌也添上了到此"闻华南虎啸"的字眼,但他们那一带曾经有过老虎是可以肯定的。宋朝陈鹄的《西塘集耆旧续闻》云,章惇为商州推官、苏东坡为凤翔幕佥的时候,专门去看过老虎(镇坪与商州相去不远)。那是有一天两人"因差试官开院,同途饮小山寺",有人说发现了老虎,两人便借着酒劲"勒马同往观之"。可是离虎还有几十步远呢,"马惊不敢前",东坡也害怕了,说:"马犹如此,著甚来由?"看什么呀,回去吧。章惇则"鞭马向前去",快到老虎跟前,"取铜沙锣于石上擫响,虎即惊窜"。回来后章惇得意地对东坡说:"子定不如我。"而陈鹄由此得出"异时奸计,已见于此"的结论,他是要借虎论人,认为章惇"奸"的一面早就已经露出端倪。

蔡絛《铁围山丛谈》云,他在北宋靖康年间被流放到广西博白,那时候当地也有不少老虎,肯定是华南虎了。奇的是那里的老虎"未始伤人",只是于"村落间独窃人家羊豕"。不仅如此,老虎还怕人,"虽妇人小儿见则呼而逐之,必委置而走"。因为习以为常,"村人视虎,犹犬然耳",跟看见狗差不多。后来,"北方流寓者日益众,风声日益变,加百物涌贵",华南虎才变得跟内地的没什么两样,开始吃人了,而且吃得干净,"略不遗毛发"。蔡絛自问:"风俗浇厚,乃亦及禽兽耶?"当然不是,这个答案他自己也非常清楚,他显然是在借虎说事。他不是就死在博白了吗?当时预感到了危险也说不定。

华南虎与毒誓,本来风马牛不相及,现在发生了关联,不妨再扯扯毒誓。据说宋太祖曾经立过一块"誓碑",藏在太庙中,只有后世皇帝才能拜读碑文。北宋灭亡时宫室洞开,人们才发现碑文共有三条誓词:第一条是给予柴氏子孙种种特权,第二条是"不得杀士大夫及上书言事之人",第三条就是毒誓:"子孙有渝此誓者,天必殛之。"乌台诗案中的苏东坡捡了一条命,只是被贬为黄州团练,可能正是第二条的作用吧。不过,如我们常见,许多毒誓仅仅是做做样子而已。典型的是郑庄公对母亲发的那个:"不及黄泉,无相见也。"接着他又反悔了——至少表面上,怎么办呢?手下人出主意,掘条壕沟,名曰"阴司沟"充数了事。

关于华南虎的"脑袋"毒誓该如何收场,真的不好预测。孙悟空与车迟国的虎力大仙比赛砍脑袋,砍掉之后喝一声"长",然后"飕的腔子内长出一个头来",但是别的人没有这种本领,虎力大仙就是因此赌丢了性命,现出了本相——"一只无头的黄毛虎"。而谁都知道,周正龙拍的华南虎照片,或真或假,必居其一,绝无既真且假的可能。

2007 年 10 月 26 日

斋（堂）号

昨天《南方周末》"往事与随想"栏目是王学泰先生的《开心斋与赤心斋》，讲的是上世纪六十年代初先生自己的大学生活。其中说道："很奇怪，困难时期，在高校的一角，弥漫的不是愁云惨雾，也有欢声笑语。于是题室名为'开心斋'"；而在倡导千万不要忘记阶级斗争之后，"同学们提高了认识，痛哭流涕"，"开心斋"也改成了"赤心斋"，并成为学校的好典型。

给自己的居所取个斋号，是传统文化的一种，该算是文人或者有文化的人之间的雅事。陆游《家世旧闻》云，他家族谱上有位祖先叫陆既，"博通《六经》，尤精于《易》，亦颇好道家说"，修养非常到家。他自号真淡翁，"所居曰藏拙堂、炙背庵"。从自号和斋（堂）号的这九个字眼，不难窥见陆既的境界追求。《清稗类钞》记彭桐桥偏爱善本书，见则"必倾囊典衣以购之"。乾嘉年间他当幕僚，"所得幕俸，必购书，于是陆则汗牛马，水则滞舟楫，行旅之费，倍于他人"。这么买了三十多年，"积书数万册"，回家后盖了间藏书楼，名曰"此静坐斋"，当是取东坡"无事此静坐"诗意吧。不过，东坡是要养生，在这种"一日如两日"的静坐中，感受"若活七十年，便是百四十"，彭桐桥则是要在此静坐读书，消化吸收多年的苦心收集。

宋朝还有一位东坡的极端崇拜者叫作赵希元，他"自负诗文"，且一切都向东坡看齐，甚至"居处斋室皆取其言以为名"。事见庄绰《鸡肋编》，举例说赵希元曾经于亭子旁边种些芍药，因为苏诗中有"亭下殿余春"的句子，便给亭子命名曰"殿春亭"。不过，不知为何，他老兄来个"横牌书之"，尽管此举可能无意中成了汉字自左及右书写的先驱，但给那些平时跟他不大对付的人抓到了把柄，谓其家有"亭春殿"。赵希元"由是出为衢州兵官"，可能是有僭越的嫌疑而左迁了。这个结果该是赵希元所始料不及的。

《桯史》云，孝宗朝尚书郎鹿何不过四十来岁，一天忽然"上章乞致其事"，不想干了。问他为什么，他说："臣无他，顾德不称位，欲稍矫世之不知分者耳。"只是自己觉得自己不胜任，且要给那些同样不胜任的作个示范。回家后，鹿何在自己的房子上挂块匾，叫"见一堂"。这是反用唐朝诗僧灵澈的句子——"相逢尽道休官好，林下何曾见一人"。在灵澈看来，好些人都说当官没什么意思，无官一身轻，还是百姓自在，但是当上了官的谁见到过一个肯放弃的呢？鹿何认为，现在可以"见一"了，那就是我。

给自己的居所取个意味深长的名字，属于风雅之事；而有风雅，则必有附庸风雅。《柳南随笔》云："近则市井屠户，皆有庵、斋、轩、亭之称。"他那个"近"，指清朝康乾年间，那种风雅，可能不亚于后世小靳庄的人们"个个会种田，人人能作诗"。《清稗类钞》里可以就此拈出两则趣事。其一，某总兵归乡大起宅第，请某位名士给题个堂匾，名士并不拒绝，刷刷刷写了"竹苞堂"三字。这里面并没有什么典故，像"阑玻楼"为"东门王皮匠"一样，把一个字拆成两个字看就对了。因为总兵不读书，"家中皆纨绔子弟，目不识丁"，所以名士的意思是其家"个个草包"。其二，嘉庆初，有个富人也是大治宅第，"欲乞名流题斋匾以增重"，花钱找到了藏书家吴省兰。吴省兰知道该富人幼曾为奴,有点儿瞧不起,就题了"旦白室"三个字。这回是有典的,但大家不大明白,还琢磨是否"平旦之气之别解"。吴省兰说,大家不是都看过戏嘛,"旦之上场,作何声口?"人们这才恍然大悟,"旦白"的意思是奴家,旦角上场时的自称也。

要说这两位名士也真是不够厚道,收了人家的钱,还要行戏弄之事。相形之下,倒是李渔说不上冤枉。李渔乃有清一代著名词人,戏曲大家,"聪明过于学问"。但这个人非常好色,"所至携红牙一部,尽选秦女吴娃",放诞风流。他在京师居住的时候,门口匾曰"贱者居",他是在自谦;而看不惯他行为的人,在他门对面也挂了一块,题曰"良者居",借以"讥其所携也"。明末有个叫魏大中的官员干脆大骂魏忠贤的"明心堂"为"昧心堂"。魏大中"清操素著",其最大特点,一是不贪,"宦游十载,家徒四壁";二是不依附权贵,魏忠贤"每招之",他则"每抑之"。也正因此,魏忠贤怀恨在心,后来竟将他"诬以纳贿"。严刑拷打之下,魏大中指着行刑之"明心堂"厉声而出此语。黑白颠倒如此,"明心"还是"昧心",不是昭然若揭吗?

学生宿舍由"开心"变成"赤心",一字之易,时代因素尽在不言中。当政治巨浪荡涤着一切,所有领域不能幸免之时,学子的生活势必也要留下一个个烙印。这也可能,是我们今天分析斋(堂)号内涵所异于从前、所不能不考虑的地方。

2007 年 11 月 2 日

赌博（续）

11月9日,"一神秘男子"向《南方都市报》报料,深圳市宝安区公路局中层领导经常上班时间擅自离岗赌博。该报记者某日赶到现场果然发现:包间里共有6人,其中两人在围观,4人正在打麻将。从现场拍下的照片看,一位身穿白衬衫的男子正在收钱,其中有几张是百元大钞……又是一桩官员赌博的新闻。这类的事情听得太多了,珠三角的干部因为赌博而挥霍或挪用公款掉了脑袋的,也不知有几人了。此则所以还有"新"意,在于"上班时间""擅自离岗"等几个关键词。也就是说,赌博已然成了他们的"正业",工作反倒成了"副业"。

赌博在中国的历史可谓久矣,有所谓"乌巢作博"之说,乌巢是夏桀的臣子,赌博是他发明的。倘传说是真,那该是什么时候?夏是我国历史上的第一个王朝。根据国家"夏商周断代工程"正式公布的《夏商周年表》,夏代始年约为公元前2070年;夏桀是夏的最后一个王,夏商分界约为公元前1600年。这样一算,赌博的历史该有3600年了,其在民间影响力之强大,可能胜过任何一项其他活动。《西游记》里,孙悟空动辄使出他的"瞌睡虫",让相关人等"手软头低,闭眉合眼,丢了执事,都去瞌睡",然后他好趁机下手。闹蟠桃宴的时候、偷吃人参果闯祸的时候、落难于文殊普贤坐下"孽畜"的时候,都是如此。在偷吃人参果的时候,作者交代了瞌睡虫的来历,就是大圣"在东天门与增长天王猜枚耍子赢的"。有人定义,一旦钱财或抵押品在投注人之间更易或转移,就属于赌博。那么孙悟空的瞌睡虫就是赌来的。可惜,吴承恩的交代前后有些矛盾。闹蟠桃宴的时候,瞌睡虫又像变化其他东西一样:拔下几根毫毛、嚼碎、吐出去;后两回则都是现成的虫子,平时藏在大圣腰里,用时就摸出来。斗"孽畜"的时候,更干脆告诉读者腰里"还有十二个",孙悟空向小妖们扔出去十个,"还留两个做种",仿佛瞌睡虫用了之后便一去不复返,要像其他生物需要代代繁衍一样。

西晋的葛洪在《抱朴子》里就谈过官员赌博的危害:"或有围棋樗蒲而废政务者矣,或有田猎游饮而忘庶事者矣。"樗蒲,是古代的一种博戏,很像后来的掷骰子,传说还是老子发明的,后来演变成赌博的代名词。杨贵妃的堂兄杨国忠没发迹的时候,曾经"至成都樗蒲,一日费辄尽,乃亡去"。后来他见幸于唐玄宗,也是凭借这一特长。开始他就是"专主蒲簿",很胜任,"计算勾划,分铢不差"。《郎潜纪闻四笔》云,百龄任山东监司时,发现当地候补官员"均好樗蒲之戏"。他看不惯,责备那些官员,他们却辩解说:"此不过消遣耳。"百龄正色道:"君等非无事者,盍即以公案簿书消遣乎?"宝安公路局这几位,大白天,上班时间,不干别的专门赌,"废政务"也是一定的。民国时的辫帅张勋,因为赌博"屡丧资而蚀公款",这就是危害的升级版了;南宋贾似道少时"荒于博戏",当上宰相后还是迷恋斗蟋蟀,国家大事丢在一边,这就是危害的最高级——祸国殃民了。

《东坡志林》云,宋哲宗绍圣二年(1095)有个道人坐在相国寺里售卖各种偏方,其中一个是"赌钱不输方"。有好赌之人"以千金得之",回去打开一看,却是"但止乞头"四个字。东坡认为,道人"戏语得千金,然亦未尝欺少年也",说的确是事实:不再赌了,自然不输。"饮酒妨生计,樗蒲必破家。"(唐王梵志语)正是看到了赌博的种种危害,禁赌也就基本上相伴而行。据戈春源先生考证,至少在战国时期,中国就有了禁赌法令,见于在魏国变法的李悝所著的《法经》:"博戏罚金三币;太子博戏则笞,不止,则特笞,不止,则更立。"一定不改的话,连继承权的资格都要取消。秦朝则对私下设赌的吏民,轻的"刺黥"(文面),重的"挞其股"。百龄的厉声训斥,实际上也是禁赌的一种,"山东官场博弈宴会之风,为之一变",说明也取得了一定的效果。

历史上有些时候对赌博的惩治异常严厉。宋太宗淳化二年(991)下令:"京城樗蒲者,开封府捕之,犯者斩",且"邻比匿不闻者同罪"。沈德符《万历野获编》"赌博厉禁"条云,明洪武二十二年(1389)圣旨:"学唱的割了舌头,下棋、打双陆的断手,蹴圆者卸脚,犯者必如法施行"。沈德符说,现在对赌博"亦当加以肉刑,如太祖初制,解其腕可也",也就是把手砍下来。《永宪录》里有一则讲的是清朝禁赌:"凡犯赌博者,旗人鞭一百,民人责四十板,各枷号两月。其造牌骰之人,亦照赌博治罪。"后来,"初犯枷责,再犯徒,三犯流徙;三犯以后斩"。

宝安公路局这几位,区纪委、监察局已经予以立案调查,人们在期待处理结果。酷刑已矣,但是为了以儆效尤,恐怕也不能轻飘飘的。赌博固然是依照大家认同规则进行的胜负游戏,也是传统文化的一种,但却属于应当摒弃的病态文化。

2007 年 11 月 16 日

从今纱帽要留神

最近,贵州省委书记石宗源就该省纳雍县一家煤矿发生的特大安全事故对全省安全生产发出了质问:"煤矿出了事,上面一追问下来,结果都是煤矿手续齐全,是合法的。我要问大家的是,这合法的手续,它究竟合不合理?合不合天理?"他说,不管哪里出了事,都一查到底,属于履职不到位或者渎职的绝不放过。

由石宗源的拍案一怒,想起了清人的诗句:"寄语长沙王令尹,从今纱帽要留神。"那是嘉庆年间,山东莱州府太守新旧交替时发生的一件事。旧太守人还没走呢,茶先凉了,"幕友屠某、杨某至新守署贺年,旋至首县",风向转得相当之快。首县,即州、府治所所在地的县。谁知两人热脸贴了冷屁股,在王县令的门房那里出了问题,"司阍不为通",不去传达有客拜访。"屠、杨厉声叱之",又谁知自取其辱,门房"喝令门役肆殴",把两人暴打了一顿。状告到新太守那里,新太守以诗二首作结,令人捧腹。其一曰:"豪奴结党打屠杨,府幕遭瘟县幕慌。两面调停新太守,一时气倒旧黄堂(即太守)。拜年何必寻烦恼,喊禀居然要验伤。磕过头儿赔过礼,得收场处且收场。"其二曰:"这回厮闹太无因,打狗还需看主人。平日纵容原不免,当场喝令恐非真。也知械仗循王法,无奈门丁是内亲。寄语长沙王令尹,从今纱帽要留神。"末了两句,显然有警告老王的意味。

在官本位尤其是对权力顶礼膜拜的社会里,摘掉纱帽,地位、待遇没了,属于最有威慑力的一种手段。朱熹批评他那个时代的士大夫为"能言鹦鹉",只知道学舌,显然"鹦鹉"们正有先自留神纱帽的考虑。《枢垣记略》云雍正初惟军机大臣讷亲"一人承旨",就是皇帝讲了些什么,由他整理成文字,然后颁行。偏偏"讷公能强记而不甚通文义",因此每传一旨,便由汪由敦代拟。拟完了,讷亲往往"唯恐不得当,辄令再撰",结果改来改去,"有屡易而仍用初稿者"。而且"一稿甫定,又传一旨,改易亦如之,文端(由敦谥)颇苦之,然不敢较也"。讷亲工作一丝不苟吗?不是,他是唯恐因为表达上出现些许差错,导致纱帽出什么问题。《啸亭杂录》云郭华野弹劾明珠、余国柱,"凡阁中票拟俱由明珠指麾,轻重任意。余国柱承其风旨,即有舛错,同官莫敢驳正"。这里面,体制的因素固然起决定作用,但是过于强调这一点,就难以解释历史上为什么还有汲黯、朱云了。"今日朝廷须汲黯,中原将帅忆廉颇。"杜甫的诗,不仅仅只适用于他那个时代。

不要说是否坚持原则的问题,许多寻常小事也足以令相对位卑权轻的人诚惶诚恐。《苌楚斋四笔》云,"国朝疆臣奏事之折,即偶有错误一二字,亦不过交部议处,照例罚俸而已",不大要紧;"惟每月所递请安折,万不可有一错误字,设为内廷看出,疑为不敬君上,祸且不测"。李鸿章刚当直隶总督的时候,不怎么留意,例行问好,不就是走个过场嘛,马马虎虎地应付了事,"安折屡有错误字"。恭忠亲王奕䜣知道后,叫人转告李鸿章,"勿以为小事而疏忽",再这样的话,恐怕没得干了。李鸿章"闻而惴惴",吓得够呛,自此认认真真走过场。这就是留神纱帽的力量。

有一点可以肯定,有皇帝作后盾的,愿意怎么干就怎么干,纱帽无须留神。退而求其次,权臣作后盾的也可以肆无忌惮。欧阳修《归田录》云,宋初,太祖以李汉超为关南巡检使,保卫北部边疆。"汉超武人,所为多不法",时间长了,百姓受不了,"诣阙讼汉超贷民钱不还及掠其女为妾"。这样的人,按道理纱帽要留神了,但太祖不知出于什么考虑,把告状的百姓找来,"赐以酒食慰劳之",然后问道,自从李汉超去到你们那里,契丹还来抢东西吗?百姓说不来了。这时他就开始讲道理,往年契丹来抢东西,你也保不住家里的财产,"今汉超所取,孰与契丹多?"又问被掠女为妾那一家,你家有几个女儿,都嫁了什么人?"百姓具以对"后,太祖又给人家讲道理了:"然则所嫁皆村夫也。若汉超者,吾之贵臣也,以爱汝女则取之,得之必不失所,与其嫁村夫,孰若处汉超家富贵!"永叔先生不知从哪里听来的,说是百姓听了之后,不仅怨气皆无,而且"感悦而去"。"感悦"什么,两害相权取其轻?权臣作后盾的可见《鹤林玉露》。秦桧很喜欢百姓陆士规的诗,陆士规就飘飘然,觉得自己可以横行天下了。有一天他居然拿着秦桧的来信去找临川守,向人家要东西,"馈遗不满意",至于"升堂谩骂"。把临川守吓坏了,"以书白秦自解",结果连秦桧都觉得老陆做得太过分,但最后还是不了了之。倘若老陆有个纱帽,那一定更要趾扈得不得了。

从今纱帽要留神,是一种言语恫吓。在现有运行机制不足以制约官员作为的背景下,恫吓算是一种补充,聊胜于无吧。但是,动辄恫吓,唯有恫吓,不见行动,恫吓本身就成了过场,有没有也就都是一回事了。

2007年11月25日

盗墓

前几天,位于潮州市潮安县的林大钦墓被不法分子盗掘。棺木被撬开了一个大洞,里面被盗得空空如也。林氏后人在清理时,找到了一些被盗墓者遗弃的应该属于墓主的骨骼。而在此前,林氏族人一直认为这只是一座衣冠冢。林大钦是明朝嘉靖年间的进士,潮汕历史上唯一的文状元。其墓属于潮州市文物保护单位,被盗后引来一片愤慨。放在历史的长河中考量,这却不是一件什么大事。盗墓,在咱们国度由来已久了。

《牡丹亭》里人鬼相恋,最后的一个关键环节是柳梦梅须起杜丽娘于地下而活之,因为丽娘早就入土为安了。时人不能理解这种做法,就说"柳梦梅岭南人,惯了劫坟"。习性如此,颇有诬蔑的成分。《清稗类钞》里有一则"焦四以盗墓致富",说"广州剧盗焦四,驻防也,常于白云山旁近,以盗墓为业",他有好几十个徒弟,专业分工非常精细,"有听雨、听风、听雷、观草色、泥痕等术,百不一失"。饶是如此,也不足以说明只有岭南人惯于盗墓。翻一翻殷啸虎、姚子明两先生的《盗墓史》,可知盗墓行为在咱们这里不分地域,完全是全方位的,而且,不拘帝王将相还是平民百姓。所以盗墓,大抵除了泄愤,就是找宝。

历史上很有一些名人的墓被盗掘过。《墨庄漫录》云,宋徽宗时"朝廷求访三代鼎彝器"。可能是任务下得急,也可能是表现表得急,陕西提点茶马程唐、陕西转运李朝孺马上"遣人于凤翔府,破商比干墓"。三代者,夏商周也。比干这个殷商贵族之子,墓里肯定应该有点儿东西。可惜收获并不大,只找到一个直径两尺、"中有款识一十六字"的铜盘子,还有"玉片四十三枚",不知道是比干当时薄葬,还是先前已经被人盗过。两人只好"以盘献之于朝",岂料道君皇帝动了怒,骂他们:"前代忠贤之墓,安得发掘!"还把李朝孺罢了官。从同时"退出其盘"来看,倒像是真的生气。

《隋书·王颁传》载,王颁的父亲王僧辩因为被南朝陈的开国皇帝陈霸先所杀,念念不忘报仇。陈灭,王颁"密召父时士卒,得千余人,对之涕泣"。大家明白了,这是因为陈霸先早死,王颁不得手刃之,觉得不够解恨;于是给他出主意,干脆把陈霸先的坟给掘了,"斲榇焚骨,亦可申孝心矣"。这个主意委实不难想到,春秋的时候,伍子胥对楚平王即有掘墓鞭尸之举,不过这种明火执仗的报复行动,申包胥认为"无天道之极"。王颁大概顾忌了这一点,所以他不是自己开口,而是让父亲的部下建议。他召集来那么多人,出于一种担心:"其为帝王,坟茔甚大,恐一宵发掘,不及其尸,更之明朝,事乃彰露。"偷偷摸摸的事,当然越快越好。结果大家一鼓作气,一个晚上搞掂。开棺的时候,见陈霸先尸体还保存完好,"须并不落"。这要是放在今天,像长沙马王堆的西汉老太太一样,该属于顶级文物了。

《东轩笔录》与《曲洧旧闻》均说到了晏殊墓被盗的惨状,文字不大一样,但从同时盗了侍中张耆的墓来看,应当是同一次。前一个说,盗贼先在晏墓与张墓之间建了座房子,然后在屋子里挖地道分别通向两墓。结果发现,晏墓中椁内"殊无所有,供设之器,皆陶甓为之";破其棺,"惟木胎金裹带一条,金无数两,余皆衣服,腐朽如尘矣"。盗贼们失望之余,气得"以刀斧劈碎其骨而出"。这是后来他们在销张墓之赃被抓获时讲出来的。《曲洧旧闻》点出盗墓发生在宋神宗元丰元年(1078),进入墓道,"见一冠带者(俑乎?)踞坐呵斥,盗以锄锹击之,应手而灭。"《万历野获编》另云,正德四年(1509),南京太监石岩给自己修活人坟,"苦乏大砖",有人建议到旁边的古墓去取,一挖,结果是王安石的墓。王安石一生俭朴是出了名的,也的确是薄葬,然而像晏墓一样,"薄葬亦受祸",令时人感慨万端。

相比之下,东汉明帝时公卿请开吕不韦冢,以校正《五经》,动机似乎显得高尚一些。人们认为,吕不韦死的时候,秦始皇还不曾焚书坑儒,如果随葬品里有《五经》的话,肯定更接近原本。此前,《五经》已有过原本。《汉书·艺文志》载:"武帝末,鲁共(恭)王坏孔子宅,欲以广其宫,而得《古文尚书》及《礼记》《论语》《孝经》,凡数十篇,皆古文也。"由此还引发了今文经学和古文经学之争。想来时人是要通过旁证再窥"古文经"的真实面貌吧,这跟后世研究明史的吴晗先生主张开掘十三陵要瞧瞧明代实物、爱好书法的郭沫若先生主张开掘乾陵要看看王羲之《兰亭序》真迹究竟如何差不多。不同的是,前者不顾多数学者的反对,终于主持发掘了十三陵之一的定陵,后者到底没有实现愿望而已。不过后来的事实证明,定陵之开,大量珍贵文物毁于一旦;乾陵未开,幸莫大焉。

2007 年 11 月 30 日

露布

国人喜欢在成绩上弄虚作假,是有一定文化基因的。几年前我写过一篇关于"上计"的文字,从战国时中央对地方官员政绩考核的这一制度入手,旨在探寻统计数据如何变成了"官出数字"。其实,还有一种没那么貌似严谨但异曲同工的吹牛方式,这就是"露布"。

关于露布,南北朝时刘勰的《文心雕龙》有个解释:"盖露板不封,布诸观听也。"唐朝封演《封氏闻见记》云:"露布,捷书之别名也。诸军破贼,则以帛书建诸竿上,兵部谓之'露布'。"为什么要这么叫呢?因为"露而宣布,欲四方速知"。露布的这两个解释都通,作为不缄封的文书,曹操《让县自明本志令》即有现成例句:"人有劝(袁)术使遂即帝位,露布天下。"它还可以指代布告、通告。还举曹操的例子,其《表论田畴功》云:"又使部曲持臣露布,出诱胡众。"封演说:"近代诸露布,大抵皆张皇国威,广谈帝德,动逾数千字,其能体要不烦者,鲜云。"度其语意,露布已然变了味儿,变成自我吹嘘了。

本文单表捷书这个层面。《今言》里有明成祖永乐五年(1407)平交趾露布文,捉了谁,身份或官衔都是什么,缴获了16颗金印,全都写得一清二楚,应该就是后来露布的真实样貌。唐庄宗为晋王时消灭了刘守光,命掌书记王缄起草露布,然而"缄不知故事,书之于布,遣人曳之,为议者所笑"。笑什么呢?王缄望文生义,当书之于帛,还是露布已经不再是像擎着大旗一样张扬了?不得而知。可知的是,以前的人打完仗大抵都要张扬一下战绩。因此,洪迈《容斋随笔》云北魏孝文帝南伐,长史韩显宗与齐军戍将力战,斩其裨将,不作露布,皇帝觉得很奇怪。韩显宗说:"顷闻将军王肃获贼二三人,驴马数匹,皆为露布,私每哂之。近虽得摧丑虏;擒斩不多,脱复高曳长缣,虚张功捷,尤而效之,其罪弥甚。臣所以敛毫卷帛,解上而已。"看起来,韩显宗是想借自己的行为来正一正至少带动一下风气吧。

陆游《家世旧闻》里谈到的一件事更离了大谱。宣和末也就是宋徽宗的时候,契丹燕王夔离不进犯景、蓟二州,朝廷派郭药师迎战,捷报说药师打赢了,且割下了夔离不的头颅。班师时,"以大旗引首函,曰'伪燕王夔离不首级'",声势很大,"京师少年争往陈桥门观之,大臣建言御殿受贺"。人头的物证摆在那里,还能有假?偏偏就真是假的!因为夔离不根本就有没死,旗上悬着的不知是谁的脑袋,连郭药师自己派回的那只送首级的队伍,"亦自窃笑"。后来京师因此产生了一则谚语:"恰似捉得燕王头",专门讽刺如郭药师般虚报战功的人。

清朝昭梿干脆进一步翻了宋朝的老底,他在《啸亭杂录》里毫不客气地说:"宋人战绩,每好夸张。"他先举了韩世忠的例子,说他"淮阳之战,仅杀一太乙孛堇,不过与周人杀高敖曹相似,即矜为中兴战功第一。金山之战,乃金人不识水道,侥幸成功,其后终至败覆。况金山寺中非鞍马驰骋之所,金梁王红袍落马,亦近粉饰"。接着又举了岳飞的例子,说他擒杨么,"与李临淮之擒袁晁何异?《唐书》寥寥数语,即了其事",此外还有朱仙镇之战,都没有张扬得那么神奇。由此不由得想到当代学者茅海建著作《天朝的崩溃——鸦片战争再研究》。在茅先生看来，不仅鸦片战争中的战果被极大地夸张了，比如三元里抗英，比如虎门保卫战，而且林则徐的思想也被夸张了，"林则徐有着可贵的开眼看世界的事实，但还不能推导出他有着改革中国的思想"。茅先生不是要跟历史过不去，所要追问的是在那场我们失败了的战争中究竟错在哪里，"一个失败的民族在战后认真思过，幡然变计，是对殉国者最大的尊崇、最好的纪念。清军将士流淌的鲜血，价值就在于此"。

按照清朝刘体智《异辞录》的见解，国人数据造假不分贤愚，谁有机会都这么干。他这么说的："虚报战功，为随营刀笔（吏）之惯技，匪特不肖为然也，虽贤者亦有不免焉。"这个贤者，他指的是李鸿章。他说李鸿章的那些奏议、函稿、电稿之类，"当时抄录，早自分类"，是准备好了日后出版的。"而事后删润之处，颇有端绪可寻"，比如同治年间他迎战太平军，"疏称李秀成死者，一再而三，此岂小故也哉！"与郭药师的做法几乎如出一辙。《异辞录》还让我们见识了另外一种露布：张勋复辟的时候，"敌军露布曰'将帅则乌云瘴气，几榻烟霞；谋臣则巧语花言，一群鹦鹉'"，据说此语出于梁启超之手，讽刺康有为"奉诏谢恩"的。这该是少见的露布别用，一群鹦鹉之说，也颇耐人寻味。

战乱年代，虚报战功；承平时期，虚报治功。明了国人骨子里渗透着的这些文化基因，对今天的"官出数字"现象就委实没什么好奇怪的了，可以说几乎顺理成章。

2007年12月7日

穿得差

《清稗类钞》里面有个故事,李雨苍千里迢迢到湖南拜见曾国藩,"值文正他出",儿子代老父出来接待。不过曾公子见李雨苍"衣敝而风尘满面",穿得差又脏兮兮,乃"有慢色",不大瞧得起。谁知李雨苍毫不客气,"直前殴之",并警告他:"而父以礼士闻天下,若慢士如此!"曾国藩回来后,"奇之,留幕下,授以一军"。但这样动听的故事,可能仅仅限于供给后世咀嚼玩味的谈资,真实生活中的状况往往呈现事态的另外一面。

《中国青年报》12月7日报道,来自江西省贵溪市的钟有水在广东省江门市蓬江区篁庄社区打工,11月12日上午,他在街上被一群不亮明身份的人抓到派出所,其间虽然多次被打,但并没有人告知抓他的原因。在渡过了恶梦般的一天一夜之后,他和同样经历的人被释放了。一名警察对他说,你每月拿的工资不少,咋穿得那么差?言下之意,他们之所以抓他,正是因为他的穿着。钟有水想不明白:难道穿得差也有罪吗?固然,民间有"人是衣裳马是鞍"的装扮标准,毕竟还谈不上褒贬,而在对付钟有水的警察看来,穿得差可以令他疑罪从有。

对照21世纪警察的这一"观点",历史上的很多名人真要庆幸自己只是生活在过去的日子。黄瑜《双槐岁钞》云,太极拳的始祖张三丰"丰姿魁伟,龟形鹤骨,大耳圆目,须髯如戟",但大家都叫他"张邋遢",可见他"无寒暑惟衣"的那"一衲",一定干净不到哪里去,也好不到哪里去。沈德符《万历野获编》云,王安石平时"蓬首垢面",苏老泉——东坡的爸爸,"至目为衣囚卤而食犬豕";还有位大儒唐荆川,"破衲疏羹,垢敝不堪"。瞧,这几位穿得甚差的古人,要是在今天出门上街不就麻烦了吗?当然,在沈德符看来,这些古人穿成这个样子,"非强饰也"。也就是说,他们不是像搞行为艺术似的故意要哗众取宠,你说怪癖也好,这是他们的一种生活习惯。朱弁《曲洧旧闻》还谈到了安石的一件逸事,有一次他洗澡,人们"潜备新衣一袭,易其敝衣",但不告诉他,结果安石"服之如固有,初不以为意也"。其实安石吃东西也是一样,毫不讲究。有一次左右说他爱吃獐脯肉,王太太感到奇怪,问他们怎么知道的。左右说他"每食不顾他物,耳獐脯独尽"。王太太又问,那么他吃饭的时候獐脯放在哪里呢?左右说在离他最近的地方。王太太说你们明天换个别的菜试试,结果,安石"果食他物而獐脯固在"。

农民工钟有水穿得差也是这样,首先这肯定不是他故意的行为,非要借此引起警察的注意,另外,他一个靠打工挣钱养家的人,可能也达不到警察要求的那种穿着质量。白乐天诗曰:"渴人多梦饮,饥人多梦餐。"黄庭坚补充道:"病人多梦医,囚人多梦赦。"谁不希冀自己缺啥有啥呢?杨瑀《山居新语》云元惠宗至正四年(1344),他跟皇帝去看伯颜太师才十几岁但却已"为洪城儿万户"的儿子,半路上"有酒车百余乘从行",杨瑀见"其回车之兀剌赤(马夫)多无御寒之衣,致有披席者。有一小厮无帽,雪凝其首,若白头僧帽也"。不要说穿得差,穿都没得穿,所以队伍"望见驾近,哭声震起。上亦为之堕泪"。生活的真实状况就是而已,惨状不是演戏演出来的。清朝龚义林做过一首《贫乐》，当时广为传诵。诗曰："憔悴山妻苦恨贫，谁知贫里得天真。菜蔬做饭甘于米，稻草铺床暖似茵。户乏荆扉偏得月，袖多绳结好携春。宵来莫厌长醒坐，不饮原来最养神。"龚义林如果不是自嘲，就是在拿穷人开心了。

依据穿着来判别什么，与其"应用"于民间，不如放眼于官场，那里倒是有许多刻意的行为真正能反映些什么。宋朝有个军需判官孙良孺，"喜诈伪，能为朴野之状"。有一天，他买了不少布，"杂染五色，陈于庭下"，人家问他干什么，他说女儿就要出嫁了，给她做点衣服。话传到临朝听政的明肃太后那里，"太后叹其清苦，即命厚赐金帛"。看，他的这一出戏收效多好？最典型的还是李宝嘉《官场现形记》里的描写，因为新来的署院强调"慎独"，讲究节俭，于是"浙江官场风气为之大变"。怎么变的呢？"官厅子上，大大小小官员，每日总得好两百人出进，不是拖一片，就是挂一块，赛如一群叫化子似的。"关键是，"那个穿的顶顶破烂的人，大家都朝他恭喜"，因为这意味着他要得美差了。"大家得了这个捷径，索性于公事上全不过问，但一心一意穿破衣服。所有杭州城里的估衣铺，破烂袍褂一概卖完；古董摊上的旧靴旧帽，亦一律搜买净尽……"

钟有水因为穿得差，渡过了人生"不堪回首"的一天；某年沈阳市长慕绥新因为穿得太好曾被香港报纸暗讽。民间与官场的穿着悬殊如此，政府有愧与否就不用说了，至少它的职能部门不能漠视民瘼，甚至把这当成人家的罪过吧。

2007年12月13日

兰亭会 vs 题壁诗

12月18日，作为全国第九届书法篆刻作品展的开幕演出，大型民族音乐剧《曲水流觞兰亭会》在广州正式亮相。报道说，该剧首次在舞台上再现"天下第一行书"《兰亭序》的诞生过程。音乐剧的音乐主要是中国江南一代的小调曲风，另外也有昆曲、绍剧、宗教音乐、甚至西方的咏叹调等元素，全部演员现场真唱。

当年的兰亭盛会，用《兰亭序》里的话说，叫作"群贤毕至，少长云集"。但读《世说新语》时，在《企羡第十六》看到一点儿趣事。"王右军得人以《兰亭集序》方《金谷诗序》，又以己敌石崇，甚有欣色。"这是刘义庆的原文，后面有一段刘孝标的注："王羲之《临河叙》曰：'永和九年，岁在癸丑，莫春之初，会于会稽山阴之兰亭……'"这不是我们熟悉的《兰亭序》吗？但结尾又不同，不是"后之览者，亦将有感于斯文"，而是"右将军司马太原孙公丞等二十六人，赋诗如左，前余姚令会稽谢胜等十五人不能赋诗，罚酒各三斗"。浏览当今学者的研究，一种观点认为《临河叙》与《兰亭序》的关系，前者是定稿，后者只是草稿，因为刘孝标是南朝梁人，距兰亭会的时间较近，假托的可能性较小。到底如何，还是交还学术讨论，我说的趣事就在于"定稿"的结尾，兰亭会，主要是兰亭诗会，而差个多三分之一的人个能当场交出作品，档次可能也没有传说中的那么高吧。

由兰亭会想到题壁诗。现在不断有人呼吁诗歌振兴,我想可能乐观不起来。在他们内部,一会儿"梨花体",一会儿"下半身",一副自我陶醉的架势;在他们外部,也缺乏广泛的群众基础。今天的人们往墙上涂抹"办证"的电话,以前则是题诗。亭台楼阁、驿站墙壁,大抵白一点儿、平一点儿的地方,都会留下过客的即兴发挥。《水浒传》里有"浔阳楼宋江吟反诗"的著名章节。喝了点儿酒,这老兄不觉"潸然泪下,临风触目,感恨伤怀,忽然做了一首《西江月》词,便唤酒保索借笔砚来"。因为他"见白粉壁上多有先人题咏",便寻思道:"何不就书于此?倘若他日身荣,再来经过,重睹一番,以记岁月,想今日之苦。"于是,"乘着酒兴,磨得墨浓,蘸得笔饱,去那白粉壁上挥毫便写道……"他写的是"反诗",所以要借着酒兴,写一般的诗不用那么紧张。清朝大学者王士禛说:"予少时与先兄考功同上公车,每到驿亭,辄题素壁,笔墨狼藉,率不存稿。"很有点儿王荆公"取笔书窗"、隔日便忘的意思。所以那几年写了什么,王士禛事后"往往从友人口中得之"。宋江因为署了真名,还惹出了一段险些杀头的官司,如果是托名女郎或流露出卿本奴家的口吻,不仅没危险,还会得到大量的"跟帖"。宋人周煇说,在邮亭客舍"观壁间题字",文笔不错的,"皆好事者戏为妇人女子之作",专门用这一套来吸引人们的眼球。他就见过一首署名"女郎张惠卿"的:"迢递投前店,飕飗守破窗。一灯明复暗,顾影不成双。"暧暧昧昧,未几便"和已满壁"。

刘声木《苌楚斋五笔》还谈到了这样一则趣事。说有人在旅店"见壁上维扬女子题诗,情词凄婉,低回欲绝",看看跋语,明白是女郎"遇人不淑,沦落天涯",更兼"书法亦美",便把它抄录下来了,不能忘怀。过了些天适遇老友,便谈起这件事,赞叹之余老是想弄清楚女郎"貌如何耳"。谁知老友"自捋其须",说长得跟我差不多。其人不解,老友只好告诉他,那是我写的,"特嫁名耳"。刘声木就此作结说,好多看上去包裹着美丽外表的东西,实质都是这般蜃楼海市,可惜一些痴书生执迷不悟罢了,"坚信其说,至于幻惑,结成心疾"。今人旨在骗钱的"征婚启示",正有这种传统的余绪。清人钱泳认为:"题壁诗鲜有佳者。"饶是如此,他还是推崇一首《不寐诗》:"夜永寒偏觉,迢迢送远更。朔风何凛冽,残月转凄清。失学羞言禄,无田莫问耕。晓来翻欲卧,曙色半窗明。"认为"读其诗全是天籁",只是不知署名的"秋舫山人"为谁,然而有了前面的例子,也不敢说不是无病呻吟。

  宋江题诗之前,打算荣华之后来此睹物思情,其实他错了,不管哪儿的墙壁,写满了都会重新粉刷,只有当官的,当他还在台上时会给他保留一段时间,比如拙文前面提到的寇准"碧纱笼"事;其余的,只有好诗又碰上了识货的,才会流传下来。所以人们说,唐诗今天虽然留下了数万首之巨,但不知还有多少因为整理不及时而湮没了。兰亭大会的时代早已一去不复返,今天讲诗歌振兴,不要说没了群众基础,就是还在舞文弄墨的人,也不见得能提笔就来;倘若即席,弄不好要与"前余姚令会稽谢胜等十五人"为伍。这种载体本身已经时过境迁了,一味地要复兴,可能跟今天一定要削足适履弄些自以为得意的新"二字经"之类差不多。

2007 年 12 月 21 日

用典

今天是毛泽东诞辰纪念日,忽地想起好几年前读到的一篇奇文,因为奇,所以剪报留了下来。文章说的是毛泽东如何博学——这是众所周知的,但所举的例子呢?是毛泽东"喜欢将《水浒》中的俗话、俚语运用于文章",而且"诗词里也有"。毛泽东诗词不多,特定的历史原因使在下亦烂熟于胸,各种注释的版本也不难觅,此前及此后却独未闻此说。然而细读之下,运用的却是"放屁""苍蝇"之类。毛泽东诗词里有"不须放屁""冻死苍蝇未足奇"的句子,而"一部百回《水浒》至少有6处提及'放屁',两处提及'苍蝇'"。

文章奇在哪里,至此相信人们都有自己的判断。毛泽东善于用典,"重于泰山轻于鸿毛"等都是由他普及开来的,但"放屁"作为骂人的话,"苍蝇"作为昆虫的一种,都属于极其浅白的生活常识,只怕全国人民包括黄口小儿都很"熟悉"并十分精通,无所谓典。据担任过中央文献研究室主任的逄先知先生说,毛泽东最后阅读的一部书是宋朝洪迈的《容斋随笔》,时间是1976年9月8日,也就是临终前一天的5时50分,在医生抢救的情况下共读了7分钟。在《容斋随笔》里,洪迈说他爸爸好读书,"尤熟于杜诗"。他爸爸的一个观点是:"虽不必泥出处,然有所本更佳。"他把洪迈一篇文章里的句子修改为"已为死别,偶遂生还",然后给他讲出处:"东坡海外表云:'子孙恸哭于江边,已为死别。'杜老《羌村》诗云:'世乱遭飘荡,生还偶然遂。'正用其语。"这才是用典的一种。

不过我们都知道,汉语里还有"掉书袋"一词,讥讽人爱引用古书词句,卖弄才学。这就是走向了用典的反面。孙光宪《北梦琐言》云,唐朝韩定辞特别好用僻典。有一次马彧有诗赠之曰:"燧林芳草绵绵思,尽日相携陟丽谯。别后罋惾山上望,羡君时复见王乔。"孙光宪说,"彧诗虽清秀,然意在徵其学问",但这正中韩定辞的下怀。他马上酬了一首:"崇霞台上神仙客,学辨痴龙艺最多。盛德好将银笔述,丽词堪与雪儿歌。"在座诸人"靡不钦讶称妙句,然亦疑其银笔之僻也",不知道"银笔"是什么意思,他也不解释。过了一段时间,一次马彧与韩定辞酒酣耳热,又"频目"韩所宠爱的妓女转转,且欣然即席作了篇《转转赋》,令韩定辞很高兴,这个时候马彧"从容问雪儿、银笔之事",韩定辞就倾囊全出了:"昔梁元帝为湘东王时,好学著书。常记录忠臣义士及文章之美者,笔有三品。或以金银雕饰,或用斑竹为管。忠孝全者用金管书之,德行清粹者用银笔书之,文章赡丽者以斑竹书之,故湘东之誉振于江表。雪儿者,李密之爱姬,能歌舞,每见宾僚文章,有奇丽入意者,即付雪儿叶音律以歌之。"不过,韩定辞对马诗也有不明白的地方,趁机回问:"罋惾之山,当在何处?"两个人不打不相识,"由是两相悦服,结交而去"。

乾隆皇帝也喜欢在用典上刁难人。他不是好写诗吗?"每一诗出,令儒臣注释,不得原委者,许归家涉猎"。饶是他这么开恩,大臣们还是"多有翻撷万卷莫能解者"——当然不能排除有人故意装作不懂。然后,乾隆就可以得意扬扬地卖弄一下。但是经常这么做就难免留下后遗症,大臣们对皇帝的举手投足都往用典上联想。《庸闲斋笔记》云,彭元瑞最称为博学,有一次乾隆以"灯右观书"命题,却搞得"相国(元瑞)愕然不知出处,大惭愧"。交卷的时候,彭元瑞"以学问浅薄,不审诗题之所出,敢昧死以请"。谁知这回并非用典而是实指,皇帝老儿说:"朕是夜偶在灯右观书,即事命题耳。"在"叩首趋出"之际,彭元瑞一定感慨万端:这叫什么玩意啊。不过老儿对侍臣大笑曰:"今日难倒彭元瑞矣!"看起来,他是有意为之,玩儿点脑筋急转弯类的把戏,拿博学的大臣开开心。

《老学庵笔记》云,苏东坡当年考功名时留下一篇《省试刑赏忠厚之至论》,其中写道:"皋陶为士,将杀人,皋陶曰杀之三,尧曰宥之三。"他是要以此来论证"天下畏皋陶执法之严,而乐尧用刑之宽"。梅圣俞时为小试官,很欣赏,拿给欧阳修看。欧阳修"亦大称叹,但不记得这段典故的出处,以为自己"偶忘之"。不料圣俞曰:"何须出处!"好就行了。揭榜之后,欧阳修见到东坡姓名后,仍然念念不忘那段典故,对梅圣俞说:"此郎必有所据,更恨吾辈不能记耳。"后来终于见到东坡,"首问之",谁知东坡的回答和圣俞一样:"何须出处。"欧阳修因此"赏其豪迈,太息不已"。

在"放屁""苍蝇"之前,也有所谓研究者研究出毛泽东"善用佛典"之说,不过叶芝余先生在《夜谈录》里谈到,原来所谓佛典,是些"一厢情愿""在劫难逃""口头禅"等成语俗语。叶先生说:"为了哗众,可以语出惊人,让人以为定有高见或发明,但细细一看,惊人的只是作者的大胆。""放屁""苍蝇"之类,正是如此。

2007 年 12 月 26 日

后记

这册《尽入渔樵闲话》是对《历史如此年轻》的修订。与《今古一凭栏》补充了大量文字不同,这一册只是订正了史料的误用或笔误。当然,学力所限,没有发现的仍然不乏。有大泉之啄,硬伤处至少我们认为已经降至最低。

原作由江艺平老师作序。江老师是我的老领导,时任南方报业传媒集团副总编辑,我从她的文字中、为人上,均受益良多。此次修订保留原序,并对已经荣休的江老师再次深表谢意。

修订后的书名,出自宋朝张昪《离亭燕·一带江山如画》词,其下阙云:"天际客帆高挂。门外酒旗低迓。多少六朝兴废事,尽入渔樵闲话。怅望倚危栏,红日无言西下。"集子中的每一篇文字,虽都为自家的呕心沥血,终不过渔樵之人所云尔。然渔樵闲话,也未必全无用处。《西游记》开篇,樵夫一曲"观棋柯烂,伐木丁丁,云边谷口徐行。卖薪沽酒,狂笑自陶情",偷听的石猴即后来的孙悟空,还把他当成神仙了呢。至于第十回中两个渔、樵的攀话,"既各道词章,又相联诗句",更趣味盎然。

清朝王石谷作画,"一落笔即思传世"。拙作所以修订,有敝帚自珍的成分,也有石谷先生的影响。倘识者哂之,余不为怪。

2019年3月10日于羊城不求静斋